LE CHATEAU D'EPPSTEIN

PAR

ALEXANDRE DUMAS

— Tous droits réservés —

INTRODUCTION

C'était pendant une de ces longues et charmantes soirées que nous passions, durant l'hiver de 1841, chez la princesse Galitzin, à Florence. Il avait été convenu que, dans cette soirée, chacun raconterait son histoire. Cette histoire ne pouvait être qu'une histoire fantastique, et chacun avait déjà raconté la sienne, à l'exception du comte Élim.

Le comte Élim était un beau grand jeune homme blond, mince, pâle, et d'un aspect mélancolique, que faisaient parfois d'autant mieux ressortir des accès de folle gaieté qui lui prenaient comme une fièvre, et qui se passaient de même. Plusieurs fois déjà la conversation était tombée, devant lui, sur des sujets pareils ; et toutes les fois qu'il avait été question d'apparitions, et que nous lui avions demandé son avis, il nous avait répondu avec cet accent de vérité qui n'admet pas de doute :

— J'y crois.

Pourquoi y croyait-il ? Personne ne le lui avait jamais demandé ; d'ailleurs, en pareille matière, on croit ou l'on ne croit pas, et l'on serait fort embar-

rassé de donner une raison quelconque de sa croyance ou de son incrédulité.

Certes, Hoffmann croyait à la réalité de tous ses personnages : il avait vu maître Floh et avait connu Coppelius.

Tant il y a que, lorsque le comte Élim, à propos des histoires les plus étranges de spectres, d'apparitions et de revenants, nous avait répondu : « J'y crois, » personne n'avait douté qu'effectivement il n'y crût.

Lorsque le tour du comte Élim fut venu de raconter son histoire, chacun se tourna donc avec une grande curiosité vers lui, décidé à insister, s'il se défendait de payer sa dette, et convaincu que l'histoire qu'il raconterait aurait le caractère de réalité qui fait le charme principal de ces sortes de récits ; mais le narrateur ne se fit aucunement prier, et à peine la princesse l'eût-elle sommé de tenir son engagement, qu'il s'inclina en signe d'adhésion, en demandant pardon de nous raconter une aventure *qui lui était personnelle.*

Comme on le comprend bien, le préambule ne fit qu'ajouter d'avance à l'intérêt qu'on se promet-

1

tait du récit, et, comme chacun se taisait, il commença aussitôt :

— Il y a trois ans que je voyageais en Allemagne ; j'avais des lettres de recommandation pour un riche négociant de Francfort, lequel, ayant une fort belle chasse dans les environs et me sachant grand chasseur, m'invita, non pas à chasser avec lui (il méprisait, je dois le dire, assez franchement cet exercice), mais avec son fils aîné, dont les idées à cet endroit étaient fort différentes de celles de son père.

« Au jour dit, nous nous trouvâmes donc au rendez-vous, donné à l'une des portes de la ville : des chevaux et des voitures nous y attendaient ; chacun de nous prit une place dans un char à bancs ou enfourcha sa monture, et nous partîmes gaiement.

» Nous arrivâmes, au bout d'une heure et demie de marche, à la ferme de notre hôte : nous y étions attendus par un splendide déjeuner, et je fus forcé d'avouer que, si notre hôte n'était point chasseur, il savait admirablement du moins faire aux autres les honneurs de sa chasse.

» Nous étions huit en tout : le fils de notre hôte, son professeur, cinq amis et moi. A table, je me trouvai placé près du professeur : nous parlâmes de voyages ; il avait été en Égypte, j'en arrivais. Ce fut entre nous le motif d'une de ces liaisons momentanées, que l'on croit durables au moment où elles se forment, puis qui, un beau matin, se rompent par le départ, pour ne se reprendre jamais.

» En nous levant de table, nous convînmes de chasser à côté l'un de l'autre : il me donna le conseil de former le pivot et d'appuyer toujours aux montagnes du Taunus, attendu que les lièvres et les perdrix tendaient à regagner les bois qui couvrent ces montagnes, et que, de cette façon, j'aurais la chance de tirer non-seulement le gibier que je ferais lever, mais encore celui que feraient lever les autres.

» Je suivis le conseil avec d'autant plus d'ardeur que nous nous mettions en chasse à plus de midi, et qu'au mois d'octobre les journées sont déjà courtes. Il est vrai que nous vîmes bientôt, à l'abondance du gibier, que nous rattraperions facilement le temps perdu.

» Je ne tardai pas à m'apercevoir de l'excellence du conseil que m'avait donné mon brave professeur : non-seulement à chaque instant les lièvres et les perdrix se levaient devant moi, mais encore je voyais à tout moment se remettre dans les bois des compagnies entières que faisaient partir mes compagnons, et que je joignais plus facilement à cause du couvert : il en résulta qu'au bout de deux heures de chasse, comme j'avais un bon chien d'arrêt, je résolus de me lancer tout à fait dans la montagne, me promettant de me tenir dans les endroits élevés, afin de ne pas perdre de vue mes compagnons.

» C'est surtout pour le chasseur qu'a été fait le proverbe : « L'homme propose et Dieu dispose. » Quelque temps, effectivement, je me tins en vue de la plaine. Mais une compagnie de perdrix rouges prit son vol vers la vallée ; c'étaient les premières que je voyais de la journée.

» Mes deux coups en avaient abattu deux : avide comme le chasseur de La Fontaine, je me mis à leur poursuite...

» Pardon, dit le comte Élim en s'interrompant et en s'adressant à nos dames, pardon de tous ces détails de vénerie ; mais ils sont nécessaires pour expliquer mon isolement, et l'étrange aventure qui en fut la suite. »

Chacun assura le comte Élim qu'il écoutait avec le plus grand intérêt, et le narrateur reprit :

— Je suivis donc avec acharnement ma compagnie de perdrix, qui, de remise en remise, de côte en côte et de vallée en vallée, finit par m'entraîner de plus en plus dans la montagne. J'avais pris tant d'ardeur à sa poursuite que je ne m'étais pas aperçu que le ciel se couvrait de nuages, et qu'un orage menaçait : un coup de tonnerre me tira de ma sécurité. Je promenai mes regards de tous côtés : j'étais dans le fond d'une vallée, au milieu d'une petite clairière qui me permettait de distinguer tout autour de moi des montagnes boisées ; sur le plateau d'une de ces montagnes, j'apercevais les ruines d'un vieux château ; de chemin, pas de traces ! J'étais venu en chassant, et, par conséquent, à travers ronces et bruyères ; si je voulais une route frayée, il fallait l'aller chercher... où ? je n'en savais rien.

» Cependant le ciel se couvrait de plus en plus ; les coups de tonnerre commençaient à se succéder à intervalles toujours plus rapprochés, et quelques larges gouttes de pluie tombaient avec bruit dans les feuilles jaunies que chaque bouffée de vent enlevait par centaines comme des volées d'oiseaux qui quitteraient un arbre.

» Je n'avais pas de temps à perdre : je m'orientai tant bien que mal, et, lorsque je crus m'être orienté, je marchai devant moi, résolu de ne pas dévier de la ligne droite. Il était évident qu'au bout d'un quart de lieue, d'une demi-lieue, je finirais toujours par trouver quelque sentier, quelque chemin, et que ce sentier, ce chemin, me conduirait nécessairement quelque part. D'ailleurs, rien à craindre dans ces montagnes, ni des animaux ni des hommes ; du gibier timide ou de pauvres paysans, voilà tout. Le plus grand malheur qui pût m'arriver était donc de coucher sous quelque arbre, ce qui n'eût été rien encore si le ciel n'eût point pris à chaque minute un aspect de plus en plus menaçant. Je résolus donc de faire un effort pour gagner un gîte quelconque, et je doublai le pas.

» Malheureusement, je marchais, comme je l'ai dit, dans un taillis semé au versant d'une montagne; il en résulta qu'à chaque instant j'étais arrêté par les obstacles du terrain. Tantôt c'était le fourré qui devenait trop serré et devant lequel mon chien de chasse reculait lui-même, tantôt c'était une de ces déchirures si communes dans les pays montueux, et qui me forçait à faire un long détour; puis, pour comble d'ennui, l'obscurité descendait rapidement du ciel, et la pluie commençait à tomber d'une façon assez inquiétante pour un homme qui n'a aucune idée sur le gîte qui l'attend. Ajoutez à cela que le déjeuner de notre hôte commençait à être fort loin, et que l'exercice que j'avais fait depuis six heures en avait singulièrement facilité la digestion.

» Cependant, à mesure que j'avançais, le taillis prenait de la force et devenait un bois. Je marchais donc avec plus de facilité; mais, selon mon calcul, j'avais dû, dans les tours et les détours que j'avais été forcé de faire, dévier de la ligne que je m'étais tracée. Cela toutefois m'inquiétait médiocrement. Le bois prenait à chaque pas un aspect plus grandiose et devenait une forêt. Je m'engageai sous cette forêt, et, selon mes prévisions, j'avais fait un quart de lieue à peine, que je trouvai un sentier.

» Maintenant, ce sentier, de quel côté devais-je le suivre? était-ce à droite; était-ce à gauche? Rien sur ce point ne pouvait fixer ma détermination; il fallait m'en remettre au hasard. Je pris à droite, ou plutôt je suivis mon chien qui prit de ce côté.

» Si j'avais été à l'abri sous quelque hangar, dans quelque grotte, dans quelque ruine, j'aurais admiré le magnifique spectacle qui se développait devant moi. Les éclairs se succédaient presque sans interruption, éclairant toute la forêt des lueurs les plus fantastiques. La foudre grondait par mugissements redoublés, prenant naissance à une extrémité de la vallée, qu'elle semblait suivre, et allant se perdre à l'extrémité opposée; puis, de temps en temps, de larges coups de vent passaient sur la cime des arbres, courbant les grands hêtres, les sapins gigantesques, les chênes séculaires, comme la brise de mai courbe les blés en épis. Cependant, la résistance était grande, la lutte était vigoureuse, et les arbres ne se courbaient pas ainsi sans gémir. Aux colères de l'ouragan qui fouettait la forêt avec le vent, la pluie et l'éclair, la forêt répondait par de longues plaintes tristes et solennelles, et pareilles à celles que fait entendre un malheureux que l'adversité poursuit injustement.

» Mais j'étais moi-même mêlé d'une manière trop directe à ce grand cataclysme, dont je ressentais les atteintes, pour en remarquer toute la poésie. L'eau tombait par torrents; je n'avais pas un fil de mes vêtements qui ne fût mouillé, et ma faim devenait toujours plus pressante. Quant à mon sentier, que je

m'obstinais à suivre, je croyais m'apercevoir qu'il commençait à s'élargir et devenait de plus en plus frayé. Il était donc évident qu'il me conduirait à une habitation quelconque.

» En effet, après une demi-heure de marche au milieu de cet horrible désastre de la nature, j'aperçus, à la lueur d'un éclair, une petite chaumière à laquelle aboutissait directement le sentier que je suivais. Je doublai le pas, oubliant à l'instant même toutes mes fatigues dans l'espérance de l'hospitalité qui m'attendait, et, en quelques instants, je me trouvai en face de cet abri si désiré. Mais, à ma grande déception, je n'aperçus aucune lumière. Quoiqu'il ne fût pas encore assez tard pour que le propriétaire de la petite maison fût couché, les portes et les contrevents des fenêtres étaient hermétiquement fermés, et avaient un air de solitude intérieure qui se répandait même au dehors. Au reste, tout autour de la chaumière, à part les dégâts faits par l'orage, il était facile de reconnaître les soins d'une main journalière. Une vigne qui avait déjà perdu une partie de ses feuilles courait le long de la muraille, et de grosses touffes de rosiers, où se balançaient quelques fleurs tardives, ornaient les allées d'un petit jardin fermé par un treillage de bois. Je frappai avec la conviction qu'on ne m'entendrait pas.

» En effet, le bruit de mes coups s'éteignit sans éveiller aucun mouvement intérieur; j'appelai, mais personne ne me répondit.

» J'avoue que, s'il y avait eu un moyen quelconque d'entrer dans cette petite maison, même en l'absence du propriétaire, j'eusse employé ce moyen. Mais les portes et les contrevents étaient non-seulement hermétiquement, mais encore solidement fermés, et quelque confiance que j'eusse dans l'hospitalité allemande, j'avoue que cette confiance n'allait pas jusqu'à risquer l'effraction.

» Cependant une chose me consolait : c'est qu'évidemment cette petite maison ne pouvait être entièrement isolée et devait se trouver voisine d'un village ou d'un château. Je frappai donc encore quelques coups un peu plus violents que les autres pour faire une dernière tentative; mais, cette tentative ayant été infructueuse, je pris mon parti et je me remis en quête.

» Au bout de deux ou trois cents pas, comme je l'avais prévu, j'allai heurter l'enceinte d'un parc. Je la suivis quelque temps pour chercher une grille : une brèche se présenta sur mon passage et m'épargna la peine d'une plus longue investigation. J'enjambai par-dessus les débris de la muraille, et je me trouvai dans le parc.

» Ce parc avait dû être autrefois une de ces magnifiques promenades princières, comme on en trouve encore quelquefois en Allemagne, mais comme on n'en trouvera plus en France dans cinquante ans. C'était quelque chose comme Chambord, Mortefontaine ou Chantilly; seulement, autant la petite chaumière que je venais de voir, et ses alentours que j'avais embrassés d'un coup d'œil, paraissaient l'objet d'un soin particulier et assidu, autant l'orgueilleux parc semblait solitaire, inculte et abandonné.

» En effet, autant qu'on pouvait en juger à travers certaines éclaircies de nuages et certains relâches de la tempête pendant lesquels la lune essayait de se montrer au ciel, et la nature de reprendre un peu de calme, ce parc, qui autrefois avait dû être si splendide, présentait un caractère de dévastation déplorable à voir : de hautes broussailles avaient poussé sous la futaie, et des arbres, déracinés par la colère des ouragans, ou brisés par la vieillesse, coupaient les allées réservées à la promenade, de façon qu'à tout moment on était forcé de se faire jour à travers des branches ou de franchir des troncs étendus, dépouillés et nus comme des cadavres. Cet aspect était peu rassurant et me donnait de médiocres chances de trouver habité le château auquel ne pouvaient manquer de conduire ces allées sombres et dévastées.

» Cependant, en arrivant à une espèce de carrefour où, sur cinq poteaux autrefois debout, quatre étaient maintenant abattus, j'aperçus une lumière qui, passant, à ce qu'il me sembla, devant une fenêtre, disparut aussitôt. Si rapide qu'eût été cette espèce d'éclair, il avait suffi pour me guider. Je me mis en marche dans la direction indiquée, et, au bout de dix minutes à peu près, je me trouvai hors du parc, et j'aperçus, de l'autre côté d'une pelouse, une masse noire qui me parut enveloppée d'arbres. Je présumai que c'était le château.

» En avançant, je vis que je ne m'étais pas trompé; seulement, cette lumière, pareille à une étoile qui file, avait complétement disparu; de plus, à mesure que j'avançais vers l'étrange bâtiment, il me paraissait complétement inhabité.

» C'était un de ces vieux châteaux si communs en Allemagne, auquel un ensemble architectural, qui avait survécu aux travaux successifs que la nécessité des temps ou le caprice de ses propriétaires avaient fait exécuter, imprimait la date du xiv° siècle; mais ce qui donnait surtout à cette massive construction un air de tristesse indéfinissable, c'est qu'aucune des dix ou douze fenêtres que présentait sa façade n'était éclairée. Seulement, trois de ces fenêtres étaient fermées avec des volets extérieurs; mais, comme l'un de ces volets était brisé par la moitié et présentait une large solution de continuité, il était évident que cette chambre n'était pas plus éclairée que les autres, attendu que, si elle l'eût été, on eût vu briller la

lumière à travers cette ouverture. Quant aux autres fenêtres, elles avaient dû être autrefois garnies de contrevents, comme les trois que nous avons indiquées; mais ces contrevents, ou étaient à cette heure complétement arrachés, ou pendaient dégingandés, soutenus par un seul gond, et pareils à l'aile brisée d'un oiseau.

» Je longeai toute cette façade, cherchant un moyen de pénétrer dans les cours intérieures, où j'espérais enfin revoir cette lumière à la recherche de laquelle je m'étais mis, et, à l'un des angles du bâtiment, entre deux tourelles, je trouvai enfin une porte qui me parut fermée d'abord, mais qui, fauté de serrure et de verrou, céda au premier effort que je fis pour l'ouvrir.

» Je franchis le seuil, je m'engageai sous une voûte obscure, puis enfin j'arrivai dans une cour intérieure pleine d'herbes et de ronces, au fond de laquelle, derrière une vitre opaque, je vis, comme à travers un brouillard, briller cette bienheureuse lumière que je commençais à regarder comme une erreur de mon imagination.

» A la lueur d'une lampe, deux vieillards se chauffaient, le mari et la femme sans doute. Je cherchai la porte : elle était à côté de la fenêtre, et, comme dans mon empressement ma main se porta sur le loquet, elle s'ouvrit vivement; la femme jeta un cri. Je m'empressai de calmer la crainte que, bien malgré moi, j'avais inspirée à ces braves gens.

» — N'ayez point peur, mes amis, leur dis-je; je suis un chasseur égaré; je suis fatigué, j'ai faim, j'ai soif; je viens vous demander un verre d'eau, un morceau de pain et un lit.

» — Excusez la frayeur de ma femme, me répondit le vieillard en se levant. Ce château est si isolé, qu'un accident seul y conduit par hasard quelque voyageur; il n'est donc pas étonnant qu'en voyant apparaître un homme armé, la pauvre Bertha ait éprouvé quelque frayeur, quoique, Dieu merci! nous n'ayons guère le craindre les voleurs, ni pour nous, ni pour notre maître.

» — En tous cas, mes amis, rassurez-vous sur ce point, leur dis-je; je suis le comte Élim M... Vous ne me connaissez pas, je le sais; mais vous devez connaître M. de R..., à qui j'étais recommandé à Francfort et avec lequel je chassais, quand, à la suite d'un vol de perdrix rouges, je me suis égaré dans le Taunus.

» — Oh! Monsieur, répondit toujours l'homme, tandis que la femme continuait de me regarder curieusement, nous ne connaissons plus personne à la ville, attendu qu'il y a, je crois, bientôt plus de vingt ans que ni ma femme ni moi n'y avons mis les pieds; mais nous n'avons pas besoin d'autres renseignements que ceux que vous nous donnez. Vous avez faim, vous avez soif, vous avez besoin de repos; nous allons vous préparer à souper. Quant à un lit (les deux vieillards se regardèrent), ce sera peut-être un peu plus difficile, mais enfin nous verrons.

» — Une part de votre souper, mes amis, et un fauteuil dans un coin du château, c'est tout ce que je vous demande.

» — Laissez-nous faire, Monsieur, répondit la femme; séchez-vous et réchauffez-vous; nous allons, pendant ce temps, arranger les choses de notre mieux.

» Cette recommandation de me sécher et de me réchauffer n'était pas inutile: j'étais mouillé jusqu'aux os, et mes dents claquaient de froid; mon chien, d'ailleurs, me donnait l'exemple, et il était déjà couché au beau travers de l'âtre, supportant une chaleur qui aurait suffi à cuire le gibier à la poursuite duquel il s'était si fort fatigué.

» Comme je présumai que le garde-manger était médiocrement garni, et que, selon toute probabilité, le souper de ces braves gens se bornait au pot-au-feu qui bouillait devant la cheminée, et à la casserole qui chantait sur le réchaud, je mis ma carnassière à leur disposition.

» — Ma foi, dit le mari en y choisissant quelques perdrix et un levraut, cela tombe à merveille, Monsieur, car vous en eussiez été réduit à notre pauvre souper; et, vu l'appétit que vous avez annoncé, cela ne laissait pas que de nous causer quelque inquiétude.

» Aussitôt le mari et la femme échangèrent tout bas quelques mots; la femme se mit à plumer les perdreaux et à dépouiller le lièvre, et le mari sortit.

» Dix minutes à peu près se passèrent pendant lesquelles, à force de me tourner et de me retourner devant le feu, je commençais à me sécher. Cependant, quand le mari rentra, je fumais encore des pieds à la tête.

» — Monsieur, me dit-il, si vous voulez passer dans la salle à manger, il y a un grand feu allumé, et vous serez mieux qu'ici. On vous y servira tout à l'heure.

» Je le grondai de la peine qu'il venait de se donner, en lui disant que je me trouvais à merveille où j'étais, et que j'aurais été enchanté de souper à la même table qu'eux. Mais à ceci il me répondit, en s'inclinant, qu'il savait trop ce qu'il devait à M. le comte pour accepter un pareil honneur. Puis, comme il se tenait debout près de la porte, son chapeau à la main, je me levai et lui fis signe que j'étais prêt à passer dans l'appartement préparé. Il marcha devant, et je le suivis. Mon chien poussa un long gémissement, se remit languissamment sur ses quatre pattes, et me suivit à son tour.

» J'avais très-grande hâte de retrouver l'équivalent du feu que j'abandonnais, de sorte que je ne fis pas grande attention aux corridors et aux chambres que nous traversâmes; tout cela seulement me parut être dans un état de délabrement complet.

» Une porte s'ouvrit; je vis un foyer immense allumé dans une cheminée gigantesque; je me précipitai vers le feu, où, quelque hâte que je misse, Fido, grâce à ses quatre pattes, qui avaient retrouvé toute leur élasticité, était encore rendu avant son maître.

» Le feu avait eu ma première attention. Mais à peine fus-je installé devant la cheminée, que mes yeux se portèrent sur la table préparée pour moi. Elle était couverte d'une nappe faite avec cette admirable toile qu'on tire de la Hongrie, et couverte d'une vaisselle splendide.

» Cette magnificence inattendue excita ma curiosité. J'examinai les couverts et les assiettes; tout cela était d'un beau travail et surtout d'une richesse remarquable. Sur chaque objet étaient gravées les armes du propriétaire, surmontées d'une couronne de comte.

» J'étais encore occupé de cette investigation lorsque la porte se rouvrit, et un domestique, vêtu d'une grande livrée, entra, portant le potage dans une soupière d'argent, pareille au reste du service.

» En reportant les yeux de la soupière à celui qui la présentait, je reconnus le vieillard qui m'avait reçu.

» — Mais, mon ami, lui dis-je, je vous le répète, vous me traitez avec beaucoup trop de cérémonie; et, véritablement, vous allez m'ôter tout le plaisir de l'hospitalité que vous me donnez par le dérangement qu'elle vous cause.

» — Nous savons trop le respect que nous devons à monsieur le comte, reprit de nouveau le vieillard en s'inclinant et en posant la soupière sur la table, pour ne pas le recevoir aussi bien qu'il est en notre pouvoir. D'ailleurs, s'il en était autrement, le comte Éverard ne nous le pardonnerait pas.

» Il fallait se laisser faire. Je voulus m'asseoir sur une chaise; mais l'étrange majordome avança un grand fauteuil: c'était celui du maître de la maison. Le dossier était orné d'un écusson aux mêmes armes que celles que j'avais déjà remarquées, et, comme celles-ci, surmontées d'une couronne de comte.

» Je pris la place indiquée. Comme je l'avais dit, je mourais de faim et de soif, de sorte que je dévorai d'abord. Au reste, tout ce qu'on m'avait servi, même la portion du dîner que je rognais aux deux serviteurs, était excellent; le vin surtout était des meilleurs crûs de Bordeaux, de Bourgogne et du Rhin.

» Pendant ce temps, le vieillard se confondait en excuses sur la façon dont il était forcé de me recevoir.

» Pour le détourner de cette inquiétude, qui paraissait l'agiter, autant que par curiosité, je lui demandai ce qu'était son maître et s'il n'habitait point le château.

— Mon maître, me dit-il, est le comte Éverard d'Eppstein, le dernier des comtes de ce nom. Non-seulement il habite le château, mais encore il y a bientôt vingt-cinq ans qu'il ne l'a quitté. La maladie d'une personne à laquelle il porte une grande affection l'a appelé à Vienne. Voilà six jours qu'il est parti, et nous ne savons quand il reviendra.

» — Mais, continuai-je, quelle est cette petite chaumière si propre, si charmante, si entourée de fleurs, que j'ai aperçue à un quart de lieue d'ici, et qui fait un si grand contraste avec le château?

» — C'est la véritable demeure du comte Éverard, répondit le vieillard. Ses anciens habitants sont tous morts, et, depuis la mort du dernier, c'est-à-dire du garde-chasse Jonathas, M. le comte se l'est réservée pour lui. Il y passe ses journées, et ne rentre guère au château que pour se coucher. Aussi le pauvre château, comme vous l'avez pu voir ce soir, et comme vous le verrez encore bien mieux demain, tombe-t-il en ruine; si bien qu'à l'exception de la chambre rouge, il ne reste pas une seule chambre habitable au château.

» — Et qu'est-ce que la chambre rouge?

» — C'est la chambre qu'ont de père en fils habitée les comtes d'Eppstein; c'est dans cette chambre qu'ils sont nés; c'est dans cette chambre qu'ils sont morts, depuis la comtesse Éléonore jusqu'au comte Maximilien.

» Je remarquai qu'en prononçant ces mots, le vieillard baissait la voix et semblait, avec une certaine inquiétude, regarder autour de lui. Cependant je ne fis aucune observation ni ne renouvelai aucune demande. Je réfléchissais à cette poétique et étrange chose, du dernier comte d'Eppstein vivant solitaire dans son vieux château, qui, quelque temps après sa mort peut-être, croulerait sur sa tombe.

» J'avais fini de dîner, et, la faim et la soif apaisées, le besoin du sommeil commençait à se faire impérieusement sentir. Je me levai donc, et je priai le majordome qui m'avait si bien fait les honneurs du château de vouloir bien me conduire à ma chambre.

» Sur cette demande, il parut éprouver quelque embarras, balbutia des excuses presque inintelligibles; puis, comme s'il en avait pris enfin son parti :

» — Eh bien, monsieur le comte, dit-il, suivez-moi.

» Je le suivis. Fido qui, de son côté, avait fêté le souper presque à l'égal de son maître, et qui avait repris sa place en travers du feu, se leva en murmurant et ferma la marche.

» Le vieillard me ramena dans la première pièce, c'est-à-dire dans celle où j'étais entré d'abord; le lit était couvert de draps blancs et fins.

» — Mais, lui dis-je, c'est votre chambre que vous me donnez.

» — J'en demande bien pardon à monsieur le comte, répondit le vieillard se trompant sur le sens de mon exclamation ; mais, dans tout le château, il n'y a pas une autre chambre qui soit habitable.

» — Où coucherez-vous alors, vous et votre femme?

» — Dans la salle à manger, chacun sur un grand fauteuil.

» — Je ne le souffrirai pas ! m'écriai-je. C'est moi qui coucherai dans un fauteuil. Gardez votre lit ou donnez-moi une autre chambre.

» — J'ai déjà eu l'honneur de dire à monsieur le comte qu'il n'y avait pas, dans tout le château, une autre chambre habitable, à l'exception de celle...

» — A l'exception de celle...? répétai-je.

» — A l'exception de celle du comte Éverard, de la chambre rouge.

» — Et tu sais qu'il est impossible que M. le comte couche dans celle-là ! s'écria vivement la femme.

» Je les regardai fixement tous deux. Ils baissèrent les yeux avec une expression d'embarras visible. Ma curiosité, déjà excitée par tout ce qui m'était arrivé jusque-là, était portée à son comble.

» — Et pourquoi impossible? demandai-je. Est-ce une défense du maître?

» — Non, monsieur le comte.

» — Si le comte Éverard savait qu'un étranger a couché dans cette chambre, en résulterait-il quelque reproche pour vous?

» — Je ne crois pas.

» — Mais alors pourquoi cette impossibilité? Et qu'y a-t-il donc dans cette mystérieuse chambre rouge dont je ne vous entends parler qu'avec terreur?

» — Il y a, Monsieur...

» Il s'arrêta et regarda sa femme, qui, par un mouvement des épaules, semblait lui dire : « Dame, dis-le si tu veux. »

» — Il y a....? repris-je. Voyons, parlez.

» — Il y a qu'elle est *hantée*, monsieur le comte.

» Comme le brave homme me parlait en allemand, je crus avoir mal entendu.

» — Comment dites-vous, mon ami? lui demandai-je.

» — Il y a, dit la femme, qu'il y apparaît des revenants. Voilà ce qu'il y a.

» — Des revenants ! m'écriai-je ; ah ! pardieu ! si ce n'est que cela, mon brave homme, j'ai toujours eu le plus grand désir de voir un revenant. Ainsi, loin de trouver bonne votre raison de m'exclure de la terrible chambre, je vous déclare qu'elle me donne le plus grand désir d'y passer la nuit.

» — Que monsieur le comte y réfléchisse bien avant d'insister.

» — Oh ! toutes mes réflexions sont faites. D'ailleurs, je vous le répète, j'ai le plus grand désir de me trouver en relation avec un spectre.

» — Cela a mal réussi au comte Maximilien, murmura la vieille femme.

» — Le comte Maximilien avait peut-être des motifs de craindre les morts ; moi, je n'en ai pas, et je suis convaincu que, s'ils sortent de terre, c'est pour protéger ou pour punir. Or, ce ne peut être pour me punir que les morts sortiraient de terre, car je ne me rappelle pas avoir, dans toute ma vie, une action mauvaise à me reprocher. Si, au contraire, c'est pour me protéger, je n'aurai aucun motif de craindre une ombre qui viendrait à moi dans une si charitable intention.

— » Oh ! c'est impossible, dit la femme.

» — Si cependant monsieur le veut absolument, reprit le mari.

» — Je ne le veux point, dis-je, parce que je n'ai point ici le droit de vouloir. Si j'avais ce droit, je l'exigerais, je vous le déclare. Mais, ne l'ayant pas, je vous en prie.

» — Eh bien ? dit la femme.

» — Eh bien, faisons donc comme le désire Monsieur. Tu sais ce que dit toujours le comte :

« L'hôte est le maître du maître. »

» — J'y consens, dit la femme à son mari ; mais à une condition : c'est que tu viendras préparer le lit avec moi. Pour tout l'or du monde, je n'irais pas seule.

» — Volontiers, dit le mari. Monsieur attendra ici ou dans la salle à manger que nous ayons fini.

» — Allez, mes amis, j'attendrai.

» Les deux vieux serviteurs prirent alors chacun une bougie et sortirent de la chambre, le mari marchant le premier et la femme ensuite. Je restai tout pensif au coin du feu.

» J'avais mille fois, dans ma jeunesse, entendu raconter des aventures pareilles arrivées dans de vieux châteaux à des voyageurs égarés, et j'avais toujours souri d'incrédulité à ces récits, que je regardais comme fantastiques ; aussi me trouvais-je tout étonné d'être sur le point de devenir à mon tour le héros d'une semblable histoire. Je me tâtais pour voir si je ne faisais pas un rêve. Je regardai autour de moi,

pour m'assurer que j'étais dans une situation extraordinaire. Je sortis pour me convaincre que j'étais bien dans ce vieux château même dont j'avais entrevu dans l'obscurité le cadavre massif et sombre. Le ciel était redevenu serein, et la lune argentait les sommets des toits. Tout était muet, tout semblait mort, et le silence de la nuit n'était troublé que par le cri aigu d'une chouette cachée dans les branches d'un arbre dont on distinguait la masse noire dans un angle de la cour.

» J'étais bien dans un de ces châteaux aux vieilles traditions et aux légendes merveilleuses. Et, certes, si l'apparition promise me manquait, c'est que le fantôme y mettrait de la mauvaise volonté. Le château où Wilhelm conduisit Lénore n'avait pas un aspect plus fantastique que celui dans lequel j'allais passer la nuit.

» Bien convaincu que je ne faisais pas un rêve, mais que je marchais en pleine réalité, je rentrai dans la chambre des deux vieillards : la femme y était déjà de retour, tant elle s'était pressée d'accomplir son service ; le mari était resté derrière elle pour allumer le feu.

» Tout à coup, le bruit d'une sonnette retentit. Je tressaillis malgré moi.

» — Qu'est-ce que cela ? demandai-je.

» — Oh ! ce n'est rien, répondit la femme, c'est mon mari qui sonne pour me prévenir que tout est prêt. Je vais conduire monsieur le comte jusqu'au bas de l'escalier ; mon mari l'attendra en haut.

» — Venez donc, repris-je vivement, car j'ai hâte, je vous l'avoue, de voir cette fameuse chambre rouge.

» La bonne femme s'arma d'une bougie et marcha devant. Je la suivis, et Fido, qui ne comprenait rien à toutes ces pérégrinations, quitta une troisième fois le feu et nous accompagna. A tout hasard, je pris mon fusil.

» Nous suivîmes le même corridor dans lequel nous nous étions déjà engagés pour aller à la salle à manger. Seulement, au lieu de prendre à gauche, nous tournâmes à droite, et nous nous trouvâmes près d'un de ces gigantesques escaliers à balustrade de pierre comme on n'en voit plus en France que dans les châteaux royaux ou dans les monuments publics. Au haut de cet escalier, le vieux serviteur m'attendait.

» Je montai ces larges marches, qui semblaient faites pour des géants ; puis, à son tour, le vieillard me servit de guide et pénétra dans la fameuse chambre rouge. Je le suivis.

» Un grand feu brûlait dans l'âtre, deux candélabres à trois branches étaient allumés sur la cheminée, et cependant, au premier coup d'œil, je ne pus embrasser la vaste étendue de la chambre.

» Le vieillard me demanda si j'avais besoin de quelque chose, et, sur ma réponse négative, il se retira. Je vis la porte se refermer derrière lui, j'entendis ses pas qui s'éloignaient ; enfin le bruit finit par s'éteindre, et je me trouvai non-seulement dans la solitude, mais encore dans le silence.

» Mes yeux, qui étaient fixés sur la porte, se reportèrent alors sur la chambre ; ne pouvant, comme je l'ai dit, l'embrasser d'un coup d'œil, je résolus de l'examiner en détail. Je pris donc un candélabre et je commençai mon inspection.

» Son nom de chambre rouge lui venait de grandes tapisseries datant du xvi⁰ siècle et dans lesquelles la couleur rouge dominait; elles représentaient, traitées à la manière de la renaissance, les guerres d'Alexandre; elles étaient encadrées dans de larges panneaux de bois qui avaient dû être redorés dans le xviii⁰ siècle, et dont certaines parties, restées brillantes, étincelaient ou réfléchissaient les rayons des bougies.

» Dans l'angle à gauche de la porte, était un grand lit surmonté d'un dais avec les armes dés comtes d'Eppstein ; il était garni de vastes rideaux de damas rouge. Les rideaux du lit et les dorures du dais avaient dû être remis à neuf il y avait quelque vingt-cinq ans.

» Entre les fenêtres étaient des consoles dorées du temps de Louis XIV, surmontées de glaces à cadres enjolivés de fleurs et d'oiseaux ; au plafond pendait un grand lustre de cuivre avec des ornements de cristal, mais il était facile de voir qu'il y avait bien longtemps qu'il n'avait servi.

» Je fis lentement le tour de la chambre, suivi de Fido, qui, chaque fois que je m'arrêtais, s'arrêtait aussi et ne comprenait rien à cette rage de promenade dont il me voyait possédé. Entre la tête du lit et la fenêtre, c'est-à-dire en longeant la muraille du fond de la chambre qui faisait face à la cheminée, Fido s'arrêta tout à coup, flaira le lambris, se dressa tout debout, puis se coucha, appuyant son nez contre la base de la muraille en soufflant fortement et en donnant des signes visibles d'agitation. Je cherchai quelle cause pouvait lui inspirer cette inquiétude, mais je ne trouvai rien qui pût la motiver : le lambris paraissait parfaitement plein, je n'apercevais aucune solution de continuité ; j'appuyai le pouce en plusieurs endroits, cherchant s'il n'y aurait pas là quelque ressort caché ; mais rien ne céda, et, après dix minutes de recherches infructueuses, je continuai mon voyage autour de la chambre rouge. Fido me suivit, mais en tournant toutefois la tête vers l'endroit qu'il avait paru et qu'il paraissait encore désigner à mon attention.

» Je revins près de la cheminée, et tout retomba dans le silence, qui n'avait été troublé que par le bruit de mes pas ; cependant, au milieu de ce silence, un autre bruit se faisait encore entendre, c'était le cri funèbre et monotone de la chouette. Je regardai à ma montre : il était dix heures. Malgré la fatigue qui m'écrasait, mon envie de dormir avait disparu. Cette chambre immense, son aspect d'un autre âge, les événements qui avaient dû s'y écouler depuis des siècles, ce que m'avaient dit les deux vieillards des hôtes surnaturels qui la fréquentaient, tout cela m'inspirait une émotion à laquelle je n'essayerai pas de trouver un nom. Ce n'était pas de la peur ; non, c'était de l'inquiétude, une espèce de malaise mêlé de curiosité. Je ne savais pas ce qui se passerait pour moi dans cette chambre, mais je sentais qu'il s'y passerait quelque chose.

» Je demeurai une demi-heure à peu près encore dans le fauteuil et les jambes étendues devant le feu ; puis, n'entendant rien, ne voyant rien, je me décidai à me coucher tout en laissant brûler un des candélabres sur la cheminée.

» Une fois dans le grand lit des comtes d'Eppstein, j'appelai Fido, et Fido vint se coucher à côté de moi.

» Il n'y a personne qui, dans une situation pareille, en attendant un événement quelconque, n'ait essayé de dormir. On sait alors comment les yeux se ferment lentement pour, au moindre bruit, se rouvrir tout à coup ; comment le regard embrasse d'un seul jet toute la chambre où l'on est couché, puis, la voyant toujours solitaire et muette, comment la paupière se referme pour se rouvrir encore. Il en fut ainsi de moi; deux ou trois fois déjà, presque entré dans le sommeil, je me réveillais en sursaut; puis, peu à peu, malgré la lumière des bougies allumées dans le candélabre, les objets commencèrent à se confondre. Les grandes figures de la tapisserie semblèrent se mouvoir, le foyer parut jeter des lueurs fantastiques et inusitées, mes pensées se mêlèrent comme un écheveau de fil inextricable, et je m'endormis.

» Combien de temps dura mon sommeil, je n'en sais rien; seulement, je fus réveillé par une sensation indéfinissable de terreur. Je rouvris les yeux, les bougies étaient consumées et le feu éteint. Seulement un tison avait roulé et fumait sur le marbre ; je regardai autour de moi ; je ne vis absolument rien.

» La chambre, au reste, n'était éclairée que par un rayon de lune qui passait à travers le contrevent brisé.

» Seulement, comme je le dis, je sentais en moi quelque chose d'extraordinaire , d'indéfinissable , d'inouï.

» Je me soulevai sur mon coude. En ce moment Fido, qui était couché sur la descente de mon lit, hurla tristement.

» Cette plainte lugubre et prolongée me fit frissonner malgré moi.

» — Fido, dis-je, Fido. Eh bien, mon chien, qu'y a-t-il?

» Mais, au lieu de me répondre, je sentis le pauvre chien tout tremblant s'enfoncer sous mon lit, du fond duquel il poussa un second gémissement.

» Au même instant un léger bruit se fit entendre; c'était celui d'une porte qui grince sur ses gonds.

» Puis une portion du lambris se détacha et tourna sur elle-même. C'était celle devant laquelle s'était arrêté Fido.

» Alors, sur le carré sombre qu'elle venait de découvrir en s'ouvrant, je vis se dessiner une forme blanche, aérienne, transparente, qui, sans paraître toucher le parquet, sans qu'aucun bruit se fît entendre, s'avança flottante vers mon lit.

» Je sentis mes cheveux se dresser sur ma tête, et une sueur froide me perler au front.

» Je reculai à mon tour jusque dans la ruelle; l'ombre s'approcha de mon lit, monta sur l'estrade où il était posé, me regarda un instant en secouant la tête comme pour dire :

» — Ce n'est pas lui.

» Puis elle poussa un soupir, descendit la marche qu'elle avait montée, repassa dans le rayon lumineux, qui me permit de m'assurer de sa singulière transparence, se retourna encore de mon côté, poussa un second soupir, secoua encore une fois la tête, et rentra par l'ouverture du lambris, dont la porte se referma sur elle en grinçant comme lorsqu'elle s'était ouverte.

» Je restai, je l'avoue, sans voix, sans force, ne sentant la vie qu'aux battements redoublés de mon cœur. Un instant après, j'entendis Fido qui quittait son asile et reprenait sa première place. Je l'appelai; il se dressa sur ses pattes de derrière, appuyant ses pattes de devant sur mon lit. Le pauvre animal était tout frissonnant encore.

» Ce que j'avais vu était donc bien réel, ce n'était pas une erreur de mon esprit, un rêve de mon imagination. C'était bien une apparition, une ombre, un fantôme. J'étais réellement sous le poids d'un événement surnaturel. Cette chambre avait sans doute été le théâtre de quelque terrible et mystérieux événement. Que pouvait-il s'être passé dans cette chambre? Voilà dans quelle vague investigation mon esprit se perdit jusqu'au jour, car, ainsi qu'on le pense bien, je ne me rendormis pas.

» Au premier rayon de l'aube, je me jetai à bas de mon lit et je m'habillai.

» Comme j'achevais de me vêtir, j'entendis marcher dans le corridor. Cette fois, c'étaient des pas humains. Je ne m'y trompai pas.

» Les pas s'arrêtèrent devant ma porte.

» — Entrez, dis-je.

» Le vieillard parut.

» — Monsieur, dit-il, j'étais inquiet de la manière dont vous aviez passé la nuit, et je venais m'informer de votre santé.

» — Mais comme vous voyez, lui répondis-je, elle est excellente.

» — Vous avez bien dormi?

» — Parfaitement.

» Il hésita un instant.

» — Et rien n'a troublé votre sommeil ?... ajouta-t-il.

» — Rien.

» — Tant mieux. Maintenant, si Monsieur veut donner ses ordres pour l'heure où il compte partir?

» — Mais aussitôt après mon déjeuner.

» — Alors on va le préparer à l'instant même et quand Monsieur voudra descendre, s'il veut bien nous laisser un quart d'heure seulement, il trouvera tout prêt.

» — Eh bien, soit, dans un quart d'heure.

» Le vieillard sortit en saluant.

» Je restai seul un quart d'heure, c'était juste le temps qu'il me fallait pour approfondir ce que je voulais savoir.

» A peine le bruit des pas eut-il cessé de se faire entendre, que j'allai à la porte et que je poussai le verrou. Puis je m'élançai vers la portion de la muraille que j'avais vue s'ouvrir.

» Je comptais sur Fido pour me guider dans mes recherches; mais, cette fois, quoique j'employasse les menaces et même le fouet pour lui faire quitter la place qu'il avait prise, il ne voulut pas même s'approcher du lambris.

» Je cherchai dans toutes les moulures de la boiserie, mais je ne pus trouver aucune solution de continuité visible à l'œil. J'appuyai sur tous les endroits saillants, mais aucun ne céda sous mes doigts.

» Je vis qu'il existait quelque ressort que je ne connaissais pas et qu'il était impossible de faire jouer sans le connaître.

» Après vingt minutes de recherches infructueuses, je fus donc forcé de renoncer à mon entreprise. D'ailleurs, j'entendais les pas du vieillard qui se rapprochaient. Je ne voulais pas qu'il me retrouvât enfermé; je courus vers la porte et je tirai le verrou au moment où il allait frapper.

» — Le déjeuner de monsieur le comte est prêt, dit-il.

» Je pris mon fusil et je le suivis en jetant un regard sur le mystérieux lambris.

» J'entrai dans la salle à manger; mon déjeuner était servi avec le même luxe d'argenterie que mon souper de la veille.

» Quoique très-préoccupé de mon aventure de la nuit, je n'en ouvris pas la bouche : j'avais compris que ce n'était pas à des serviteurs nés dans la maison, et vieillis sans doute dans la fidélité, qu'il fallait demander le secret de leurs maîtres. Je me hâtai donc de déjeuner ; puis, mon déjeuner achevé, je remerciai encore une fois mes hôtes de la bonne hospitalité qu'ils m'avaient accordée, et je priai le vieillard de m'indiquer mon chemin pour retourner à la ville.

» Il s'offrit à m'accompagner jusqu'à un sentier qui me conduirait hors des montagnes du Taunus : comme je ne me souciais pas de m'égarer de nouveau, j'acceptai.

» Nous fîmes un quart de lieue à peu près ; alors nous trouvâmes un chemin assez frayé pour qu'il n'y eût aucune crainte de se tromper en le suivant. Une demi-heure après, j'étais hors des montagnes du Taunus ; trois heures après, j'étais à Francfort.

» A peine pris-je le temps de changer de costume ; j'avais hâte de voir mon professeur, je courus chez lui. Je le trouvai extrêmement inquiet de mon absence ; il avait envoyé à ma recherche les deux gardes et trois ou quatre valets de ferme.

» — Enfin, me demanda-t-il, où avez-vous passé la nuit ?

» — Au château d'Eppstein, répondis-je.

» — Au château d'Eppstein ! s'écria-t-il, et dans quelle partie du château ?

» — Dans la chambre du comte Éverard, qui était à Vienne.

» — Dans la chambre rouge ?

» — Dans la chambre rouge.

» — Et vous n'avez rien vu ? me demanda le professeur avec une curiosité mêlée d'hésitation.

» — Si fait, lui répondis-je, j'ai vu un fantôme.

» — Oui, murmura-t-il, c'est celui de la comtesse Albine.

» — Qu'est-ce que la comtesse Albine ? demandai-je.

» — Oh ! me répondit-il, c'est toute une histoire, terrible, incroyable, inouïe : une de ces histoires comme on n'en trouve que dans nos vieux châteaux des bords du Rhin, et dans nos montagnes du Taunus, une histoire... que vous ne croiriez pas si vous n'aviez pas couché dans la chambre rouge.

» — Oui, mais que je croirai maintenant que j'y ai couché, je vous le jure. Vous pouvez donc me la conter, mon cher professeur, et je vous proteste que vous n'aurez jamais eu un auditeur plus attentif.

» — Eh bien, me dit mon compagnon de chasse, le récit est un peu long ; faites-moi le plaisir de venir dîner avec moi, et, au dessert, d'excellents cigares à la bouche et les pieds sur les chenets, je vous conterai cette terrible légende, dont notre fantastique Hoffmann eût certainement fait, s'il l'eût connue, le plus terrifiant de ses contes.

» Comme on le comprend bien, je n'avais garde de refuser une pareille invitation. Je me trouvai donc, à l'heure dite, chez mon professeur, lequel, après le dîner, me raconta, selon la promesse faite, l'histoire de la chambre rouge... »

— Eh bien, cette histoire ? demandâmes-nous tout d'une voix au comte Élim.

— Cette histoire, j'en ai fait une espèce de livre fort gros et fort ennuyeux, que je vous apporterai demain si vous le voulez absolument, et que je vous lirai le plus rapidement possible.

— Et pourquoi pas ce soir ? demandai-je dans mon impatience.

— Parce qu'il est trois heures du matin, répondit le comte Élim, et que cela me paraît une heure raisonnable pour se retirer.

Chacun fut de l'avis du préopinant. On prit rendez-vous pour le lendemain, à dix heures du soir. A dix heures moins un quart, tous les auditeurs étaient rassemblés ; à dix heures juste, le comte Élim arriva, son manuscrit sous le bras. A peine lui donna-t-on le temps de s'asseoir, tant le désir d'entendre le récit des événements promis était vif. On prit place autour du lecteur, et, au milieu du plus profond silence, le comte Élim commença l'histoire si impatiemment attendue.

I

Nous sommes en septembre 1789 ; le sol européen tremble encore de la chute de la Bastille, et Francfort, ville libre, mais ville où se font les Césars, a en même temps peur et espoir de cette révolution qui gronde. Le château d'Eppstein n'a que peur, car son maître, le vieux comte Rodolphe, est tout dévoué à l'empereur, qui s'apprête à nous déclarer la guerre.

Pourtant ce n'étaient pas seulement les soucis politiques, à coup sûr, qui courbaient son front et desséchaient son âme, le jour où ce récit commence.

Dans la grande salle de son château, il était assis, la tête penchée, et à ses côtés se tenait sa femme. D'abondantes larmes coulaient silencieusement sur les joues amaigries de la comtesse. Le comte ne pleurait qu'en dedans.

C'étaient deux belles et nobles figures de vieillards ; tous leurs mouvements trahissaient à la fois une dignité profonde et une touchante bonté, et leurs têtes blanches semblaient, pour parler comme Schiller, couronnées de saintes actions.

Ils délibéraient gravement et tristement.

— Il faut pardonner, disait la mère.

— Le puis-je ? répondait le père. Si personne ne devait nous voir, je tendrais les bras à Conrad et à sa femme ; mais, hélas ! noblesse oblige, et il y a tant de regards fixés sur nous ! Nous devons au monde de sévères exemples, et, eussions-nous la mort au cœur, il nous faut mourir debout. J'ai chassé Conrad, Conrad ne reparaîtra plus devant moi; nous ne l'embrasserons plus, Gertrude.

— Je comprendrais mieux cette rigueur, reprenait timidement la mère, si Conrad était l'aîné de notre maison; mais celui qui sera le chef des Eppstein après vous, c'est Maximilien.

— N'importe, dit le comte, Conrad n'en est pas moins un Eppstein.

— Survivra-t-il à votre colère? hasarda encore la comtesse.

— Il nous rejoindra donc plus tôt là où les pères peuvent toujours embrasser leurs enfants.

Et il se tut, car il avait peur, s'il ajoutait une seule parole, de fondre en larmes comme sa femme.

Après un moment de silence, on frappa discrètement à la porte, et un vieux serviteur de la maison, appelé Daniel, entra sur l'invitation du maître.

— C'est monseigneur Maximilien qui demande à son père l'honneur d'un moment d'entretien, dit Daniel.

— Introduisez mon fils, répondit le comte.

— Celui-là, reprit le vieux Rodolphe avec amertume, quand Daniel fut parti, celui-là se déshonore dans mon cœur, mais il ne se mésallie pas dans la société; il se déprave, mais il ne se déplace pas; il oublie d'être bon, mais il se souvient qu'il est comte; il reste noble, sinon d'âme, du moins d'apparence; Maximilien est mon digne héritier.

— Conrad n'est que votre digne fils, dit la comtesse.

Et cependant, lorsque Maximilien entra, toutes les empreintes rudes ou fatales de sa physionomie étaient en ce moment, non pas effacées, mais adoucies par le puissant effort qu'il s'était imposé à lui-même. Il s'agenouilla devant le comte, baisa sa main et celle de sa mère, et attendit debout et en silence que le vieillard lui adressât la parole.

Le comte Maximilien était un homme d'une trentaine d'années à peu près, d'une figure à la fois sombre et altière, de haute taille et d'allure vigoureuse. Il avait d'ordinaire des gestes résolus et impétueux. Sa physionomie, dans les situations habituelles de la vie, exprimait moins l'intelligence que l'audace. Devant lui, l'on se sentait en présence d'une volonté implacable, et c'est par cette mine déterminée et hautaine qu'il savait imposer à des esprits souvent supérieurs au sien. Le désir chez cet homme devait se traduire immédiatement en action. On avait peine à soutenir son regard fixe et hardi; on se disait vaguement que peu d'obstacles devaient tenir contre sa colère, et que peut-être lui-même ne saurait pas contenir au besoin sa violente nature.

Le comte Maximilien, nous l'avons dit, pouvait avoir trente ans; mais déjà des rides précoces sillon-

naient son visage, où les soucis de l'ambition avaient laissé leur dévorante empreinte. Le comte avait un de ces fronts allemands larges, mais qui sonnent le creux, pleins qu'ils sont d'orgueil bien plutôt que de génie. Son nez recourbé et ses lèvres minces ne contribuaient pas peu à lui donner cet aspect dominateur qui frappait d'abord. Le pli de son sourcil, et il le fronçait souvent, était terrible; en même temps son sourire, et il ne souriait guère, était le sourire obséquieux, faux et avide du courtisan. Sa taille haute et droite savait effectivement se plier devant le maître. En somme, dans son extérieur comme dans son âme, de l'audace, mais pas de grandeur; de la froideur, mais pas de calme; du dédain, mais pas de clémence. Il était ambitieux à la façon du père Joseph, et non à celle de Wallenstein, et l'on comprenait au premier coup d'œil qu'il devait se venger de son humilité envers les grands par sa hauteur envers les petits.

— Avant de vous entendre, mon fils, dit gravement Rodolphe, j'ai à vous reprocher un nouveau grief. Tant que vous avez été jeune, nous avons usé d'indulgence en mettant vos méfaits sur le compte de votre âge; mais vous avancez dans la vie, Maximilien. Si Dieu vous a retiré votre femme, il vous a laissé votre fils. Maximilien, vous êtes père; de plus, dans quelques jours, je le sens à ma faiblesse, vous deviendrez seigneur et maître de tous nos domaines et seul représentant de tous nos aïeux; n'est-il pas temps de vous préparer sérieusement à votre destinée, et de veiller désormais sur votre conduite, qui a causé tant de scandale dans le pays, tant de douleurs dans le château?

— Mon père, répondit Maximilien, votre bonté a toujours un peu trop écouté, ce me semble, les plaintes des manants; je suis gentilhomme, j'aime le plaisir, et les jeux du lion ne sont pas ceux de l'agneau, mais je n'ai jamais dérogé, que je sache. Pour l'honneur de mon nom, je me suis battu trois fois; quant au reste, je n'ai pas la conscience étroite, c'est vrai. Quel nouveau délit ai-je donc commis, de grâce? Mes piqueurs ont-ils encore dévasté un champ de blé? Mes chiens se seraient-ils permis par hasard d'étrangler la laie du voisin? Mon cheval aurait-il écrasé un paysan par mégarde?

— Mon fils, vous avez déshonoré la fille du bailli d'Alpœnig.

— Hélas! c'est vrai, reprit avec un soupir Maximilien; mais mon noble père devrait ne pas voir ces sortes de choses; ne sait-il pas bien que, comme Conrad, mon frère, je ne me dégraderai jamais au point d'épouser une fille du peuple?

— Oh! je n'ai pas cette crainte sans doute, interrompit le vieillard avec une triste ironie.

— Eh bien, continua Maximilien, que redoute

Monseigneur? Le scandale, comme il disait tout à l'heure; hélas! il peut encore se rassurer sur ce point. Un affreux malheur est arrivé; la pauvre Gretchen se promenait seule hier sur les bords du Mein; elle aura voulu, je le suppose, cueillir quelque rose sauvage, quelque pervenche ou quelque myoso-tis; le pied lui aura glissé, et le fleuve l'a entraînée; bref, on n'a retrouvé son corps que ce matin. Je suis au désespoir de cette mort si inattendue. J'ai-mais beaucoup Gretchen, et, pardonnez-le-moi, mon père, je l'ai pleurée; mais Votre Seigneurie voit qu'elle peut être tranquille sur les suites de ma folie.

— En effet, dit le comte, stupéfait devant cette insouciante douleur, devant cette égoïste étourderie, qui croyait à un accident plutôt qu'à un crime, et ne voyait à accuser dans tout cela que le hasard.

La mère leva les mains et les yeux au ciel, deman-dant sans doute pardon à Dieu et à Gretchen pour son fils, qui ne savait ce qu'il faisait. Après une pause, le comte reprit :

— Vous avez à me parler, mon fils?

— Oui, mon père, j'ai une grâce à vous deman-der, non pour moi qui ai tâché de ne jamais encourir votre colère, mais pour mon frère Conrad, qui, s'il est coupable, est bien malheureux, allez, Monsei-gneur.

— C'est bien! c'est d'un bon frère, ce que vous faites là, Maximilien! s'écria avec émotion la com-tesse, heureuse de trouver une fois son fils généreuse-ment inspiré.

— Oui, ma mère, poursuivit Maximilien; vous le savez, j'aime Conrad : âme faible mais excellente, il m'a de tout temps cédé à son maître, et je n'ai jamais eu lieu d'être jaloux de cette douce et inoffensive nature qui reconnaît ma supériorité sans conteste. Ce n'est pas sa faute s'il est né pour être professeur de philosophie plutôt que pour porter l'épée. Je sais bien que sa bévue est un peu forte : épouser secrètement une fille de rien parce qu'il l'aimait, introduire dans notre famille l'enfant légi-time d'une bourgeoise, au lieu de l'enrichir tout simplement d'un bâtard, c'est une niaiserie dont je conviens avec vous; mais erreur n'est pas crime; la petite Noémi est fort jolie, et elle aura ensorcelé le candide Conrad, dont elle était le premier amour. Après tout, mon père, la chose est moins grave que si j'avais commis, moi, la même sottise, moi l'aîné et le chef des Eppstein; je sais bien que l'empereur s'irritera s'il vous voit accepter paternellement une telle mésalliance; mais j'irai à Vienne, et je l'apai-serai. Nous lui transformerons Gaspard le garde-chasse, père de Noémi, en un vieux militaire; avec le temps, on oubliera cette histoire. Ce n'est qu'à moi que votre indulgence ferait tort, n'est-ce pas, mon père? à moi qui dois vous succéder dans vos

titres et dans la faveur de la cour! Eh bien, par ami-tié pour ce bon Conrad, j'en subirai les conséquen-ces. A force de zèle, je réparerai cet échec porté à notre crédit, et je regagnerai les bonnes grâces de l'empereur? Soyez tranquille. Ainsi, je vous en con-jure, Monseigneur, n'exilez pas en France, comme vous le vouliez faire, Conrad et sa femme; laissez-le près de vous : sa vie studieuse et réfléchie fait-elle tant de bruit? Le pauvre garçon est plein de ten-dresse, il vous aime tant, ma mère et vous; il est tellement attaché à ce sol qu'il n'a jamais pu quitter! Un bannissement, ce serait pour lui presque un ar-rêt de mort, mon père.

— Vous faites votre devoir, Maximilien, en plai-dant la cause de votre frère : je ferai le mien en vous refusant. Conrad s'obstine absolument à ne pas rom-pre ce mariage, n'est-ce pas?

— Je dois convenir que, sur ce point, il est inflexi-ble, Monseigneur; il est même inutile de lui en parler, je crois.

— Eh bien, si je cédais quand il résiste, toute la noblesse d'Allemagne, solidaire des actes de l'un des siens, me pardonnerait-elle ma faiblesse?

—Non, sans doute; mais au moins consentez à voir Conrad, à l'entendre lui-même, mon père, répondit Maximilien.

— Impossible, répondit le vieux comte, qui avait peur de sa tendresse, impossible.

— Que Votre Seigneurie me pardonne donc, dit Maximilien. Mais j'ai pris sur moi d'inviter mon frère à venir me rejoindre ici. Qu'il ne s'éloigne pas sans voir une dernière fois votre visage. Il est là, sans doute; il vient, le voici. Par grâce, recevez-le, mon père.

—Monseigneur, dit la comtesse à voix basse à son mari, si je vous ai toujours été une épouse soumise et dévouée, accordez-moi (qui le saura?) le suprême bonheur de revoir encore mon enfant.

— Qu'il soit fait ainsi que vous le voulez, Ger-trude, mais que ce soit sans faiblesse, entendez-vous.

Le comte Rodolphe fit un signe, Maximilien cou-rut à la porte et l'ouvrit à Conrad, qui vint silencieu-sement se mettre à genoux à quelque distance de son père.

Les deux frères formaient le contraste le plus com-plet. Autant Maximilien était fort et résolu, autant Conrad semblait chétif et doux. Le pâle visage de celui-ci, encadré de longs cheveux blonds, animé du feu de ses grands yeux bruns, faisait ressortir avec plus de rudesse les traits angulaires, le teint de bronze et toute la robuste physionomie de Maximilien. Une main de ce dernier eût enserré sans peine les deux mains féminines de Conrad. L'un effrayait presque, l'autre charmait tout de suite.

C'était un grand et solennel tableau de famille que celui-là : le frère aîné, debout, immobile, spectateur assez indifférent et assez calme de cette scène que sa clémence calculée avait préparée; le jeune frère, un genou en terre, ému, tremblant, mais soutenu par une pensée intérieure qui mettait dans ses yeux autant d'éclairs que de larmes; le père, le grand seigneur patriarche aux cheveux blancs et à la barbe blanche, assis dans un fauteuil sculpté, plein de majesté au dehors, plein de trouble au dedans, et se forçant à la rigueur pour ne pas se laisser aller à l'attendrissement; puis la mère affaissée sur un escabeau où elle semblait agenouillée, essuyant quelque larme furtive et regardant tour à tour son époux avec crainte, et son fils avec amour ; pour fond, enfin, une antique et sombre boiserie d'où se détachaient presque vivants les portraits des aïeux, témoins et juges.

— Parlez, Conrad, dit le comte Rodolphe.

— Monseigneur, dit Conrad, il y a trois ans, j'avais vingt ans et une âme rêveuse et pressée d'aimer. Tandis que mon frère Maximilien, emporté par sa fougue, courait l'Allemagne et la France, je m'étais toujours plu à rester près de vous, près de ma mère, et, dans ma sauvagerie, je n'avais pas seulement refusé d'aller à la cour, mais même de fréquenter les châteaux voisins. Je n'avais pas besoin d'un grand horizon à mon bonheur; seulement, si mes pieds étaient paresseux, ma pensée, je le répète, était active, mon cœur impatient. La seule femme que j'eusse connue, c'était ma mère ; et, quand je trouvai sur mon chemin une jeune fille belle comme elle avait dû l'être, bonne comme elle l'était, je ne m'informai pas de quel nom de famille cette jeune fille s'appelait — l'amour ne sait que les noms de baptême — et j'aimai Noémi parce qu'elle était charmante et qu'elle était pure.

— Oh ! si j'avais été ici, murmura Maximilien, avec quel plaisir j'aurais débarrassé ta Noémi de cette dernière qualité qui t'a si fort séduit, pauvre frère !

— Néanmoins, poursuivit Conrad, comme je ne veux rien avancer qui ne soit vrai, Monseigneur, je vous avouerai que je n'ai pas aveuglément cédé tout de suite à cette passion qui m'entraînait; non, en mesurant la distance qui séparait de moi Noémi, en songeant à votre douleur, j'ai essayé de refouler en moi cet amour, mais il a jailli plus violent de la contrainte; une irrésistible puissance m'attirait sans cesse vers la maison de Gaspard, et un jour, enfin, Noémi vaincue me dit qu'elle m'aimait aussi.

— L'ambitieuse fille ! murmura Maximilien.

— Que devais-je faire alors ? reprit Conrad. La fuir, n'est-ce pas, ma mère ? Je n'étais pas assez fort. La tromper, dis, Maximilien ? Je n'étais pas assez

lâche. Vous venir trouver, n'est-ce pas, mon père et vous tout avouer ? Je ne l'ai point osé. J'ai épousé secrètement Noémi ; ainsi j'évitais votre courroux, ainsi je m'épargnais la souffrance du moment, et il me semblait que je n'offensais ni Dieu ni les hommes. Je me trompais doublement. Un fils m'est né, et il m'a fallu choisir entre votre colère, mon père, et le déshonneur de ma femme. J'ai choisi votre colère qui ne devait accabler que moi, et, malgré toutes les tentatives des hommes pour séparer ce que Dieu a réuni, je la choisis encore aujourd'hui et je la choisirai encore demain. Mais vous voyez, Monseigneur, que je trouve votre colère juste et que je l'avais, hélas ! prévue. Ce n'est donc pas pour la détourner de moi que je suis à vos genoux. Seulement, banni de votre présence comme je m'y attendais, je voudrais bien savoir, en partant, que je n'emporte pas votre mépris.

— Conrad, répondit le comte d'une voix sourde et lente, nous sommes, vous et moi, d'une race historique à qui il n'est pas permis de faillir. Le sort nous a placés haut pour que le monde nous voie, et que nous donnions l'exemple au monde. C'est peut-être une fatalité, mais il faut la subir, et vous l'avez éludée. Vous vous êtes rendu coupable d'un crime de lèse-noblesse, Conrad. Le vent de révolution qui souffle de France aurait dû pourtant vous avertir de vous tenir ferme. Plus que jamais, nous devons garder nos priviléges quand ils deviennent des dangers. Gentilhomme et père de famille, responsable des actions des miens, il sied que ma sévérité répare votre faiblesse, et que le vieillard se redresse là où le jeune homme a chancelé. Partez donc, allez en France, et servez bien le roi Louis XVI. Mes vœux vous suivront. Vous m'avez demandé si je vous méprisais, je vous réponds en me justifiant. Quand votre nourrice vous apporta à moi, Conrad, je vous pris entre mes bras, et, vous élevant au-dessus de ma tête, je vous offris d'abord à Dieu, ensuite à l'empereur, puis à la noblesse d'Allemagne, puis enfin à chacun de mes illustres aïeux. Aujourd'hui que je suis encore sur la terre, c'est aux ancêtres, à la noblesse, à l'empereur que je dois compte de vous, et je vous renie; demain, là-haut, je me glorifierai peut-être de vous devant le Seigneur.

— Mon père, s'écria Conrad, je vous révère et je vous adore. Vous êtes grand, terrible et bon, et vous me rendez fier en m'accablant. Je serai digne de vous, Monseigneur ; je dois à notre famille une expiation et je m'acquitterai en Eppstein. Adieu.

Conrad s'inclina profondément devant son père sans néanmoins s'approcher de lui. Le vieillard lui fit un geste d'adieu de la main, mais il ne parla pas; car l'émotion le gagnait, et il avait peur d'ouvrir les bras à son fils. Pour la comtesse, elle n'osait même pas regarder Conrad. Elle tenait la tête basse, ses larmes baignaient son vieux visage, et, les mains jointes, elle priait. Conrad la salua aussi de loin; mais, en dépit de l'étiquette tacitement convenue de cette entrevue dernière, il ne put s'empêcher d'envoyer un baiser de la main à celle dont les flancs l'avaient porté. A cela près, le fier jeune homme se modela sur le comte et resta inébranlable. Le père fut content de son enfant.

— Accompagnez votre frère jusqu'au seuil, dit-il à Maximilien, qui, durant cette étrange et imposante scène, était resté muet et se mordant les lèvres.

— Si Votre Seigneurie me le permet, reprit l'aîné des Eppstein, je reviendrai lui parler tout à l'heure.

— Je vous attends, répondit le vieillard.

Et les deux frères sortirent, l'un d'eux pour ne plus rentrer.

Ce qui se passa entre le père et la mère, lorsque ces deux graves douleurs restèrent face à face, personne ne peut le dire, car Dieu seul vit leurs larmes et entendit les gémissements de leurs cœurs brisés; seulement, lorsque Maximilien rentra au bout d'un quart d'heure, les deux vieillards avaient repris leur attitude sereine et leur appareil de puissance paternelle.

— Je puis en convenir, Monseigneur, dit Maximilien : maintenant que votre arrêt ne peut plus être révoqué, maintenant que j'ai vu partir Conrad avec sa femme et son fils, ce que vous avez fait, vous deviez le faire.

— N'est-ce pas, Maximilien, reprit le comte avec un sourire amer, n'est-ce pas que c'est bien ton avis?

— Oui, mon père, car l'empereur ne vous eût pas pardonné votre indulgence; et, certes, il eût pour longtemps retiré sa faveur de notre famille.

— J'ai agi pour l'honneur et non pas pour les honneurs, dit le comte.

— Par le temps qui court, mon père, cela se ressemble beaucoup.

— De quoi aviez-vous à m'entretenir, mon fils? interrompit gravement le vieux comte.

— Voici, mon père. Malgré la sagesse de votre sévérité, votre crédit n'en a peut-être pas moins un peu souffert : j'ai songé à le relever. Je n'ai perdu Thécla, ma femme, que depuis un an; et, rassuré par la naissance de mon fils Albert sur l'avenir de notre nom, l'idée d'un second mariage ne m'était pas venue encore; mais, avec l'occasion de regagner les bonnes grâces de l'empereur, se présente le parti le plus souhaitable, la fille d'un de vos vieux amis, mon père, la fille du duc de Schwalbach, qui est pour l'heure tout-puissant à Vienne.

— Est-ce d'Albine de Schwalbach que vous parlez, Maximilien? demanda la comtesse.

— Oui, ma mère; elle est fille unique et apportera de grands biens dans notre maison.

— Ma sœur l'abbesse, reprit la mère, dans le couvent de laquelle Albine a été élevée, et auprès de qui je m'informais de la fille d'un ami, m'a parlé de cette beauté sans égale.

— Et, ajouta Maximilien, elle a en douaire le magnifique domaine de Winkel, aux portes de Vienne.

— Ma sœur ajoutait que la grâce d'Albine n'était que la parure de la plus charmante bonté.

— Sans compter, poursuivit le jeune homme, que le duc de Schwalbach obtiendra aisément, n'est-ce pas, mon père? de transmettre à son gendre, après lui, son titre de duc et ses biens.

— Quel bonheur, dit la comtesse, de nommer cette enfant ma fille, et de lui tenir lieu de la mère qu'elle a perdue !

— Et quel honneur de s'allier aux Schwalbach ! dit Maximilien.

— Oui, dit le comte, les Schwalbach sont une des plus grandes et des meilleures branches de l'arbre germanique.

— Eh bien, mon père, ayez donc la bonté d'écrire à votre ancien compagnon d'armes, et de lui demander sa fille pour votre fils.

A cette demande succéda un assez long silence.

Le vieux comte avait laissé tomber sa tête sur sa poitrine et paraissait réfléchir profondément.

— Eh quoi ! mon père, vous ne répondez pas ? Eh quoi ! Monseigneur, vous semblez hésiter? Une telle union, qui ajouterait tant à la splendeur de notre famille, ne peut pas, ne doit pas vous déplaire.

— Maximilien, Maximilien, reprit sévèrement le comte Rodolphe, ne puis-je employer vos distinctions que je ne reconnais point, et dire que, si le gentilhomme est en vous sans reproche, l'homme, hélas ! a souvent failli? Maximilien, cette enfant sera-t-elle heureuse?

— Elle sera comtesse d'Eppstein, mon père.

Il y eut un second silence. Certes, ces deux hommes ne se ressemblaient et ne se comprenaient guère, réunis qu'ils étaient bien plutôt par les lois du monde que par les liens du sang. Le fils dédaignait le père pour ses préjugés; le père méprisait le fils pour ses déportements.

— Faites attention, Monseigneur, reprit Maximilien, que l'occasion se présentant d'ajouter à l'éclat de notre nom, vous repoussez cette occasion, vous, le gardien de notre gloire, vous, responsable envers les nôtres aussi bien de l'honneur à acquérir que des taches à effacer.

— Votre père sait ce qu'il doit faire, Monsieur, repartit le vieux comte, atteint au cœur. Partez pour Vienne; vous y trouverez en arrivant une lettre de recommandation auprès du duc de Schwalbach.

— Je vais donc, s'il vous plaît, quitter le château sur l'heure, dit Maximilien : une si noble héritière doit être bien entourée, et Dieu veuille que ma demande n'arrive pas trop tard.

— Faites à votre gré, mon fils, répondit le vieillard.

— Daignerez-vous, Monseigneur, et vous, ma mère, donner votre bénédiction à celui qui s'en va?

— Soyez béni, mon fils, dit le comte.

— Maximilien, que Dieu vous conduise! dit la comtesse.

Maximilien baisa la main de sa mère, fit un salut respectueux au comte, et sortit.

— L'autre, dit le vieillard quand il fut seul avec la comtesse, l'autre, celui qui est parti le premier, n'a pas même osé vous la demander, votre bénédiction. Mais il l'a eue, n'est-ce pas, Gertrude? il a eu la tienne et la mienne, et Dieu entend mieux encore le cœur qui se tait que les lèvres qui parlent.

II

Et maintenant, si nous quittons les bords du Mein et le morne château d'Eppstein pour les délicieux environs de Vienne et pour la charmante villa de Winkel, nous trouverons là, courant parmi les fleurs, les cheveux épars et le teint animé, Albine de Schwalbach, délicieuse enfant de seize ans. Au bout de l'allée dans laquelle elle voltige, le duc son père, moins grave, plus expansif que son vieil ami le comte d'Eppstein, est assis sur un banc de pierre, et il regarde sa fille, qui lui fait mille et mille coquetteries en passant et repassant devant lui. Le duc de Schwalbach est un véritable conseiller allemand.

— Qu'avez-vous donc depuis ce matin, père? demanda la jeune fille en s'arrêtant tout à coup au moment où, passant pour la vingtième fois devant le duc, elle venait de surprendre sur ses lèvres un sourire qui l'avait déjà fort intriguée. Vous me regardez, ce me semble, d'une façon tout à fait mystérieuse et singulière. A quoi songez-vous?

— A cette grande lettre cachetée de noir qui avait, selon toi, un parfum de moyen âge, qui venait de si loin et que j'ai si longtemps méditée.

— Bon! alors je ne vous demande plus votre secret, mon père, car je n'ai bien certainement aucun rapport avec cette respectable missive, dit la jeune fille en s'apprêtant à reprendre sa course.

— Un rapport très-direct, au contraire, reprit le conseiller. Cette respectable missive ne parle que de mon étourdie.

Albine s'arrêta en ouvrant de grands yeux étonnés.

— De moi? dit-elle en se rapprochant du vieillard; de moi? Oh! montrez-la-moi vite, alors, mon père. De quoi s'agit-il? Parlez; mais parlez donc!

— Il s'agit d'une demande en mariage.

— Oh! alors, si ce n'est que cela, dit la jeune fille en allongeant les lèvres avec un petit air de dédain charmant.

— Comment, si ce n'est que cela! reprit en souriant le vieillard. Peste! que traiterez-vous donc avec importance si vous parlez du mariage avec cette légèreté?

— Mais, mon père, vous savez bien d'avance que je refuse. Tous ces étourneaux de Vienne, conseillers de cour, conseillers de légation, conseillers intimes, têtes frisées et creuses, ne me plaisent pas le moins du monde et ne me plairont jamais, vous le savez, n'est-ce pas? Je vous l'ai déjà dit, et je croyais qu'il était convenu, cher petit père, que vous ne m'en parleriez même plus.

— Mais tu oublies, enfant, que la lettre vient de bien loin.

— Ah! c'est vrai. Alors, il faudrait m'éloigner de vous, et c'est encore pis, je ne veux pas vous quitter, je ne veux pas, je ne veux pas! répéta la jeune fille en se mettant à la poursuite d'un papillon qui bientôt monta en l'air comme une fleur emportée par le vent et disparut.

Le duc attendit un instant; puis, lorsque sa fille fut revenue à portée de sa voix :

— Petite hypocrite, dit-il, vous omettez la véritable raison de votre refus.

— La véritable raison de mon refus! dit Albine étonnée. Et quelle est cette raison?

— Votre passion profonde, irrésistible.

— Oh! vous allez encore vous moquer de moi, mon père, reprit Albine en se rapprochant du duc comme pour le désarmer.

— Cette passion malheureusement sans espérance pour Goetz de Berlichingen, pour le chevalier à la main de fer, mort, hélas! sous l'empereur Maximilien.

— Mais ressuscité par le poëte, mon père; mais vivant et bien vivant dans le drame de Gœthe. Eh bien, oui, cent fois oui; en dépit de vos railleries je l'aime et je l'admire, ce cœur noble et loyal, ce héros si simple et si calme, qui aime si fort et qui frappe si ferme : que voulez-vous! c'est un malheur; eh bien, tout vieux qu'il est, car vous êtes toujours à me dire qu'il est vieux, comme s'il y avait un âge pour de pareils hommes ; eh bien, tout vieux qu'il est, il me dépoétise tous ces petits messieurs de la cour. Oui, Goetz de Berlichingen, Goetz à la main de fer, voilà mon homme, et, jusqu'à présent, convenez-en, mon père, vous ne m'avez présenté que des poupées.

— Enfant ! enfant ! tu n'as pas seize ans encore, dit le duc, et tu veux un époux de soixante.

— De soixante, de soixante et dix, de quatre-vingts, s'il ressemble à mes rudes, loyaux et braves chevaliers du Rhin ; à Goetz à la main de fer, à Franz de Sickingen, et même à Hans de Selbitz.

— Eh bien, alors, ma chère Albine, reprit le duc de l'air le plus grave, cela tombe à merveille, car c'est un homme de cette trempe, un homme taillé sur le patron que tu désires, qui demande ta main.

— Oh ! quelle raillerie, mon père, et comme vous vous moquez de moi !

— Non, vraiment : regarde seulement la signature de la lettre, et tu verras.

Et le conseiller tira la lettre de sa poche, la déplia, et montra la signature à Albine.

— Rodolphe d'Eppstein, lut la jeune fille.

— Eh bien, ma jolie amazone, voilà qui vous convient, je l'espère, reprit le duc. Celui-là s'est battu à la guerre de sept ans, et tout aussi bien, à ce qu'on m'a dit, que s'il était né dans votre fabuleux xvi° siècle, de barbare mémoire. Par exemple, il est un peu vieux, je l'avoue ; mais que t'importe, à toi, soixante ans, soixante et dix ans, quatre-vingts ans, pourvu qu'il ressemble à tes héros, as-tu dit.... Rodolphe d'Eppstein a soixante et douze ans : cela fait juste ton compte, et, quant au courage, à la loyauté et à la noblesse, j'espère que tu ne les nieras pas.

— Croyez-vous, mon père, reprit la jeune fille en riant, que je sache assez peu mon Allemagne pour ignorer que le comte Rodolphe d'Eppstein a épousé, voilà bientôt trente ans, la sœur de ma bonne tante l'abbesse du Tilleul-Sacré ?

— Alors, puisqu'on ne peut pas vous tromper, savante, c'est donc pour un de ses fils que mon vieux compagnon demande votre main : celui-là a le double malheur d'avoir trente ans à peine et peu de cheveux blancs ; mais, s'il n'est pas des héros, il est de leur race ; et, sois tranquille, ses trente ans croîtront en nombre, ses cheveux noirs iront blanchissant. Ajoute à cela, folle tête, esprit romanesque que tu es, un vieux château dans les montagnes du Taunus, à quelques lieues seulement de ton vieux Rhin que tu aimes tant, avec une légende des plus fantastiques : une châtelaine qui revient parce qu'elle est morte la nuit de Noël, ce qui ne me paraît pas bien conséquent. Mais, comme tu le sais, la Poésie et la Raison, ces deux filles du ciel, sont comme les songes,

qui sortent les uns par la porte de corne et les autres par la porte d'ivoire : ils viennent du même lieu, mais en se tournant le dos.

— Et quelle est cette légende, mon père ? la savez-vous ? demanda la jeune fille, dont les yeux, à ces mots, brillèrent de curiosité.

— Non, pas assez bien pour t'en instruire ; je l'ai entendu raconter dans le temps à mon vieil ami d'Eppstein pendant nos longues soirées de bivac. Au reste, ton fiancé t'apprendra tout cela ; je le préviendrai que c'est un moyen de te faire la cour.

— Mon fiancé, dites-vous, mon père ? Mais vous approuvez donc cette union ?

— Hélas ! oui, ma pauvre enfant, j'aurai la cruauté d'ôter cet attrait à vos amours ; c'eût été cependant bien beau, n'est-ce pas ? une inclination contrariée, un mariage secret, un pardon posthume ! Mais que veux-tu ! le malheur fait qu'âge, naissance, fortune, tout vient s'unir, pour me faire souhaiter ce mariage, à la vieille affection que, depuis près de cinquante ans, j'ai vouée à d'Eppstein. La seule chose à laquelle je pourrais trouver à redire, c'est que le jeune comte est veuf et a un fils ; mais mon Albine, qui a tant d'avenir, ne craint aucune comparaison avec le passé ; et, après tout, d'ailleurs, ma chère enfant, tu pourras juger de ton fiancé toi-même, la lettre de son père ne le précédant que de quelques jours.

— Et comment se nomme ce fier prétendant à ma main, qui doit effacer mon Goetz en le réalisant ? demanda Albine.

— Maximilien, répondit le duc.

— Maximilien ? Ce nom promet... pour ses ennemis, non pour moi ; car, s'il répond à mes rêves, cet homme de fer dans les combats doit être tendre et soumis en amour. C'est le charme promis et réservé aux femmes, en échange de toutes les douleurs qui les attendent, que d'apprivoiser ces lions, et de faire rougir avec un regard celui qui fait trembler avec son épée. Et tenez, mon père, continua Albine avec une gravité comique, je l'aime mieux jeune, en y réfléchissant. Je me mêlerai à l'aurore de sa gloire ; c'est en prononçant mon nom qu'il remportera ses premiers succès, et je serai, comme Élisabeth, le témoin et la récompense de ses prouesses.

— Chère enfant, dit le duc en secouant la tête, crois-tu que le temps épique des grands coups d'épée puisse revenir ?

— Pourquoi pas ?

— Ah ! c'est que l'invention de la poudre à canon a fait quelque tort à la chevalerie. Il n'y a plus de Roland, il n'y a plus de Renaud, il n'y a plus d'Olivier ; tous ces hommes, quelle que soit leur force, sont égaux devant un boulet de canon : vois plutôt le maréchal de Berwick et le grand Turenne.

— Mais, à défaut de grands pourfendeurs, mon père, restent les grands capitaines. Le génie a remplacé la force, et, pour n'avoir pas eu la Durandal de Roland, la Balizarde de Renaud, et la lance enchantée d'Astolphe, Gustave-Adolphe, Wallenstein et Frédéric le Grand n'en ont pas moins leur mérite. Je ne sais pourquoi ni d'où cela me vient, mais, moi, j'ai bonne idée du siècle qui approche.

— C'est bien, dit gaiement le duc, nous ferons mettre la prédiction dans l'almanach de Gotha.

Puis, tirant sa montre :

— En attendant, allons dîner, ma belle sibylle; car, à mon âge, — je suis fâché de vous désenchanter encore sur l'avenir, — on ne se nourrit plus de prophéties et de parfums, de poésie et de soleil.

Albine prit le bras de son père avec un hochement de tête qui signifiait que le temps n'aurait pas d'âge pour elle, et tous deux rentrèrent au château.

Le lendemain de cette conversation, où nous avons essayé de donner une idée de l'imagination originale et prompte, de la rêverie poétique et pure d'Albine, Maximilien d'Eppstein arriva à Vienne, précédé et préparé pour ainsi dire par les songes de ce jeune et gracieux esprit. Nous avons fait son portrait. On comprendra donc facilement qu'il plut beaucoup moins au père qu'à la fille. Le père, fin diplomate, habitué à lever le masque pour arriver au visage, lui trouva plus d'ambition que de vrai mérite, plus d'orgueil que d'intelligence, plus de calcul que d'amour. Mais, pour Albine, grâce à sa taille puissante, à son front pâle et sombre, il tranchait sur les fades amoureux de Vienne. Elle lui vit à travers la poésie qui était en elle; sa brusquerie lui sembla de la franchise, sa rudesse de la simplicité, sa froideur de la noblesse.

— C'est une âme primitive et fière, se disait-elle, et dont le seul défaut est d'être de trois cents ans plus jeune encore que celle de tous les beaux de la cour.

Puis elle confia naïvement à Maximilien le roman qu'elle s'était promis à elle-même, et Maximilien eut soin d'y conformer sa conduite, d'affecter le plus profond mépris pour les protocoles et les traités, et de faire sonner héroïquement son épée et ses éperons.

Enfin, un jour, Albine, voulant savoir si à son esprit romanesque et poétique répondait l'esprit du jeune comte, le pria de lui narrer la légende du château d'Eppstein. Maximilien avait peu étudié cette partie de la rhétorique qu'on appelle le discours; mais il avait la parole rapide, puissante et colorée; en outre, Maximilien voulait plaire. Il raconta donc la légende du château d'Eppstein avec une conviction, un sentiment et une verve qui achevèrent de subjuguer la romanesque jeune fille. Voici quelle était la légende du château d'Eppstein.

Ce château avait été bâti aux temps héroïques de l'Allemagne, c'est-à-dire à l'époque de Karl le Grand, par un comte d'Eppstein, aïeul de ceux qui l'habitaient encore. On ne connaissait rien sur les temps primitifs, sinon qu'une prophétie de l'enchanteur Merlin disait que *toute comtesse d'Eppstein qui mourrait dans son château pendant la nuit de Noël ne mourrait qu'à moitié.* Comme tout horoscope, cette prophétie était assez obscure; aussi fut-on longtemps sans la comprendre, lorsque enfin mourut la femme d'un empereur d'Allemagne. On ne savait plus le nom de cet empereur, mais l'impératrice s'appelait Ermangarde.

Ermangarde avait été élevée avec la fille du seigneur de Windeck, qui était devenue comtesse d'Eppstein : or, en devenant, l'une comtesse, l'autre impératrice, les deux jeunes femmes, malgré la différence des rangs, n'avaient rien perdu de l'amitié de leur enfance; et, comme l'impératrice habitait Francfort, et la comtesse son château d'Eppstein, situé à trois ou quatre lieues seulement de la ville, les deux anciennes compagnes se voyaient souvent. Le comte Sigismond d'Eppstein était, d'ailleurs, fort bien en cour, et l'empereur l'avait particulièrement attaché à l'impératrice.

Tout à coup, et dans la nuit du 24 décembre 1342, l'impératrice mourut. Cette mort inattendue causa un grand deuil à la cour. L'empereur surtout adorait l'impératrice et donna toutes les marques du plus profond regret. L'impératrice fut exposée, selon la coutume, sur un lit de parade, et tous les seigneurs et les nobles dames de la cour furent admis à lui baiser la main. L'étiquette voulait que cette cérémonie se pratiquât ainsi : l'impératrice était seule dans la chapelle ardente, couchée sur son lit de parade, revêtue de ses habits impériaux, la couronne sur la tête et le sceptre à la main. Un de ses serviteurs veillait à la porte, relevé toutes les deux heures par un autre serviteur; il introduisait dans la chambre mortuaire la personne qui venait rendre hommage à la défunte; cette personne s'agenouillait, baisait la main de celle qui avait été son impératrice, revenait frapper à la porte, qui s'ouvrait, et, en s'éloignant, faisait place à un autre visiteur. Les courtisans de la mort n'entraient qu'un à un.

C'était au tour du comte Sigismond d'Eppstein d'être de garde près de la porte d'Ermangarde. Vingt-quatre heures s'étaient passées déjà depuis la mort de l'impératrice : on était au dernier jour de Noël. Le comte Sigismond avait commencé sa garde à midi. Il était une heure et un quart; il avait déjà introduit près de l'impératrice morte huit ou dix personnes, lorsque, à son grand étonnement, il vit apparaître à la porte la comtesse Léonore d'Eppstein, sa femme. Nous disons à son grand étonnement,

2

parce qu'il n'avait pas fait prévenir la comtesse, s'é-
tant réservé, sa faction finie, de monter à cheval et
d'aller la prévenir lui-même ; car, sachant la grande
amitié que sa femme portait à l'impératrice, il voulait adoucir autant qu'il était en lui le coup qui allait
la frapper.

Sigismond ne s'était pas trompé : le coup avait
dû être terrible, car la comtesse Léonore était d'une
*   *   '   ' r ressortait d'autant
mieux, qu'elle était vêtue de longs habits de deuil.

Son mari s'élança vers elle, et, comme il savait quel
pieux devoir l'amenait, sans lui demander par qui
elle avait appris la fatale nouvelle, il la conduisit,
muette et éplorée, à la porte qu'il ouvrit et qu'il referma sur elle.

En général, les visites étaient courtes. Le visiteur
ou la visiteuse fléchissait le genou, baisait la main
de l'impératrice et sortait aussitôt. Mais le comte Sigismond savait qu'il n'en serait pas ainsi de sa
femme. Ce n'était pas un devoir de simple étiquette
que la comtesse accomplissait : c'était un besoin du
cœur qui l'amenait là. Il ne s'étonna donc pas de ce
qu'au bout de quelques minutes elle ne fût pas encore
sortie; mais, lorsqu'un quart d'heure se fut écoulé
sans qu'il entendît la comtesse frapper à la porte
pour sortir, il commença à s'inquiéter : il craignit
que l'impression n'eût surpassé les forces de Léonore; et, n'osant ouvrir la porte sans appel,—ce qui
eût été une infraction aux règles de l'étiquette, — il
se baissa pour regarder au trou de la serrure, tremblant de voir la comtesse évanouie près de son impératrice morte.

Mais, à son grand étonnement, il n'en était pas
ainsi.

Après avoir regardé pendant quelques secondes
par le trou de la serrure, il se releva la sueur au front
et pâle lui-même comme un cadavre. L'altération de
ses traits était si visible, que quelques courtisans qui
étaient là, attendant leur tour, lui demandèrent ce
qu'il avait.

— Rien, répondit le comte Sigismond en passant
la main sur son front, rien, absolument rien.

Les courtisans se remirent à causer de leurs affaires, et le comte Sigismond, croyant avoir mal vu,
appliqua une seconde fois son œil au trou de la serrure. Cette fois, le comte Sigismond fut convaincu
qu'il ne s'était pas trompé, et voici ce qu'il vit :

Il vit l'impératrice morte, toujours sa couronne
en tête et son sceptre à la main, assise sur son lit et
causant avec sa femme, la comtesse Léonore.

L'événement était trop étrange pour que le comte
en crût ses propres yeux : il pensa qu'il rêvait, qu'il
était sous l'empire de quelque songe, et il se re-
dressa encore plus pâle que la première fois.

Presque au même instant, la comtesse Léonore

frappa, en signe que sa visite à l'impératrice était
achevée. Le comte d'Eppstein ouvrit la porte, lança
un coup d'œil rapide dans l'intérieur de la chapelle :
l'impératrice était de nouveau couchée, immobile,
sur son lit mortuaire.

Le comte donna le bras à sa femme, et, en la re-
conduisant, il lui adressa deux ou trois questions
auxquelles elle ne répondit point. Son devoir le
ra elait pour dix minutes encore à la porte de
l'impératrice; il quitta donc a com esse ans   .-
chambre, pensant que son silence venait de son af-
fliction, ou plutôt ne se rendant compte de rien, tant
ses idées étaient bouleversées.

Les courtisans continuaient d'entrer les uns après
les autres. Durant chaque visite, le comte d'Eppstein
regarda par le trou de la serrure; mais toujours
l'impératrice demeura immobile. Deux heures sonnè-
rent : le grand écuyer, qui devait le remplacer dans
ses fonctions d'introducteur, entra. Le comte prit à
peine le temps de le saluer, il lui transmit la consi-
gne, et, s'élançant hors de la chambre, il courut à
l'appartement de l'empereur, qu'il trouva dans un
état voisin du désespoir.

— Majesté sacrée, s'écria-t-il, ne pleurez plus
ainsi, mais envoyez au plus tôt votre médecin près de
l'impératrice : l'impératrice n'est pas morte.

— Que dites-vous, Sigismond? s'écria l'empereur.

— Je dis que tout à l'heure j'ai vu de mes deux
yeux, j'ai vu, sire, la très-noble impératrice Ermangarde assise sur son lit funèbre et causant avec
la comtesse d'Eppstein.

— Quelle comtesse d'Eppstein? demanda l'empereur.

— La comtesse Léonore d'Eppstein... ma femme.

— Mon pauvre ami, reprit l'empereur en secouant
la tête, la douleur vous a fait perdre l'esprit.

— Comment cela, sire?

— La comtesse d'Eppstein! Que Dieu vous donne
la force de supporter ce malheur !

— Eh bien, la comtesse d'Eppstein?... demanda
avec anxiété Sigismond.

— La comtesse d'Eppstein est morte ce matin.

Le comte Sigismond jeta un cri. Il courut à sa
maison, sauta sur un cheval, traversa les rues de
Francfort comme un insensé; une demi-heure après,
il entrait au château d'Eppstein.

— La comtesse Léonore? s'écria-t-il; la comtesse
Léonore?

Mais ceux auxquels il s'adressait détournaient la
tête et ne répondaient que par des larmes.

Il courut vers l'escalier en criant :

— La comtesse Léonore? la comtesse Léonore?

Sur son chemin, il rencontrait des serviteurs,
mais personne ne répondait à ses cris. Il se précipita

dans la chambre de sa femme : elle était couchée sur son lit, vêtue de noir, pâle comme il l'avait vue trois quarts d'heure auparavant; le chapelain psalmodiait des prières au pied de son lit. La comtesse était morte depuis le matin.

Le messager, n'ayant pas trouvé le comte Sigismond chez lui, avait porté la triste nouvelle à l'empereur. Le comte s'informa si, depuis l'heure de minuit que la comtesse était morte, on lui avait vu faire que que mouvement.

— Aucun, répondit-on.

Il demanda au prêtre qui priait près du lit s'il s'était éloigné de ce lit.

— Pas une seconde, dit le prêtre.

Alors le comte se souvint qu'on était juste au jour de Noël, et qu'une vieille prophétie de Merlin disait que les comtesses d'Eppstein qui mourraient pendant la nuit de Noël ne mourraient qu'à moitié. Léonore était la première comtesse d'Eppstein qui mourut pendant une nuit de Noël. Sigismond s'était trompé : ce n'était pas Ermangarde qui était vivante, c'était Léonore qui était trépassée; la comtesse morte était venue baiser la main de son impératrice morte, et les deux fantômes avaient causé dix minutes ensemble.

Le comte Sigismond pensa devenir fou. On assurait que la comtesse, à l'âme de laquelle avait été accordé le privilége de se mettre en relation avec les vivants, avait, pendant la maladie que fit le comte à la suite de cet événement, visité plusieurs fois son époux. Un an après, Sigismond entrait dans un monastère, laissant à son fils aîné son rang, son titre et sa fortune, auxquels il renonçait pour se consacrer à Dieu.

Ces apparitions avaient eu lieu, disait-on, dans la chambre du château qu'on appelait la chambre rouge, et qui, par une porte s'ouvrant dans la muraille et donnant sur un escalier secret, avait une communication avec les tombeaux des comtes d'Eppstein. On ajoutait que, pendant trois générations, la comtesse, dans les grandes circonstances, était apparue aux aînés de la famille, mais enfin, qu'à la quatrième génération, les apparitions avaient cessé. Depuis ce temps, on n'avait pas revu la comtesse Léonore; mais la tradition s'était perpétuée dans le château d'Eppstein, et l'aîné de la famille avait conservé l'habitude de coucher dans la chambre rouge. Du reste, aucune autre comtesse d'Eppstein, depuis cette époque, n'était morte pendant une nuit de Noël.

On comprend l'influence qu'eut sur Albine un pareil récit; son âme, ardente à toute poésie, dévora cette fantastique légende parole par parole, et, en songeant qu'elle allait s'appeler la comtesse d'Eppstein, en songeant qu'elle allait habiter le vieux château contemporain de Charlemagne, elle se crut

presque revenue en réalité à ce moyen âge, son âge de prédilection.

Cependant Maximilien n'eût pu soutenir longtemps le rôle qu'il jouait aux yeux prévenus, mais clairvoyants, d'Albine; par bonheur pour lui, une grave affaire le rappela, au bout de quinze jours, près de son père; il partit, emportant l'aveu de la jeune fille et le consentement du duc, qui, toutefois, remettait à un an la célébration du mariage.

Maximilien, dans cet intervalle, vint plusieurs fois à Vienne, mais disparut toujours à temps. D'abord, ce fut sa mère qui mourut, puis le comte qui alla la rejoindre; mais, avant leur mort, les nobles vieillards avaient écrit à la fiancée de leur fils des lettres belles comme leurs cœurs, qui non-seulement entretinrent, mais encore augmentèrent les illusions de la pauvre enthousiaste. A travers le prestige de l'éloignement, Albine, fidèle au cher fantôme que son âme divine avait seule créé, trouvait son Maximilien grandiose; elle avait hâte de le consoler de toutes les douleurs qui l'accablaient, d'aller peupler sa triste solitude et d'animer, reine et fée, de sa présence le vieux château d'Eppstein.

Puis souvent elle pensait à la légende de la comtesse Léonore, et elle se surprenait à demander à Dieu de mourir pendant une nuit de Noël, afin que, jouissant de l'antique privilége accordé aux comtesses d'Eppstein qui mouraient pendant cette nuit, elle pût, après sa mort, sortir du tombeau pour revenir visiter son époux.

Enfin, vers la fin de l'année 1791, le mariage tant souhaité eut lieu à Vienne. L'empereur signa au contrat; et les deux nouveaux époux partirent pour le château d'Eppstein.

La première chose que demanda Albine en y arrivant fut d'être conduite dans la chambre rouge.

C'était, du reste, celle qu'habitait Maximilien depuis la mort de son père.

On connaît cette chambre, dont nous avons fait la description; elle était à cette époque ce qu'elle est encore aujourd'hui.

Quinze jours après le départ d'Albine, le duc de Schwalbach, emporté par une attaque d'apoplexie, mourut subitement, comme si la protection du père fût devenue inutile à sa fille. Ce fut la première grande douleur de la vie d'Albine, qui devait être une vie de douleurs.

De Conrad et de Noémi, on n'entendait plus parler, et le nouveau comte d'Eppstein n'en parlait jamais.

III

Un an après, tout était bien changé au château d'Eppstein comme dans le monde : Albine tremblait

devant Maximilien, et l'Europe tremblait devant la
France.

La Révolution n'avait pas éclaté encore dans sa
fureur; le roi n'était pas mort, mais déjà il était prisonnier; les grondements de la foudre annonçaient
quel serait l'orage, et, comme la mer qui monte en
battant ses rives, la France débordait déjà sur les
provinces rhénanes, en attendant qu'elle inondât le
continent. Custine avait pris Mayence et menaçait
Francfort.

Au château d'Eppstein, l'humeur turbulente et
farouche de Maximilien, bien qu'elle ne l'eût pas encore entraîné à ses écarts d'autrefois, s'était fait jour
pourtant, et Albine avait vu mourir une à une toutes
ses chimères. Le noble et poétique chevalier qu'elle
avait rêvé lui apparut bientôt ce qu'il était en réalité, c'est-à-dire un ambitieux vulgaire et un vulgaire
libertin, pour qui un mariage n'était qu'un marche-
pied et sa femme un plaisir. Albine avait souffert
profondément d'abord, puis s'était résignée, et laissait maintenant sans murmure fouler par ce pied
brutal toutes les délicates fleurs de son âme. Elle
n'eut guère de temps, d'ailleurs, pour l'ennui ou
pour les regrets; les événements politiques marchèrent plus vite que sa pensée.

Mayence prise, les rives du Mein furent militaire-
ment occupées et les vieilles bandes impériales bat-
tirent en retraite devant les jeunes troupes de la liberté; Francfort ne pouvait plus tenir que quelques
jours. Le comte d'Eppstein, dont le château était si
voisin du théâtre de la guerre, eût été un prisonnier
d'importance, et se croyait plus important encore
qu'il ne l'était réellement. Au reste, on le rappelait
à Vienne; il se voyait donc obligé de quitter le pays,
en attendant que la tourmente passât. Essayer de tenir dans son château était chose impossible, et la
bravoure, dans cette circonstance désespérée, n'eût
été qu'une imprudente folie.

Mais déjà Maximilien avait beaucoup tardé; des
reconnaissances françaises coupaient la route de
Vienne; déjà son évasion était devenue chanceuse,
et son chemin semé de périls de toute sorte. La présence d'Albine n'aurait pu que doubler les dangers
de sa fuite : Maximilien résolut donc de laisser sa
femme au château.

Albine fit tout ce qu'elle put pour que son mari
consentît à l'emmener. Enfin, la veille de son départ,
elle le conjura par ce qu'il avait de plus sacré de ne
pas la laisser seule. Malheureusement, les résolutions
prises par Maximilien étaient irrévocables; il fut insensible aux larmes, sourd aux prières. Sa femme le
conjura vainement.

— Qu'avez-vous à craindre, lui dit-il, et que signifient ces puériles terreurs? Réunis, nous nous per-
dons l'un et l'autre; séparés, nous nous sauvons

tous deux. Vous le savez, cette nuit, je m'échapperai
avec Daniel sous des habits de paysan; et, le jour
venu, si nous sommes rencontrés, nous ne parvien-
drons pas aisément, certes, à détourner les soupçons. Que serait-ce donc si vous étiez avec nous?
Une fois que je serai hors d'atteinte, que peut-on
contre vous? Fait-on les femmes prisonnières? Non.
Les Français ne manquent même pas de générosité :
faites-vous respecter, et ils vous respecteront. Au
reste, toute discussion est inutile, car nous n'avons
pas le choix. Si ma vie n'appartenait qu'à moi, j'en
ferais, à coup sûr, meilleur marché; mais je ne la
crois pas sans utilité à mon pays. Allons, du courage, Albine! et songez que je vous confie ce que j'ai
de plus précieux au monde, mon fils et mon honneur. Demain, Albine, vous allez être seule et veuve;
mais, ajouta-t-il d'un ton presque tendre et en embrassant la pauvre désolée, oublions demain, puisque aujourd'hui nous reste encore.

Albine, comme toujours, se soumit obéissante au
maître. Le lendemain, Maximilien partit; trois jours
après, Albine reçut une lettre annonçant qu'il était
en sûreté. Mais pendant ces trois jours s'était déjà
passé au château d'Eppstein un événement qui devait
exercer une terrible influence sur la vie de la malheureuse Albine.

Avant de marcher sur Francfort, Custine, de peur
de surprise, avait voulu faire explorer tous les environs de la ville. Deux compagnies furent chargées de
fouiller les défilés du Taunus. La précaution était
bonne : une embuscade préparée dans ces montagnes boisées fut découverte par les Français non loin
du château d'Eppstein. Dans l'engagement qui s'en-
suivit, les nôtres furent contraints par le nombre de
se replier sur le corps d'armée; mais la ruse de l'ennemi était découverte, et l'on pouvait, sans crainte
d'être pris entre deux feux, marcher sur Francfort,
qu'on emporta, au reste, le lendemain. Seulement,
dans leur escarmouche hardie, les deux compagnies
eurent à regretter bon nombre de soldats et quelques-
uns de leurs plus braves officiers.

Au nombre de ceux-ci était un jeune capitaine,
connu seulement sous le nom du capitaine Jacques,
et remarquable en ce que, lors du passage du Rhin,
c'est-à-dire au moment où l'on avait mis le pied en
Allemagne, il avait jeté son épée dans le fleuve, et
portait au côté son fourreau vide. Quoique dépourvu
de cette arme défensive, qui, au reste, chez les officiers d'infanterie, est plutôt une marque de leur
grade qu'une défense réelle, le jeune capitaine avait,
par son courage, son sang-froid et sa connaissance
des localités, rendu de grands services. C'était lui
qui avait marché droit à l'embuscade; mais il avait
reçu le prix de sa témérité aux premiers coups de feu
dont les troupes impériales avaient salué les troupes

républicaines : il était tombé frappé d'une balle au front, et avait été laissé pour mort sur le champ de bataille, non-seulement par les siens, mais encore par l'ennemi.

Ce fut seulement vers le soir qu'un des nouveaux domestiques du château d'Eppstein (à la mort du comte son père, Maximilien avait, sauf Daniel, le vieil intendant, et Jonathas, le vieux garde, renouvelé toute la maison) entendit des plaintes en revenant de Falkenstein, et trouva le capitaine Jacques qui respirait encore. Aidé de deux paysans qu'il appela, il transporta aussitôt le blessé au château d'Eppstein, où Albine ordonna que la plus prévenante hospitalité lui fût accordée. Le chapelain était expert en chirurgie; il visita la blessure du jeune officier, posa un premier appareil, et, dès le lendemain, crut pouvoir répondre de sa vie.

Albine s'était inquiétée du blessé avec beaucoup d'empressement, d'abord parce qu'elle était femme et que la douleur la touchait, ensuite parce que la présence du capitaine était pour elle une sauvegarde contre les maraudeurs de l'armée française; et les vainqueurs, il faut bien le dire, n'usaient pas de leur triomphe avec toute la modération qu'avait promise à sa femme le facile égoïsme de Maximilien. Quand les pillards se présentèrent devant la porte du château, Jacques averti, se leva, et, malgré toutes les représentations du chapelain et d'Albine, se traînant jusqu'à eux, tout pâle de sa blessure, il sut élever la voix à propos pour préserver de tout péril le château et la châtelaine.

Dès lors, la reconnaissance autant que la pitié engagea la jeune comtesse à redoubler d'égards et de soins pour celui qui lui avait sauvé la vie, et, peut-être plus que la vie.

Le capitaine Jacques était, d'ailleurs, le cœur le plus généreux, le plus ardent, le plus sympathique enfin à la nature tendre et enthousiaste d'Albine. La seule chose qu'on pût lui reprocher, c'était une teinte de mélancolie presque continuelle, et quelque chose d'un peu trop efféminé pour un militaire; mais la tristesse allait bien à son pâle visage, et on le savait brave comme un lion. On l'avait vu si calme et presque si insoucient au milieu des boulets et des balles, que ses soldats avaient pour cette nature, si faible en apparence et si forte en réalité, une admiration qui ressemblait à du respect. D'un autre côté, le capitaine Jacques était fort aimé dans le corps des officiers à cause de sa grande et obligeante instruction, ce qui lui faisait pardonner quelques idées d'une philosophie un peu excentrique, ce qui faisait aussi que ses compagnons d'armes ne pouvaient pas toujours suivre son imagination dans les pays imaginaires que la poétique insensée parcourait. Tandis que les soldats appelaient leur capitaine Jacques le brave,

ses collègues l'appelaient Jacques le rêveur. Il était évident, en effet, que Jacques se battait pour une idée, et non pour autre chose, et que la querelle particulière des souverains disparaissait entièrement pour lui devant la question générale des peuples.

On doit comprendre comment un pareil caractère était en harmonie avec celui d'Albine. Jacques était bien l'homme de ses songes; brave, loyal et hardi comme Goetz de Berlichingen, beau et poétique comme Max Piccolomini.

Aussi, au grand étonnement du chapelain, qui connaissait la réserve d'Albine, une familiarité visible s'établit-elle bientôt entre le jeune officier et la comtesse. Au bout de quelques jours, le capitaine appelait la jeune femme Albine, et la jeune femme appelait l'officier Jacques.

D'ailleurs, comme Jacques paraissait désirer ne pas être vu des gens des environs du château, il ne sortait presque jamais des appartements, où Albine lui tenait compagnie. Les serviteurs du château pouvaient entrer à toute heure au salon où se tenaient les jeunes gens: ils les trouvaient toujours riant et causant. La parfaite innocence de leur pensée était leur sauvegarde. On eût dit que ces deux âmes si blanches, si pareilles, si sœurs, s'étaient connues dans un monde meilleur et se retrouvaient dans celui-ci. De longues heures s'écoulaient donc dans des causeries pleines de charme, sans qu'Albine et Jacques s'aperçussent de la fuite du temps.

Aussi Jacques parut-il s'éveiller d'un songe lorsqu'on l'avertit qu'il devait, sous deux jours, quitter le château pour regagner la France avec son corps. Deux mois de convalescence avaient passé comme une heure.

Albine reconduisit le jeune officier jusqu'au perron; là, il prit congé d'elle en lui baisant la main et en l'appelant sa sœur; Albine lui souhaita toutes sortes de prospérités, en l'appelant son frère. Puis, tant qu'elle put le voir, elle le suivit des yeux en lui faisant des signes avec son mouchoir.

Quinze jours après le départ de Jacques, Albine reçut une lettre de son mari. La retraite des Français permettait à Maximilien de rentrer dans son château; il écrivait donc qu'on l'attendît d'un moment à l'autre.

Comme on ne pouvait pas arriver jusqu'au château en voiture, Albine envoya Tobias (qui, momentanément et après le départ de Daniel, avait rempli ses fonctions au château) attendre avec deux chevaux Maximilien à Francfort. Maximilien reconnut là une des attentions habituelles d'Albine, mais c'était un de ces orgueilleux esprits qui pensent toujours qu'on ne fait pour eux que ce qu'on doit faire. Il monta sur un des deux chevaux tandis que Tobias montait sur l'autre : le reste de sa suite devait regagner le château comme il pourrait.

La conversation devait naturellement tomber sur le séjour des Français dans les environs. Aussi à peine le comte et Tobias furent-ils en route, que le comte fit signe à Tobias, qui se tenait respectueusement en arrière, de prendre place à ses côtés et de marcher du même pas que lui.

Tobias obéit.

— Eh bien, demanda Maximilien, les Français, à ce que du moins m'a écrit la comtesse, ont donc respecté le château?

— Oui, monsieur le comte, répondit Tobias, mais grâce à la protection du capitaine Jacques; car je crois que, sans lui, les choses se seraient mal passées.

— Qu'est-ce que ce capitaine Jacques? reprit Maximilien. La comtesse m'en a parlé dans une de ses lettres. Il avait donc été blessé?

— Oui, Monseigneur. Hans l'a trouvé mourant à cinq cents pas du château et l'a fait transporter à Eppstein. Pendant toute une nuit, il est resté entre la vie et la mort; mais M. l'abbé l'a si habilement traité, et madame la comtesse l'a soigné si assidûment, qu'au bout d'un mois il était parfaitement guéri.

— Et alors il a quitté le château? demanda Maximilien, qui avait froncé imperceptiblement le sourcil à la mention des soins que la comtesse avait donnés au blessé.

— Non, il est resté un mois encore.

— Un mois encore! et que faisait-il?

— Rien, Monseigneur; il restait presque toujours dans l'appartement de madame, et, lorsque parfois il sortait, c'était le soir, et pour faire un tour dans le parc. On eût dit qu'il craignait d'être vu.

Les lèvres de Maximilien blêmirent, mais sans que la moindre altération se fît sentir dans sa voix.

— Depuis quand est-il parti? demanda-t-il.

— Depuis huit ou dix jours seulement.

— Et quel homme était-ce? demanda le comte. Jeune ou vieux, beau ou laid, triste ou gai?

— Mais, Monseigneur, c'était un jeune homme de vingt-six à vingt-huit ans à peu près, blond, pâle et grêle, qui paraissait toujours fort triste.

— En effet, dit le comte en se mordant les lèvres, mais en continuant l'entretien presque malgré lui, et avec la persistance que met le cœur à connaître les choses qui doivent le briser; en effet, il devait s'ennuyer beaucoup au château.

— Non, Monseigneur, il avait l'air triste, mais point ennuyé.

— Oui, continua Maximilien, ses compagnons le venaient voir, et c'était une distraction pour lui.

— Oh! quant à la distraction, il ne la cherchait

pas, car deux fois seulement, pendant tout le temps qu'il est resté au château, son fourrier est venu à Eppstein; encore était-ce, non point parce qu'il l'avait mandé, mais pour lui apporter les ordres de son colonel.

— Alors, je comprends, il chassait.

— Il n'a pas tenu un fusil, ni monté une seule fois à cheval, et Jonathas m'a dit encore hier que, pendant ces deux mois, il ne l'avait pas aperçu.

— Mais que faisait-il donc alors? reprit le comte en cherchant à se contenir; car, malgré lui, il sentait que sa voix s'altérait.

— Ce qu'il faisait? Oh! ce n'est pas long à raconter : le matin, il jouait comme un enfant avec monseigneur Albert, qui l'avait pris en affection, et qui, dès qu'il était levé, entrait dans sa chambre, ou bien il causait comme un vieillard avec M. l'abbé, qui s'étonnait de sa science; après le déjeuner, il faisait de la musique, accompagnait, en chantant lui-même, madame au clavecin, et, alors, c'étaient nos heures de récréation à nous autres, car nous écoutions aux portes du salon leurs voix, qui semblaient celles de deux anges; puis, le concert terminé, on faisait presque toujours une lecture à haute voix, et le soir, comme je l'ai dit à monseigneur, mais rarement, quelque promenade au jardin.

— Voilà un étrange officier, dit le comte avec amertume, qui joue avec les enfants, qui philosophe avec les vieillards, qui chante avec les femmes, qui lit tout haut, et qui se promène tout seul.

— Tout seul? Non, reprit Tobias; madame l'accompagnait toujours.

— Toujours? reprit le comte.

— Ou du moins presque toujours, continua Tobias.

— Et voilà tout ce que tu sais sur cet officier? Rien de sa naissance, rien de sa famille? Est-il noble ou plébéien, riche ou pauvre? Réponds.

— Quant à tout cela, je n'en sais rien, Monseigneur; mais madame la comtesse pourra, sans aucun doute, donner à Votre Excellence les renseignements que vous demandez.

— Et d'où vous vient, s'il vous plaît, cette idée, maître Tobias? dit Maximilien en jetant un regard de côté sur l'indiscret narrateur, afin de s'assurer dans quelle intention il avait fait cette réponse.

— Mais cette croyance me vient, Monseigneur, répondit Tobias avec cette bonhomie affectée que donne aux domestiques la haine qu'ils portent presque toujours à leurs maîtres, de ce que je crois que madame la comtesse et ce jeune officier se connaissaient depuis longtemps.

— Et à quels signes avez-vous pu juger, monsieur le physionomiste, reprit Maximilien avec un ton railleur dont Tobias ne pouvait comprendre la portée, que ce jeune officier et la comtesse s'étaient déjà vus avant l'événement qui les a rapprochés?

— Parce que la comtesse appelait Jacques cet officier, et qu'il appelait madame la comtesse Albine.

Maximilien, par un mouvement machinal, leva le fouet qu'il tenait à la main avec l'intention d'en couper la figure à l'habile observateur qui marchait à ses côtés; mais presque aussitôt, contenant sa colère :

— C'est bien, dit-il en frappant son cheval au lieu de frapper Tobias, c'est bien; voilà tout ce que je voulais savoir pour le moment, et tu as raison, Tobias, la comtesse me dira le reste.

Le cheval fit un bond en avant, et Tobias se retrouva en arrière; puis, comme son maître ne lui fit plus aucun signe et cessa dès ce moment de lui adresser la parole, il le suivit en se tenant respectueusement à distance.

Le visage de Maximilien restait calme, mais d'affreux soupçons dévoraient son cœur, ce cœur si insensible à l'amour, si prompt à la colère et à l'accusation. Cependant la certitude manquait, et, tout en pressant son cheval, il se disait tout bas :

— Une preuve, une preuve de son déshonneur, une preuve qui me permette d'écraser la coupable!

Et cette preuve, il la désirait presque.

En arrivant au bout de l'allée qui conduisait au château, il vit sur le perron Albine, qui l'attendait impatiente et joyeuse, et, par un mouvement convulsif, il enfonça ses éperons dans le ventre de son cheval.

La pauvre femme crut que le comte faisait prendre le galop à sa monture par impatience de la revoir.

Au moment où le comte mit pied à terre, Albine lui sauta au cou.

— Pardon, mon ami, lui dit-elle, pardon de n'être pas allée à votre rencontre. Je suis souffrante. Mais qu'avez-vous, Maximilien? et comme vous paraissez soucieux et préoccupé! La politique, sans doute? Oh! je vais ramener sur votre front la sérénité et le bonheur. Venez, Maximilien, venez que je vous dise tout bas un grand secret, un doux secret que je me répète à moi-même avec ivresse et qui m'a aidée à supporter votre absence, un secret charmant que je n'ai pas voulu confier à une lettre, car je me faisais une fête de vous l'apprendre de vive voix; un secret que je n'ai pu vous révéler en vous quittant, car je l'ignorais encore. Écoutez, Maximilien, et chassez cette humeur sombre. Vous vous rappelez cette nuit des adieux, nuit à la fois si douce et si cruelle?... Embrassez vite votre femme, et dans six mois, Maximilien, vous embrasserez votre enfant.

IV

On nous permettra maintenant de quitter un instant les vieilles tourelles du comte Maximilien pour le modeste logis du garde-chasse Johathas. Château et chaumière ont eu déjà et auront encore, comme on le verra dans la suite de ce récit, plus d'un rapport ensemble, et l'histoire de la chaumière devra côtoyer et, en plus d'un endroit, expliquer celle du château.

La maisonnette du garde-chasse d'Eppstein, située à cent pas de la grille du parc et à l'entrée de la forêt, s'adossait à une petite colline boisée qui la garantissait des vents du nord. Elle était vieille et chétive, cette petite maison; et cependant elle semblait jeune et riante, tant les briques aux tons rougeâtres, les volets peints en vert foncé et la vigne qui courait capricieusement sur les murailles, avaient pris d'harmonieuses teintes sous l'effort du temps, ce grand peintre. — Les quatre gros tilleuls, fraîche antichambre, plantés devant la porte, le banc hospitalier du seuil, le ruisseau, la cour bien rangée, le jardin petit, mais gai, touffu, plein de fruits, de fleurs et d'oiseaux : tout attirait, tout réjouissait le regard. A l'intérieur, même ordre sans affectation, même propreté sans tristesse; en bas, la salle commune et la chambre du père; en haut, celle des enfants, blanche, coquette, bien tenue, égayée par quelque cage chantante, et parfumée par quelque pot de fleurs : là où vous verrez sur la fenêtre une rose et un pinson, dites que les habitants sont plus sages et meilleurs que leurs voisins.

Depuis 1750, Gaspard Muden était garde-chasse du comte Rodolphe d'Eppstein; en 1768, à quarante ans, il prit femme. Au bout de cinq ans de l'union la plus calme et la plus heureuse, la ménagère mourut, laissant au pauvre Gaspard deux petites filles, Wilhelmine et Noémi.

Gaspard était un homme aussi ferme que loyal, un homme selon le Seigneur : il relut dans sa Bible le livre de Ruth, et se promit de vivre pour ses deux orphelines; il vécut donc, et vécut simplement et dignement; noble exemple de ses enfants, qui, sous son enseignement honnête et paternel, grandirent en vertu en même temps qu'en grâce.

Wilhelmine et Noémi étaient jolies toutes deux, toutes deux assidues au travail; seulement, Wilhelmine était plus joyeuse, et Noémi plus pensive. Lorsque Wilhelmine, qui était l'aînée, eut seize ans, ce fut à qui des garçons du pays l'obtiendrait en mariage. Gaspard, entre tous ces prétendants, choisit Jonathas, qu'il aimait à cause de sa hardiesse et de son bonheur à la chasse. La chasse était la passion du vieux Gaspard, qui obtint pour son gendre la survivance de sa place. En attendant, Jonathas fut élevé au grade de garde adjoint.

Wilhelmine accepta docilement l'époux que lui présentait son père et s'en trouva bien; Jonathas était la meilleure créature du monde, un peu simple peut-être, un peu insouciant, hormis en ce qui touchait les daims et les sangliers, mais, au demeurant, mari dévoué et ne voyant que par sa femme. Il vint habiter chez son beau-père.

Pour Noémi, l'enfant gâtée de Jonathas et de sa sœur aînée, elle était bien moins soumise que Wilhelmine et rejetait tous les partis : c'est que le doux regard de Conrad d'Eppstein avait déjà pénétré jusqu'au fond de son âme. Le pâle et mélancolique jeune homme, qu'elle avait rencontré parfois dans les bois et qui, à chaque rencontre, s'était détourné d'elle avec tant de trouble, occupait, à son insu, toutes ses pensées.

Un jour, un violent orage amena le sauvage promeneur dans la maison du garde-chasse, et, dès lors, enhardi par l'accueil cordial du père, fasciné par la beauté de la fille, Conrad revint toutes les semaines, puis tous les jours.

Gaspard, dans son bon sens rustique, ne fut point sans remarquer l'émotion de Noémi quand le jeune homme arrivait, sa rêverie quand il n'était plus là. Il eût, certes, congédié sans façon un libertin reconnu comme Maximilien; mais l'aspect sérieux, le caractère sévère et digne du jeune savant, comme on l'appelait, inspiraient au garde-chasse de la confiance et presque du respect. Lorsque Conrad n'était pas là, Gaspard parlait de lui avec colère, au grand effroi de Noémi, et jurait qu'il ne recevrait plus dans sa chaumière le jeune et noble seigneur d'Eppstein, dont la place était au château. Conrad arrivait, et Gaspard lui tirait gauchement son chapeau et s'éloignait en grommelant.

On sait le reste. Quand Gaspard apprit le mariage secret de sa fille, l'homme d'honneur n'eut rien à dire; le fidèle serviteur trembla seulement à l'idée de la colère de son maître. Il se justifia cependant sans peine devant la noble équité du comte Rodolphe; mais ce fut le père qui eut à souffrir, car il lui fallut dire adieu à sa chère Noémi, bannie parce qu'elle avait aimé. Noémi ressemblait tant à sa femme, qu'il crut, en la quittant, la perdre une seconde fois.

Néanmoins, dans cette nouvelle épreuve, le chrétien courba encore la tête devant les décrets de la Providence. Il embrassa sans pleurer sa fille, qu'il ne devait plus revoir, et relut dans sa Bible l'histoire d'Agar.

Noémi partit, et les jours, les mois, les années s'écoulèrent sans qu'on reçût une seule lettre de Noémi; tout ce qu'on savait, c'est que Noémi était en France.

Quand elle pensait à sa sœur, Wilhelmine pleurait; mais aussi, il faut le dire, elle ne pleurait que lorsqu'elle pensait à sa sœur. Elle était, d'ailleurs, heureuse et aimait son mari qui l'adorait.

Nous avons dit la mort du comte Rodolphe et de sa femme. Maximilien, en renouvelant sa maison, excepta Jonathas et Gaspard de la mesure générale. Au service d'un autre maître, Gaspard pouvait parler de son beau-fils et Jonathas de son beau-frère : en les gardant tous deux, le comte les obligeait tous deux à la discrétion.

Lorsque Albine vint habiter le château d'Eppstein, elle trouva fort à son gré la douce et bonne Wilhelmine. La jalousie naissante de Maximilien défendait à sa femme les châteaux des environs, mais ne lui interdisait pas les chaumières, et Albine s'ennuyait moins dans la riante maisonnette du garde forestier que dans la noire et morne forteresse. Elle eut chez Wilhelmine ses fleurs qu'elle arrosait elle-même, ses oiseaux qui la connaissaient; le peu d'air, de soleil et de liberté qui lui restait, ce fut chez Wilhelmine qu'elle le trouva. Ce fut là seulement qu'elle vit luire encore une fois par hasard un des beaux jours de Winkel.

Mais, lorsque l'arrivée des Français contraignit le comte à partir pour Vienne, il recommanda sévèrement à sa femme de ne plus quitter le château. Les soins du ménage retenaient Wilhelmine chez elle, et la pauvre Albine était plus seule et plus triste que jamais, au moment où arrivait au château le capitaine Jacques.

Les gens qui souffrent du cœur ont une tendre pitié pour toutes les souffrances. Albine prit un vif intérêt au pauvre blessé. Le blessé, de son côté, montrait une singulière sympathie pour Albine. Un soir, le capitaine Jacques raconta sa vie à Albine. Sans doute, il y avait dans ce récit, qui n'est point parvenu jusqu'à nous, des causes d'intérêt profond, car, à partir de ce moment, une amitié réelle parut réunir ces deux jeunes cœurs.

Dès lors la pensée d'Albine parut aussi avoir un aliment et sa vie un intérêt. Elle ne regretta plus autant ses promenades dans la forêt, elle pressa moins vivement Wilhelmine de la venir voir au château. La femme du garde-chasse n'aperçut pas même le blessé pendant tout le temps de son séjour à Eppstein; elle entrevit seulement son uniforme, le jour où il partit pour aller rejoindre son régiment à Mayence.

Quand le capitaine Jacques lui manqua, Albine se rapprocha de nouveau de Wilhelmine, et la conjura de s'échapper de sa maisonnette aussi souvent qu'elle le pourrait. Ces deux jeunes femmes, séparées par la naissance et l'éducation, s'entendaient par l'âme; de ce côté, c'étaient deux sœurs. La châtelaine avait repris un peu de gaieté; le doux espoir auquel elle devait sa joie, elle le confia à Wilhelmine, mais à Wilhelmine seule. La femme de Jonathas aussi allait être mère, un mois à peu près avant la comtesse. Alors ce furent entre elles des projets, des rêves, des folies !

— Nos deux enfants, disait Albine, seront élevés ensemble et auront les mêmes maîtres; je le veux, entends-tu, Wilhelmine ?

— Oui, Madame, répondait Wilhelmine; mais j'ai pensé à une chose : vous êtes trop délicate pour nourrir votre enfant, vous. Eh bien, je l'allaiterai en même temps que le mien. Moi, je suis une femme de la campagne, forte et bien portante, et, soyez tranquille, les soins ne leur manqueront ni à l'un ni à l'autre; seulement, je ne saurai plus lequel des deux est mon enfant.

Au milieu de tous ces plans, de toutes ces espérances, le comte Maximilien revint de Vienne.

Le lendemain de ce retour, quand Wilhelmine se présenta au château comme d'habitude, on lui signifia que madame ne recevrait plus personne : c'était l'ordre de monseigneur. Elle insista, on la chassa presque. Elle rentra chez elle tout inquiète et tout éplorée.

À partir de ce moment, le comte Maximilien, qui avait rarement chassé jusque-là, alla tous les jours à la chasse, accompagné de Jonathas; car, pour le vieux Gaspard, il ne quittait plus guère la maison, heureux qu'il était de se voir remplacé par son gendre. Dans ces chasses journalières, le comte d'Eppstein montrait une cruauté farouche qu'on ne lui avait pas encore vue, qui croissait tous les jours, et qui semblait répondre à un besoin de faire souffrir qu'il avait au fond du cœur. Quand le cerf ou le daim étaient forcés, au lieu de leur épargner, par une balle ou par un coup de couteau de chasse, une longue et douloureuse agonie, il les laissait dévorer par ses chiens, non sans que les meilleurs de sa meute fussent éventrés; mais lui, toujours sombre, riait à ce spectacle. Du reste, il demeurait silencieux pendant des journées tout entières. Une fois, Jonathas, cédant aux instances de sa femme, lui avait demandé des nouvelles de la comtesse. Alors Maximilien avait visiblement pâli; et, d'une voix brève et avec un regard menaçant :

— Tais-toi, avait-il dit; que t'importe ce que fait ou ne fait pas la comtesse ? Cela ne te regarde pas.

Et, à partir de ce moment, le pauvre garde-chasse ne s'était plus hasardé à des questions si mal reçues.

Plusieurs semaines s'écoulèrent; on était à la fin de décembre; l'époque de l'accouchement de Wilhelmine était arrivée. Le matin de Noël, le comte avait donné rendez-vous à Jonathas; celui-ci attendit vainement son maître pendant deux heures, Maximilien ne parut point.

Bientôt, à la place de Maximilien, Jonathas vit arriver un messager qui lui annonçait que Wilhelmine l'appelait à grands cris; Wilhelmine allait devenir mère. Jonathas reprit à grands pas le chemin de la maison; au moment où il y entra, Wilhelmine mettait au monde une petite fille.

La première pensée de Wilhelmine fut pour son mari, la seconde fut pour Albine.

— Qu'on avertisse madame la comtesse, s'écria Wilhelmine, radieuse dans sa douleur.

Mais nul ne répondit à Wilhelmine que par les larmes et le silence.

En effet, il s'était passé le matin même une scène terrible au château.

V

Albine avait pensé que, lorsqu'elle ferait à son mari l'heureuse révélation qui remplissait de joie son cœur maternel, Maximilien partagerait cette ivresse, serrerait sa femme dans ses bras, jetterait un de ces cris de l'âme que l'âme comprend et recueille; une ère nouvelle s'offrait dès lors à son amour.

— J'ai méconnu le comte, se disait Albine dans la généreuse préoccupation de son cœur. Il est noble, bon, dévoué; seulement, je le comparais à des rêves, à des chimères d'enfant. Je demandais à la vie de réaliser les caprices fantastiques de l'imagination, comme si un homme d'État était un héros de roman, comme si les hommes du xviiie siècle pouvaient ressembler à ceux du xvie. J'étais folle; mais, maintenant, me voici sérieuse, me voici forte, me voici mère; plus d'exigences, j'ai des devoirs; je ne dois plus être sévère, puisque je suis responsable; d'ailleurs, je sens que je pardonnerais tout au père de mon enfant, à celui qui m'a donné mon bonheur de mère, le plus pur bonheur qui soit au monde.

Ce fut donc dans une attente pleine d'impatience qu'Albine souhaita le retour du comte; ce fut avec un empressement tout joyeux et tout expansif qu'elle lui glissa à l'oreille en souriant le cher secret; ce fut avec une naïve et gracieuse malice d'enfant qu'elle épia sur le visage de son mari l'effet de cette bonne nouvelle. Elle espérait qu'il allait l'embrasser avec transport, l'appeler des plus doux noms, lui faire mille questions tendres et inquiètes. Au lieu de cela, Maximilien pâlit affreusement, serra avec rage la main qu'Albine lui avait tendue; puis voyant à quelque distance derrière lui Tobias et sa suite, sentant la nécessité de se contraindre, il passa muet et insensible devant sa femme éperdue, et s'éloigna précipitamment.

Albine resta debout, immobile et froide, à la place où le comte l'avait quittée, pareille à une statue de la douleur; elle passa la main sur son front, elle était bien éveillée, ce n'était pas un rêve affreux. L'âme pleine d'épouvante et d'angoisse, elle regagna son appartement.

Qu'avait-elle fait? quelle faute lui avait attiré la colère de son maître, quel crime plutôt? Car, pour que cette colère tînt devant le bonheur qu'elle avait annoncé, il fallait que cela fût bien grave.

Albine avait beau s'interroger sévèrement, elle ne trouvait rien dans sa vie qui motivât tant de rigueur. Peut-être avait-elle eu tort de garder si longtemps le silence; mais enfin, si elle l'avait fait, c'était pour annoncer la nouvelle au comte, et une si légère faute ne méritait pas un si rude accueil. La pauvre comtesse, perdue dans mille doutes effrayants, seule dans sa chambre, ne savait qu'imaginer, et tremblait au moindre bruit. Au bout d'une heure, la porte s'ouvrit; un serviteur entra et lui remit une lettre. Cette lettre était de Maximilien, et contenait ce qui suit:

« Madame, je me borne à vous faire connaître ma volonté, ma volonté expresse, entendez-vous? La voici.

» Vous ne quitterez pas les murs du château; vous ne paraîtrez jamais devant moi. Libre à vous de vous promener dans le préau ou le jardin quand je serai sorti, et je sortirai tous les jours; mais, sur votre vie, je vous ordonne de ne pas faire un pas au delà. J'entends aussi que vous n'écriviez à personne, et que votre Wilhelmine ne se présente plus au château. Vous savez qui je suis et ce que je suis. Obéissez, et ne vous commettez pas avec ma colère, sinon je ne réponds pas des suites d'un éclat que vous seule aurez amené.

» MAXIMILIEN D'EPPSTEIN. »

A la lecture de cette lettre, à laquelle elle ne comprit rien, sinon qu'elle était perdue, la comtesse demeura anéantie.

Nous avons dit l'espèce d'autorité violente qu'exerçait l'implacable vouloir de Maximilien, et comme on se soumettait presque malgré soi à ce fatal et grossier pouvoir qu'on ne cherchait pas plus à éluder que les arrêts aveugles et inévitables de la destinée. Cela était à ce point, qu'Albine, sûre de ne pas être coupable, courba cependant la tête comme on le fait devant la mort, et attendit. Mais, il faut le dire, dans l'attitude calme qu'elle choisit, il y eut autant de dignité que de résignation. Après tout, le sentiment de son innocence la soutenait; et, n'aimant plus son mari,

elle tenait moins à l'estime du comte qu'à la sienne propre.

— Si Maximilien ne respecte plus sa femme, se disait Albine, c'est à sa femme de garder le respect d'elle-même et de protester par sa tranquillité confiante et forte contre une injuste condamnation. Je ne sais pas même de quel crime Maximilien m'accuse; mais l'avenir porte un flambeau avec lequel il éclaire le passé. Un jour viendra donc où Maximilien reconnaîtra son erreur; jusque-là, il sied que je reste paisible et fière.

Ne comptait-elle pas trop sur ses forces, cette âme tendre qui, jusqu'à l'époque de son mariage, avait tout vu céder devant sa faiblesse? La colère d'un homme tel que Maximilien ne devait certes pas être traitée à la légère, car cette colère, une fois soulevée, ne devait pas s'arrêter à moitié chemin et se laisser détourner par un obstacle; non, elle briserait l'obstacle et arriverait à son but.

Le comte le sentait si bien, qu'il avait peur de lui-même, et qu'il tremblait devant son propre courroux. Saisi de rage lorsque sa femme lui annonça naïvement ce qui était un bonheur pour elle, et ce qu'il croyait un déshonneur pour lui, il s'était en quelque sorte enfui devant sa vengeance; s'il n'eût écouté que ses violents instincts, il eût tué sur le coup cette femme qui l'avait trompé, et qui, après l'avoir trompé, l'insultait. Mais c'eût été proclamer sa honte; il dompta sa colère, et provisoirement ne condamna sa femme qu'à la prison, comme on fait pour les criminels.

Sa lettre menaçante écrite à Albine, lui aussi, il attendit.

Tous deux habitaient sous le même toit; tous les matins et tous les soirs, Albine entendait passer Maximilien dans le corridor: c'était toujours le même pas lent et sombre. Pas une seule fois ce pas ne s'arrêta devant sa porte, ou ne trahit même le moindre désir de s'arrêter. Pendant plusieurs semaines, pendant plusieurs mois, ils ne se virent pas une seule fois; mais, s'ils ne se voyaient pas, ils pensaient l'un à l'autre, et cela certes autant et plus que les amants les mieux unis.

Le comte avait beau vouloir éloigner par la fatigue physique les sombres idées qui l'obsédaient, c'était chose impossible: l'outrage qu'il croyait avoir reçu était de ceux que les hommes de cette trempe ressentent trop vivement pour les oublier ou les pardonner. La comtesse, de son côté, avait beau se réfugier dans sa conscience et écarter toute pensée qui ne fût pas celle de son enfant ou celle de Dieu: le mystère de la conduite de Maximilien l'épouvantait malgré elle, et venait troubler sans cesse, le jour ses espérances, la nuit ses rêves.

Le calme auquel ils se contraignaient tous deux

n'était que ce calme trompeur qui précède les orages ; tous deux, ils le savaient bien, tous deux étaient saisis par l'impression douloureuse et fébrile de l'attente. Maximilien et Albine ne vivaient plus ; tous deux, avec l'apparence du calme sur leurs visages, mais la mort au fond de l'âme, tressaillaient souvent aux sourdes terreurs qui oppressaient leurs poitrines. Lui tremblait sans s'en rendre compte devant l'auréole de pureté dont était ceint le front de sa femme. Elle, connaissant la violence de son mari, s'attendait à tout pour le premier jour où ils se rencontreraient.

Et cependant ce fut à Albine la première que cet état devint intolérable ; forte de son innocence, elle résolut d'aller au-devant de ce danger inconnu qu'elle sentait menaçant autour d'elle. Elle avait une telle conviction de ce danger, qu'après plusieurs jours de doute, ayant enfin décidé qu'elle demanderait une explication à Maximilien, voici ce qu'elle écrivit avant de lui demander cette explication. C'était, comme on va le voir, bien plutôt un testament qu'une lettre :

« Il ne m'est pas seulement défendu de te voir, ma bonne Wilhelmine, mais encore de t'écrire ; aussi cette lettre ne te sera remise que si je meurs. La mort doit, ce me semble, délier de l'obéissance.

» Ne t'étonne pas de ces tristes appréhensions, Wilhelmine ; il faut tout prévoir dans l'état où je suis, et je ne voudrais pas cependant quitter cette terre sans t'avoir fait, à toi qui m'as toujours été si dévouée, les legs du cœur auxquels tiennent tous les mourants qui ont aimé.

» Mon Dieu ! je ne sais pourquoi les mots viennent si tristes sous ma plume ; je suis pourtant gaie et tranquille, crois-le, ma jolie fermière. Eh ! tiens, je souris même en ce moment aux projets que nous faisions il y a deux mois.

» Te les rappelles-tu ? En tout cas, je vais te les redire, car, de part et d'autre, ces projets étaient presque des engagements.

» Wilhelmine, tu m'as promis d'être la nourrice de mon enfant si je lui manquais. N'oublie pas cette promesse, car j'y compte, entends-tu bien ? Je vivrai, j'espère que je vivrai pour t'en faire souvenir moi-même ; pourtant je serai plus calme quand je te l'aurai rappelée ici, et dans un moment qu'une résolution que je viens de prendre rend solennel.

» Ce n'est pas tout, Wilhelmine ; écoute : si Dieu me rappelait à lui, je suis sûre que le comte Maximilien élèverait noblement et avec soin mon enfant ; mais l'éducation de l'âme, tu m'entends, celle qu'on reçoit sur les genoux de sa mère, il n'y a qu'une femme qui sache la donner. Les hommes enseignent bien la vie, mais il n'y a que les femmes qui sachent enseigner le ciel... Par exemple, toi qui me connais, tu lui parleras bien mieux de moi que ne lui en parlera son père, qui ne m'a jamais connue. Parle-lui de moi, Wilhelmine, souvent, toujours ; tâche qu'il me connaisse comme s'il m'avait vue ; puis ces caresses qui ne sont pas moins nécessaires aux petits enfants que le lait, ne les lui refuse pas, ma bonne Wilhelmine. Le pauvre orphelin ! qu'il grandisse dans ta tendresse et dans ton amour. Enfin, sois-lui non-seulement nourrice, sois-lui mère.

» Est-ce bien tout ce que j'avais à te dire ? Oui ; d'ailleurs, si j'ai oublié quelque chose, ton cœur devinera le reste de mes pensées.

» Mais tu me trouves bien égoïste sans doute : je ne t'ai point encore parlé de toi ; pardonne-moi ! je te parlais de lui, de lui qui est en moi.

» D'ailleurs, en te recommandant mon enfant, tu vas voir que je n'ai point oublié le tien. Tu trouveras sous cette enveloppe deux lettres, l'une adressée à la supérieure du Tilleul-Sacré, l'autre au major de Kniebis, à Vienne.

» Si tu as une fille, tu l'enverras, quand elle aura cinq ou six ans, avec la première de ces lettres, à ma bonne tante l'abbesse Dorothée, qui a été pour moi une seconde mère. A ma prière, Wilhelmine, elle accueillera tout de suite ta fille dans le couvent où j'ai été élevée avec les premières héritières de l'Allemagne. Oh ! heureux temps, où je chantais si joyeusement les cantiques du Seigneur, et où la perte de ma colombe était ma plus grande peine. Là, Wilhelmine, sois tranquille, ta fille recevra une bonne et sainte éducation.

» Si tu avais un fils, envoie-le au major, qui le fera entrer dans un collège ou qui le placera dans une école militaire ! Ce cher major, c'était l'ami intime de mon père ; il ne manquait pas un jour de venir à Winkel. Je me rappelle quel plaisir je prenais à le taquiner, et avec quelle grâce et quelle bonté il se prêtait à mes innocentes malices, ou même les provoquait. Qui est-ce qui dirait, en me voyant aujourd'hui, chère Wilhelmine, que j'ai été la plus folle et la plus étourdie des jeunes filles ?

» Le major n'aura certainement pas oublié sa petite Albine, et pour l'amour de moi, il accueillera ton fils comme s'il était le mien.

» Je voudrais que nous eussions chacune un fils ou chacune une fille, nos enfants seraient frères ou sœurs.

« Fais pour le mien, si je meurs, ce que je ferai pour le tien, si je vis.

» Adieu, ma Wilhelmine ! Dans tous les cas, j'ai une conviction : c'est que les âmes ne meurent pas, et la mienne ne quittera point celle qui ne quittera point mon enfant.

» Je mets, pour mon pauvre petit ange, une boucle de cheveux dans cette lettre, qui ne te parviendra que si je m'en vais de ce monde.

» Adieu, encore une fois adieu! N'oublie rien, n'oublie rien!

> ALBINE D'EPPSTEIN, née SCHWALBACH.

» 24 décembre 1793.

» P. S. J'oubliais. Encore un enfantillage; si j'ai un fils, je souhaite qu'il s'appelle Éverard, comme mon père; si j'ai une fille, je désire qu'elle s'appelle Ida, comme ma mère. »

Cette lettre écrite, Albine fut un peu plus tranquille.

Rien ne rafraîchit l'âme comme une résolution prise; et Albine était décidée à faire rompre à Maximilien ce silence sombre, obstiné, terrible, sa première parole dût-elle en éclatant, fatale comme la foudre, la frapper de mort.

La journée s'écoula plus rapide pour Albine que les autres journées, car elle pensait sans cesse que chaque minute qui s'écoulait amenait l'heure décisive, le moment suprême. Les dernières heures eurent des ailes.

La nuit vint. La comtesse fit allumer plusieurs bougies; il lui semblait que plus la chambre serait éclairée, mieux on verrait le calme de son front, plus on pénétrerait l'innocence de son âme, plus elle serait forte, enfin. Puis elle écouta; à l'heure accoutumée, elle entendit le bruit des pas de Maximilien. Elle ouvrit la porte et s'avança dans le corridor.

Maximilien parut au haut de l'escalier; il était conduit par un domestique qui l'éclairait en le précédant. Quand il aperçut Albine, il s'arrêta un instant étonné. Le valet continua sa route, s'inclina en passant devant la comtesse; puis vint le tour de Maximilien.

Il allait passer sans rien dire; mais, avec une fermeté dont Albine elle-même se serait crue incapable, elle lui posa la main sur le bras. Au toucher de cette main, l'homme de fer tressaillit.

— Que voulez-vous, Madame? dit Maximilien.

— Un moment d'entretien, comte, répondit Albine.

— Et quand cela?

— Sur-le-champ, si vous le voulez bien.

— Comment! ce soir?

— Ce soir.

— Madame! dit Maximilien avec menace.

— Je vous en prie.

— Vous vous rappelez le conseil que je vous avais donné, de laisser dormir ma colère; vous venez l'éveiller, c'est vous qui le voulez, Madame. Eh bien, soit; je suis à vos ordres.

Ils se regardèrent tous deux à la clarté vacillante du flambeau; ils étaient aussi pâles l'un que l'autre. Ce moment décisif, si longtemps redouté et qu'on savait inévitable cependant, il était venu; peut-être

du fond du cœur, après l'avoir plus d'une fois souhaité, tous deux eussent-ils voulu le remettre; mais il était trop tard, une impulsion plus forte que celle de leur volonté les poussait en avant.

— Madame, dit, après une pause, le comte d'une voix altérée, il en est temps encore; dites-moi de me retirer et de rentrer dans mon appartement; je vous en préviens, je ne puis répondre de moi, Madame, faites-y bien attention. Voyons, souhaitez-vous que nous nous retrouvions tout de suite face à face, ou que nous ajournions encore notre explication?

— Non, pas d'ajournement, répondit la comtesse; il y a assez longtemps que j'attends, et je n'ai rien à redouter, moi... Suivez-moi donc, s'il vous plaît.

Le comte fit signe au valet de porter la lumière dans sa chambre et suivit sa femme dans la sienne. La comtesse entra la première et ferma la porte après le comte.

Tant de fermeté rendait Maximilien presque interdit; il la regarda faire avec étonnement; puis, voyant que la comtesse venait se replacer en face de lui et fixait ses yeux calmes sur les siens:

— Madame, Madame, dit-il, prenez garde! j'ai à vous demander un compte sévère de vos actions, de toutes.

— Et moi aussi, Monsieur, dit la comtesse, j'ai à vous accuser; vous me calomnierez après si vous voulez.

— Parlez donc la première, dit le comte; mais vous êtes pâle et souffrante. Asseyez-vous donc, de grâce, ajouta-t-il avec une galanterie terrible et en avançant un fauteuil à la comtesse.

La comtesse s'assit. Maximilien resta debout, les bras croisés, les lèvres serrées, le regard sombre.

On était dans cette grande chambre rouge, la chambre de la famille, que la comtesse avait continué d'habiter pendant l'absence de Maximilien, et que Maximilien lui avait laissée à son retour.

Cette chambre était éclairée par quatre bougies; mais elle était si vaste, qu'à peine si la lumière atteignait les murs du fond. Le lit se dessinait dans la demi-teinte avec ses grandes tentures, et les rideaux mouvants tremblaient devant les fenêtres, à travers lesquelles se glissaient quelques souffles de la brise hivernale.

Il y eut un instant de silence. Puis, d'une voix ferme et assurée, la comtesse reprit:

— Monsieur, j'étais près de mon père, jeune fille calme, heureuse et adorée; je riais, je courais, je jouais. Le bonheur débordait de mon âme, et l'enthousiasme de mon cœur. L'enthousiasme n'est pas une vertu vulgaire, croyez-le, Monsieur, et cependant c'est cette vertu qui m'a perdue. Vous êtes venu, et, pauvre folle que j'étais, j'ai trouvé que vous ressembliez à

mes rêves. J'ai vu en vous un vrai gentilhomme, chevaleresque, brave, ardent; vous cependant, Monsieur,
vous m'épousiez pour des richesses et pour un titre...

— Madame ! interrompit le comte d'une voix
sourde et quelque peu railleuse.

— Dès que j'ai été votre femme, continua Albine,
vous n'avez même plus pris la peine de me tromper
et d'entretenir des illusions qui vous devenaient inu-
tiles... Mon Dieu ! il me semble pourtant qu'il y avait
quelque chose à faire de ma vie.

— Vraiment ! s'écria Maximilien avec un rire amer
et éclatant.

— J'ai vu, Monsieur, j'ai vu, poursuivit la comtesse, s'effeuiller une à une toutes mes croyances
sans lesquelles j'eusse cru qu'il m'était impossible de
vivre. Alors je me suis rappelé une parole de ma
bonne mère l'abbesse du Tilleul-Sacré. « Mon enfant,
me dit-elle lorsque je la quittai pour ne plus la revoir,
si jamais le bonheur te manque, réfugie-toi dans le
devoir. »

— Ah ! oui-dà ! interrompit encore le comte.

Et son accent sardonique avait quelque chose
d'effrayant.

— Docile à ce souvenir, reprit la comtesse avec
la sérénité d'un ange, j'ai mis toute ma vie dans l'o-
béissance, toute ma vertu dans la résignation ; mais je
m'étais armée contre l'oubli et non contre la haine,
contre l'indifférence et non contre le mépris. Je ne
vous reproche pas, Monsieur, ma jeunesse trompée,
mes songes détruits, mon existence perdue ; je ne
réclame pas de vous un amour impossible ; mais j'ai
droit, du moins, de revendiquer votre respect ; je
veux ne pas rougir devant mes gens. Est-ce trop
exiger, monsieur le comte ? Répondez, dites !

— Vous avez fini, n'est-ce pas ? répondit Maximilien. A mon tour alors, s'il vous plaît.

— Je vous écoute, Monsieur, répondit la comtesse.

— Je commencerai par vous dire que je n'ai point
à m'occuper de ces puérilités de pensionnaire dont
vous m'avez d'abord entretenu ; le temps d'un
homme est assez précieux, je suppose, pour ne pas
être gaspillé à de pareilles chimères ; et, si je n'ai pas
réalisé les songes de votre tendresse, avez-vous réalisé, vous, les projets de mon ambition ?

— O mon père ! mon père ! vous me l'aviez prédit, s'écria Albine. Un ambitieux de cordons, un
ambitieux de titres, dont tous les efforts ont pour but
d'être grand'croix au lieu d'être commandeur, d'être
duc au lieu d'être comte ! Et il appelle cela de l'ambition ! et il vient me parler de son ambition !

— Attendez, Madame, dit le comte rougissant de
colère et frappant du pied ; ce n'est pas de tout cela,
au bout du compte, qu'il s'agit, et vous le savez bien.

— Non, je ne le sais pas ; car c'est pour le savoir
que j'ai désiré avoir avec vous cet entretien.

— Eh bien, je vais vous le dire alors. Je vous
avais confié mon nom et mon honneur : qu'en avez-
vous fait, Madame? Ne mentez pas, n'hésitez pas, ne
prenez pas vos mines de sainte et vos airs de mar-
tyre, c'est inutile. La question est claire, répondez-y
clairement.

— Même dans les choses frivoles, je n'ai jamais
menti.

— Eh bien, dites-moi donc alors, loyale épouse,
dites-moi ce que c'était que cet homme, ce Français,
ce capitaine Jacques.

A ce mot, Albine comprit tout ; elle sourit, et regarda un instant le comte d'un air de pitié.

Puis elle dit :

— Ce capitaine Jacques, Monsieur, c'est un blessé
à qui j'ai sauvé la vie peut-être, et qui m'a sauvé
l'honneur certainement.

— Et voilà pourquoi il vous nommait Albine ;
voilà pourquoi vous le nommiez Jacques ; voilà pourquoi vous l'appeliez mon ami ; voilà pourquoi, n'o-
sant pas vous donner le même nom, il vous appelait
ma sœur ; voilà pourquoi il était toujours dans cette
chambre avec vous ; voilà pourquoi vous ne vous
quittiez pas d'une minute ; voilà pourquoi enfin vous
pleuriez quand il est parti.

— Ah ! Monsieur ! dit la comtesse en se levant.

— Oh ! ne jouez pas la fierté, ne simulez pas l'indignation, Madame, reprit Maximilien s'exaltant à sa
parole ; ne souriez pas avec ce dédain, ne me regardez pas avec ce mépris, je vous le conseille. Si l'un de
nous deux doit mépriser l'autre, c'est le mari outragé
et non la femme coupable.

— Pauvre Maximilien ! murmura Albine.

— Ah ! ah ! de la pitié, maintenant ! Prenez garde,
Madame ! ne me poussez pas à bout avec votre in-
sultante froideur ; prenez garde ! Madame, prenez
garde ! je n'ai pas le sang patient. Cet homme a été
votre amant, je vous dis qu'il l'a été ; mais je me ven-
gerai, soyez tranquille ; je me le suis juré tout bas et
je vous répète mon serment tout haut. Donc, au lieu
de sourire, Madame, je crois que vous feriez mieux
de trembler.

— Je ne tremble cependant pas, Monsieur, dit
Albine impassible ; voyez plutôt.

— Et que faites-vous alors?

— Je vous plains !

— Oh ! en voilà assez. Tenez, s'écria le comte avec
explosion, arrêtez-vous là et pliez plutôt devant ma
colère. Vous vous tenez debout, hautaine et insolente,
espérant me duper sans doute à force d'impudence ;
mais je vous répète que je sais tout, qu'on ne me
trompe pas si aisément que vous l'avez cru, que vous
vous êtes prostituée à cet homme, et que cet enfant que

vous portez n'est pas le mien, mais l'enfant de l'adultère. Entendez-vous, Madame, entendez-vous? Osez me regarder en face, maintenant. Vous l'osez... Elle l'ose, la misérable! Abaisserez-vous ce regard? Vous ne voulez pas, infâme? Encore ce sourire. Ah!...

Maximilien marcha furieux vers la comtesse, ébloui, aveuglé par la rage, un nuage de sang devant les yeux. Albine, calme, le regard assuré, un sourire triste sur les lèvres, regarda venir l'orage sans faire un pas en arrière, sans dire une parole, sans faire un geste pour l'éviter. Le comte s'arrêta frémissant, enflammé, à un pas d'elle; une seconde ils restèrent ainsi debout face à face, éperdus tous deux, lui invoquant l'enfer, elle priant le ciel. Mais Maximilien ne put supporter longtemps la muette insulte de tant de sérénité, et, appuyant ses deux mains sur les épaules de sa femme:

— Une dernière fois, cria-t-il d'une voix tonnante, pliez, demandez grâce à genoux.

— Malheureux insensé! dit Albine.

Elle n'avait pas achevé, qu'une imprécation terrible retentissait, et que les deux mains violentes et impies du comte avaient fait plier comme un roseau et jeté rudement à terre la frêle créature qui le bravait. La tête d'Albine alla frapper l'angle du fauteuil où elle était assise un instant auparavant. Le sang jaillit, et elle s'évanouit en murmurant:

— Mon enfant, mon Dieu! mon enfant.

Maximilien demeura un instant devant ce corps inanimé, l'œil fixe, immobile, et comme stupéfait de son propre crime; puis, s'arrachant à cette torpeur, il s'élança hors de la chambre en criant:

— Au secours! au secours!

Les domestiques accoururent au bruit. On transporta la comtesse, toujours sans connaissance sur son lit, et on alla chercher le chapelain, qui, ainsi que nous l'avons dit déjà à propos du capitaine Jacques, avait fait des études de médecine.

— Je ne sais comment cela s'est fait, balbutiait le comte; elle est tombée, et son front a heurté un meuble; le pied lui aura glissé.

Et, en prononçant ces paroles, Maximilien se souvint de la pauvre Gretchen, la fille du bailli, à qui le pied avait glissé aussi, et qui était morte victime, non pas de sa colère, mais de son amour. Ainsi cet homme brisait toutes les existences qu'il touchait.

Maximilien pâlit affreusement à cette pensée et s'appuya sur la cheminée, essayant de se remettre, car les valets le regardaient, et le chapelain venait d'entrer.

Albine ne reprenait pas ses sens, tant la secousse avait été violente. C'était cependant l'âme plutôt que le corps qui avait été brisée. Le chapelain ne savait comment ranimer la comtesse; l'eau froide n'y faisait

rien, les sels étaient impuissants. Mais bientôt le miracle que ne pouvait faire l'art, la nature l'opéra, Les douleurs de l'enfantement prirent la comtesse; Albine rouvrit les yeux, mais ses yeux restèrent égarés; elle recouvra la parole et non la raison; le délire s'empara d'elle, les mots incohérents qu'elle laissait échapper dans sa fièvre, incompréhensibles pour tous les assistants, avaient pour son mari, pour son mari seul, une signification terrible.

Le chapelain déclara que, si quelque habile médecin n'arrivait point de Francfort à son aide, non-seulement il ne répondait pas de la mère, mais ne répondait pas non plus de l'enfant. Aussitôt un des domestiques du comte partit pour la ville, menant un cheval en bride, afin que sans retard le docteur pût arriver.

Le délire allait croissant.

— Je meurs, disait Albine entrecoupant ces tristes paroles de tristes plaintes, car l'harmonie détruite dans la raison était restée dans la douleur. Je sens mon âme qui se détache de moi... Oh! qu'elle ne remonte pas à vous tout entière, mon Dieu! que j'en puisse laisser la moitié à mon enfant! Mon enfant! le vôtre, Maximilien! entendez-vous? le vôtre... Oh! sur le seuil de l'éternité, je le jure!... Maximilien, où êtes-vous? Maximilien, vous vous êtes cruellement trompé, oh! oui, bien cruellement. Mon Dieu! que je souffre! Si vous saviez, si vous saviez, Maximilien; mais ce secret n'est pas à moi, il m'a fait jurer de ne pas le dire. Un jour, vous saurez... un jour, par lui-même... un jour, il reviendra. La mort!... la mort!... Mais la mort n'est pas le terme, n'est-ce-pas, monsieur le chapelain? Le cercueil, c'est le berceau du ciel. Et vous, mon père, mon bon père, donnez-moi la main... Mon père, j'ai une prière à vous adresser, à vous seul; tâchez que Maximilien n'entende pas ce que je vais vous dire. Mon père, écoutez: vous trouverez sous mon chevet une lettre pour Wilhelmine. Au nom de Jésus! remettez-la-lui. Dites-lui, mon père, dites-lui que je meurs, mais que je reviendrai voir si elle fait bien ce que je lui ai demandé. Vous savez, mon père, les comtesses d'Eppstein qui meurent pendant le jour ou la nuit de Noël ne meurent qu'à moitié... O mon enfant, mon pauvre enfant! Dieu m'exauce! Dieu m'exauce! Je te sens plus maintenant que je ne me sens moi-même. Je te donne mon cœur, je te transmets ma vie. Prends, prends tout, et que je meure. O monsieur le chapelain! monsieur le chapelain! sauvez-le, et ne vous inquiétez pas de moi... Moi, je suis perdue...

En ce moment, minuit sonna, et le comte tressaillit. En effet, comme l'avait dit Albine au milieu de son délire, on entrait dans la journée de Noël.

La comtesse allait toujours s'affaiblissant.

— Adieu! adieu!... disait-elle. Je vous pardonne,

Maximilien ; mais aimez votre fils, aimez-le, Mon père, me voici !,.. Ah ! ah ! c'est aujourd'hui Noël ! ah ! je me meurs !

Albine, qui, dans un dernier mouvement d'agonie, s'était soulevée presque sur son séant, retomba sur son oreiller et expira.

Maximilien s'élança vers le lit et prit Albine entre ses bras ; mais, quoiqu'elle fût morte, il sentit tressaillir l'enfant dans son sein, et recula comme épouvanté. En ce moment, le médecin de Francfort arriva. On fit sortir tout le monde et même Maximilien. Il s'agissait de sauver l'enfant par une opération terrible.

Une heure après, du sein de la mère déjà froide, un enfant fut tiré vivant ; étrange mystère qui fait sortir ainsi la vie de la mort. La sympathie n'est-elle pas plus intime alors entre la mère et l'enfant ? et l'âme de l'enfant, dites, messieurs les philosophes, répondez, messieurs les médecins, l'âme de l'enfant ne semble-t-elle pas un dernier soupir de la mère ?

Le chapelain entra dans la chambre du comte, qu'il trouva la sueur au front, et, lui remettant la lettre trouvée sous le chevet de la comtesse, et adressée à Wilhelmine :

— Monseigneur, lui dit-il, vous avez un fils.

Le comte ouvrit la lettre, qui n'était point cachetée, la parcourut des yeux et répondit :

— C'est bien : vous l'appellerez Éverard.

Le même jour où un fils naissait à Maximilien au château des comtes d'Eppstein, la fille de Wilhelmine venait au monde dans la chaumière du vieux Gaspard.

VI

Le lendemain, la comtesse fut revêtue de ses plus riches habits, couchée sur son lit et exposée. Elle resta trois jours ainsi ; puis on la déposa dans le cercueil toute parée comme elle était, et on la descendit dans le caveau de la famille d'Eppstein.

Le lendemain du jour où Albine fut inhumée, le comte partit pour Vienne, où il resta un mois. Pendant ce temps, on effaça toute trace de mort ; de sorte que, lorsqu'il revint, à part le pauvre orphelin dont Wilhelmine s'était déclarée la mère, on aurait pu croire qu'Albine n'avait jamais existé. Les domestiques avaient compris par instinct que c'était faire la cour à leur maître que d'éloigner de ses yeux tout ce qui pouvait lui rappeler le souvenir de la comtesse.

Cependant, malgré tous ces soins, l'émotion de Maximilien fut vive en se retrouvant seul dans ce vieux château : Albert, son fils bien-aimé, était dans une pension à Vienne.

Ce fut surtout lorsqu'il rentra dans cette chambre héréditaire qu'on appelait la chambre rouge, ce fut lorsqu'il se retrouva au pied de ce fauteuil contre lequel s'était fendu le front de la comtesse, en face de ce lit sur lequel elle était morte, ce fut alors que tous les souvenirs qui se rattachaient à Albine refluèrent vers son cœur, et qu'il se sentit frissonner malgré lui.

C'est qu'en tout temps, et même pour ceux dont la conscience était tranquille, je ne sais quelle terreur glacée, impossible à décrire, tombait de ces sombres lambris ; ce soir-là, elle était augmentée encore par la rage du vent qui sifflait au dehors. Un grand feu brûlait dans la large cheminée, où d'énormes quartiers de chêne se consumaient en criant ; et pourtant il faisait froid comme toujours dans cette chambre vaste et déserte. Un candélabre à quatre branches était posé allumé sur une table, et pourtant nulle clarté ne semblait pouvoir illuminer ces murailles sombres et ce haut plafond. C'était absolument comme dans cette soirée terrible où avait eu lieu la scène de la nuit de Noël ; seulement, le fauteuil où Albine était assise était vide.

De moment en moment, la tempête augmentait de violence ; en se brisant aux angles des murs, l'ouragan gémissait lamentablement ; c'étaient comme de longues plaintes qui ne mouraient que pour renaître, qui ne s'éteignaient que pour recommencer.

Certes, le comte était brave : si on lui eût dit qu'un homme avait frissonné au murmure de la brise, il eût ri de cet homme et l'eût appelé lâche ; et cependant le comte frissonnait malgré lui.

Il se promenait en rêvant, la tête inclinée sur sa poitrine et le menton appuyé dans la main ; il se promenait de long en large, sans jamais dépasser, cependant, le cercle de lumière que le candélabre répandait autour de lui.

Et, de temps en temps même, avouons-le, il jetait un regard dans les angles sombres ou sur les rideaux roides et mouvants.

— C'est une terrible imagination, se disait tout bas le comte, que celle qui met dans les longues fureurs du vent les plaintes désespérées de tous les trépassés de ce monde : ce pleur incessamment grossi des âmes qui planerait en certains moments sur la nature inanimée, cette angoisse impuissante qui briserait les forêts et se briserait aux montagnes, ce funèbre appel de ceux qui sont sous la terre à ceux qui sont dessus, tout cela serait affreux !

Le comte s'arrêta, frissonnant, et s'accouda sur la cheminée ; puis il lui arriva ce qui arrive toujours en pareille circonstance : c'est qu'une fois pris à cette idée, son esprit plongea jusqu'au fond.

— Parmi ces morts qui pleurent, se disait-il, ceux qui se lamentent si tristement dans les corridors du château sont peut-être les miens. Hélas ! ils sont bien

nombreux, la faux implacable a fait une ample mois-
son dans ce château. Hélas! hélas! voyons... Sans
parler des ancêtres, sans remonter à ceux que je n'ai
pas connus, il y a d'abord ma mère. Sainte femme!
quand elle vivait, je l'ai fait gémir bien souvent! Plus
elle était douce et tendre, plus j'étais emporté et vo-
lontaire, moi. Que de nuits ma mère a passées à genoux entre mon père et moi, exhortant l'un, apaisant
l'autre. Et lui, mon père, il est là aussi, et, s'il s'est
aussi couché dans sa tombe avant l'heure, c'est moi
peut-être, ô mon Dieu! qui ai abrégé ses derniers
jours. C'était un noble vieillard que le comte Rodolphe, mais bien austère et bien rigide : il n'aurait pas
dû prendre au sérieux comme il le faisait les orageu-
ses boutades de ma jeunesse. Mon frère est là encore
sans doute, puisque, depuis le jour où il est parti, je
n'ai pas eu de ses nouvelles. Mon pauvre Conrad!
Oh! celui-là, quoi qu'aient dit mon père et ma
mère, je l'aimais bien, ce faible et poétique jeune
homme que son père a maudit parce qu'il s'était mé-
sallié, et qui est mort probablement parce que son
père l'a maudit. Sont-ce là tous ceux que je pleure?
Non, non; la funèbre revue n'est pas close : il y a
encore Bertha, ma première femme; un nom plutôt
qu'un souvenir, une ombre même quand elle était
de ce monde; figure insignifiante qui n'a passé que
pour laisser, Dieu en soit béni! un aîné à la maison
d'Eppstein. Et puis enfin, et puis il y a...

Le comte Maximilien s'arrêta, haletant et sentant
que, quoique appuyé contre la cheminée, les jambes
lui manquaient; il se laissa tomber dans un fauteuil.
Puis, dans sa muette pensée, qu'accompagnait cependant le mouvement de ses lèvres :

— Il y a l'autre, reprit-il en respirant avec peine,
il y a Albine, Albine qui m'a trahi... Oh! elle doit se
lamenter plus haut que les autres, celle-là, car sa
mort, à elle, n'a pas été une mort naturelle, comme
celle de Bertha; car la maladie dont elle est morte,
c'est ma jalousie; car je l'ai tuée, non pas avec mon
épée, mais avec ma colère. Eh bien, quoi! je l'ai
tuée, ou plutôt je l'ai punie, et je ne m'en repens
pas, non; et cela serait à refaire, que je le referais
encore.

En ce moment, le vent gémit plus tristement que
jamais.

Le comte se leva, pâle et glacé.

— Comme il fait froid ici! dit-il à voix haute.

Et il poussa du pied dans le foyer un gros tronçon
de chêne.

— Comme il fait sombre! reprit-il.

Et il alluma un second candélabre placé sur la cheminée.

Mais à quoi bon? c'était dans son cœur qu'é-
tait le froid, c'était dans sa conscience qu'était la
nuit.

Pourtant il essaya de chasser les noires pensées
qui se heurtaient à son âme, comme les hiboux au
mur d'un caveau. Il appela à son aide la distraction
pour lui la plus puissante, ses rêves d'ambitieux.

— Allons donc, dit-il en passant la main sur son
front, allons donc, Maximilien, n'es-tu plus un
homme? Au diable toutes ces chimères! Voyons, écri-
vons cette lettre à Kaunitz.

Il s'assit devant un bureau, prit la plume et écrivit
la date : « 24 janvier 1793. »

La plume lui tomba des mains.

— Il y a aujourd'hui un mois qu'elle est morte,
murmura-t-il.

Et il se leva en repoussant violemment son fauteuil.

Une singulière angoisse lui serrait le cœur.

Il se mit alors à marcher, tout éperdu et essayant
en vain de ressaisir sa pensée engourdie. Je ne sais
quels murmures funèbres lui disaient tout bas qu'il
allait se passer quelque chose de terrible, de surnaturel, d'inattendu; quelque chose qu'il ne pouvait
vaincre par la lutte, quelque chose qu'il ne pouvait
éviter par la fuite. Puis il comparait en lui-même
l'agitation qui bouillonnait dans son sein avec le
morne silence qui l'entourait et qui n'était troublé que
par les plaintes mourantes du vent; et cela l'épouvantait.

Il est des moments où, même pour les âmes les
plus fortes, tout se résout en effroi. Dans ce silence,
le frémissement du timbre de l'horloge prêt à sonner les douze coups, ces douze coups eux-mêmes,
dont le dernier venait d'annoncer qu'on était entré
dans le vingt-cinquième jour de janvier, un éclat de
bois qui jaillit du foyer sur le parquet, tout cela causa
une commotion électrique à cet homme si brave; le
glapissement lointain d'un de ses chiens dans le
chenil jeta un trouble insurmontable dans ce cœur
si résolu. Bientôt il eut peur du bruit sourd de ses
pas résonnant sur le parquet, et il resta debout, sans
bouger, appuyé contre la muraille. Mais alors il
eut peur de son immobilité même; il se frotta les
mains; il hocha la tête avec un tremblement nerveux.

Il attendait, il sentait venir quelque chose d'effrayant.

C'est que le monde invisible qui nous entoure,
qui échappe à notre vue, qui fuit notre toucher, qui
trompe tous nos sens, secouait autour de lui, dans
cette chambre silencieuse et sombre, ses muets épou-
vantements. Toutes les terreurs qu'ont versées Ali-
ghieri dans le poëme, Michel-Ange dans la peinture,
Weber dans la musique, frissonnaient autour des
tempes du comte Maximilien : il les respirait dans
l'air, en quelque sorte. Que pouvait donc sa pauvre
raison contre les visions sinistres de son imagination
frappée?

Un souvenir terrible s'agitait, d'ailleurs, vaguement au fond de tout cela. Maximilien se rappelait cette sombre légende de la comtesse Léonore, morte le jour de Noël; il calculait que la comtesse Albine était morte le même jour que la comtesse Léonore, et il se souvenait que la légende disait que les comtesses d'Eppstein mortes ce jour-là ne mouraient qu'à moitié.

Puis, au fond des ténèbres de son âme, Maximilien entendait la voix d'Albine qui disait:

— Si je n'avais pas été coupable, mais victime! et toi, Maximilien, qui t'es cru juge, si tu n'avais été que meurtrier?

Ces lentes et solennelles paroles, la voix les répétait vingt fois; vingt fois elles retombèrent sur la conscience du comte, lourdes et corrosives, comme ces gouttes de plomb fondu dont parle Dante.

Le comte recueillit toute son énergie pour s'arracher à ce supplice de damné.

— L'étrange et folle illusion! dit-il tout haut, sans doute pour dominer du bruit de sa voix la voix qui murmurait tout bas au fond de son cœur.

Mais, tout à coup, au moment où il parlait ainsi, le cri d'un petit enfant s'éleva dans le silence et sembla continuer la plainte de la morte. Seulement, cette fois, il n'y avait point à s'y tromper, le bruit était réel. C'était le vagissement soutenu de l'enfance, et il partait de la chambre située au-dessus de l'appartement de Maximilien.

— Allons, pensa le comte, après la mère, c'est le fils, maintenant; son fils, son Éverard, un étranger pour moi, un ennemi qu'il faut que j'élève sous mes yeux, dans ma maison, et comme mon propre enfant, ou sinon la honte de la mère retombe sur moi... Mais, continua-t-il avec rage, va-t-il se taire, à la fin! Wilhelmine est-elle sortie? l'aurait-elle laissé seul dans son berceau? Est-ce ainsi, ajouta-t-il avec un rire amer, qu'elle suit les dernières instructions de son amie?

Ayant affaire à un bruit matériel, Maximilien attendit avec moins de crainte, mais peut-être avec plus d'impatience. Cependant les larmes de l'enfant ne cessaient pas, Maximilien prit son épée, monta sur une échelle de bibliothèque, et frappa de la garde au plafond, afin de réveiller la nourrice, sans doute endormie.

Les cris continuèrent.

Bientôt le mouvement de colère de Maximilien commença de faire place à une angoisse nouvelle; son cœur, un instant dilaté, s'oppressa comme auparavant. Ce gémissement ininterrompu, qui semblait se plaindre à Dieu de la mort de la mère et de l'abandon du fils, troubla le comte à le rendre fou.

Il voulut sortir, mais pour aller où?

Il essaya d'appeler quelqu'un; sa voix s'arrêta dans son gosier.

Il prit la sonnette et la reposa sur la table. En effet, qui appeler? Tout dormait dans le château, excepté l'orphelin et le meurtrier.

Le feu, que Maximilien avait oublié de ranimer, s'était peu à peu éteint dans l'âtre, de sorte que l'obscurité envahissait la chambre, où la lueur tremblante des bougies luttait seule contre les ténèbres; au dehors le vent mugissait toujours; au-dessus, les vagissements de l'enfant continuaient à se faire entendre. Le comte avait froid, il avait peur; et, lorsque dans son délire, il porta les mains à son front, il les retira par un mouvement subit, car il lui sembla que son front de feu brûlait ses mains glacées.

Alors, et comme rappelé à lui-même par la force même de sa terreur, il se mit à rire, mais d'un rire morne et terrible, en disant:

— Ah çà! mais je crois, Dieu me damne! que je perds la tête. Allons voir pourquoi cet enfant crie, c'est bien simple.

Alors il s'avança d'un pas assez délibéré vers la muraille, mit le doigt sur un ressort caché dans la tapisserie, et poussa devant lui une petite porte secrète.

Cette porte donnait sur un étroit escalier de pierre, connu de père en fils par les comtes d'Eppstein seuls, et qui n'avait d'autre issue, également ignorée de tous, que dans l'étage supérieur où pleurait l'enfant, puis dans l'étage inférieur, et enfin jusque dans les caveaux où reposaient les aïeux de Maximilien. Cet escalier était comme un espion géant, dressé contre la muraille le long du château, et auquel rien n'échappait.

Au moment où la porte secrète s'ouvrit, un vent glacial, un vent de tombeau frappa Maximilien au visage, éteignit le candélabre qu'il tenait, et le comte, pâle comme un cadavre, les cheveux hérissés, demeura pétrifié sur le seuil.

Dans cet escalier, dont nul que lui n'avait le secret, où nul ne pouvait pénétrer, il entendait le frôlement distinct d'une robe de femme, et il voyait une forme blanche glisser légèrement dans l'ombre devant lui.

L'enfant criait toujours. C'étaient trop de terreurs à la fois. Le comte, sentant que ses genoux manquaient sous lui, s'appuya à la muraille pour ne pas tomber.

Combien de temps le comte Maximilien demeura-t-il là privé de sentiment, c'est ce qu'il n'aurait pu dire lui-même. Il y a des instants qui durent des années. Au bout d'une minute, au bout d'une heure peut-être, il se réveilla baigné d'une sueur froide et écouta le silence.

L'enfant ne criait plus. Le vent avait cessé de souffler.

3

Maximilien, dans un suprême effort, réunit tout son courage. Il ramassa le candélabre qu'il avait laissé tomber, le ralluma, tira son épée du fourreau, et, s'élançant dans l'escalier, monta jusqu'à la chambre de l'enfant.

En ouvrant la porte secrète qui donnait dans l'étage supérieur, le candélabre, que le comte tenait de la main gauche, s'éteignit de nouveau, et cette fois, non par un courant d'air, ni par un souffle de vent, mais par une influence surnaturelle. Cependant la lune, qui, à cette heure, se dégageait d'un nuage qui l'obscurcissait, laissa tomber à travers la haute croisée un de ses pâles rayons, et, à la lueur de cette lumière blafarde, voici ce que vit le comte :

Wilhelmine, la nourrice, était absente; mais Albine, la morte, debout près du berceau de son fils, le balançait doucement, et l'enfant, tout murmurant encore, commençait à se rendormir. C'était bien Albine, et Maximilien la reconnut tout de suite, l'étrange berceuse !

Elle portait la robe blanche avec laquelle elle avait été ensevelie; on voyait à son cou cette chaîne d'or à gros anneaux qui lui venait de sa mère, et avec laquelle, dans sa lettre à Wilhelmine, elle avait recommandé qu'on l'inhumât.

Albine était belle comme de son vivant, plus belle peut-être; oui, la mort l'avait embellie. Ses longs cheveux noirs inondaient ses épaules, dont la blancheur semblait transparente; il y avait autour de son front comme une vapeur lumineuse; mais c'était son regard surtout qui répandait une douce flamme; c'était son sourire qui rayonnait.

Quand Maximilien parut sur le seuil, elle leva sur lui son œil calme et fier, et, approchant un doigt de ses lèvres, comme pour lui imposer silence, elle continua de bercer son enfant.

Le comte fit machinalement, et de la même main dont il portait son épée, le signe de la croix; mais sa main resta comme paralysée à son front...

La morte remuait les lèvres !

— On conjure les démons et non les bienheureux, dit-elle avec mélancolie, et sa voix résonna comme une musique céleste. Croyez-vous, Maximilien, que Dieu m'aurait permis de revenir aux cris de mon enfant, si je n'étais point parmi ses élus?

— Parmi ses élus? murmura le comte.

— Oui, Maximilien, car Dieu est juste, et il sait bien, lui, que j'ai toujours été une épouse chaste et fidèle. Je vous l'ai dit à mon dernier soupir, et vous ne m'avez pas crue; je vous le répète aujourd'hui que le Seigneur m'a reçue dans son sein, et les morts ne mentent pas. Maximilien, cette fois, me croyez-vous?

— Mais cet enfant?... murmura le comte en montrant Éverard de la pointe de son épée.

— Cet enfant est le vôtre, Maximilien, répondit

la comtesse. Vivante, les apparences m'accusaient; morte, ma présence ici me justifie, ce me semble? Je vous dis, comte, que cet enfant est à nous deux, et qu'il vous appartient légitimement comme à moi.

— Est-ce vrai? est-ce vrai? répéta Maximilien égaré, absent de lui-même en quelque sorte, et parlant comme poussé par une irrésistible puissance.

Après un moment de silence, il reprit en balbutiant :

— Mais alors, cet homme, ce capitaine Jacques, quel était-il?

— Vous le saurez un jour, mais probablement trop tard. Tout ce que je puis vous dire, c'est qu'un serment me lie morte comme il me liait vivante; c'est que cet homme n'a été et ne pouvait être pour moi qu'un frère.

— Mais, en ce cas, s'écria Maximilien, en ce cas, je vous aurais donc soupçonnée injustement? D'où vient que vous ne vous vengez pas, alors?

Albine sourit à ce mot de vengeance.

— Oh ! je vous pardonne ma mort, Maximilien, reprit la morte; les orages des passions humaines n'agitent plus la sphère céleste où nous nous reposons. Seulement, tâchez d'adoucir pour votre fils votre humeur violente et farouche, Maximilien; n'appuyez jamais la main sur lui comme vous l'avez appuyée sur moi; car il est bon que vous sachiez que Jésus m'a accordé de continuer, même au delà de la tombe, mes soins maternels et de veiller sur le père et sur le fils, pour protéger l'un au besoin, pour punir l'autre s'il le fallait, car je suis morte dans la nuit de Noël.

— Dieu puissant ! murmura le comte.

— Ainsi, continua la morte de sa voix grave et solennelle, ainsi, comme Wilhelmine, la chère nourrice d'Éverard, était retenue ce soir, bien malgré elle, près de son mari blessé, et comme mon enfant pleurait, je suis venue bercer et apaiser mon enfant... Mais voici Wilhelmine qui rentre; je retourne dans mon tombeau, prête toujours à en sortir, songes-y, Maximilien, au premier cri de mon fils. Adieu !

— Albine ! Albine ! s'écria le comte.

— Adieu, Maximilien, reprit Albine d'une voix solennelle, adieu, et prends garde que ce ne soit au revoir; adieu et silence. Souviens-toi ! souviens-toi !

L'ombre quitta alors le berceau de l'enfant, qui s'était rendormi en souriant, et s'avançant vers Maximilien, qui se dérangea pour lui faire place, elle passa le doigt posé sur ses lèvres devant le comte anéanti, et disparut par l'escalier secret.

Maximilien, épuisé par tant d'émotions, ne se rendit plus compte, à partir de ce moment, de ses actions. Sans doute, en entendant le bruit des pas de la nourrice, il referma machinalement la porte mystérieuse, et, guidé par cet instinct aveugle qui survit parfois à la raison, il regagna sa chambre sans bruit. Toujours est-il qu'en se réveillant le lendemain, après un sommeil fiévreux, il se trouva tout habillé sur son lit et se dit :

— J'ai fait un rêve terrible.

Cependant, Wilhelmine, qu'il interrogea, avait été retenue effectivement une partie de la nuit dans sa chaumière par une blessure que Jonathas, son mari, avait reçue dans la journée : un sanglier qui tenait tête aux chiens, ayant foncé sur le garde, lui avait déchiré la cuisse d'un coup de boutoir. Au retour, Wilhelmine avait trouvé l'enfant calme comme elle l'avait quitté.

Ce n'était donc pas un songe, c'était une apparition ; mais cette pensée était trop terrible pour le comte, et il répéta :

— J'ai rêvé ! j'ai rêvé !

VII

Les événements qui, depuis cinq ans, heureux ou sinistres, sinistres plus souvent qu'heureux, marchaient avec tant de rapidité à Eppstein, se ralentirent un peu après cette solennelle apparition d'Albine. Depuis cette lugubre nuit de Noël, le séjour du château était devenu tout à fait insupportable au comte Maximilien ; chaque nuit, il se réveillait en sursaut, croyant entendre des pas dans l'escalier de la muraille. Le jour, il tressaillait chaque fois que Wilhelmine et son nourrisson se rencontraient sur son passage. Enfin, il n'y put tenir et prit la fuite devant ses remords. Un matin, il demanda sa voiture, et, une heure après, il était en route pour Vienne, emmenant son fils Albert.

C'était sur ce fils aîné que se concentraient désormais toutes les espérances et toute la tendresse du comte. Cet enfant, du moins, était bien le sien, et Maximilien aimait à se répéter que, de naissance et de droit, il serait un jour le chef de la maison d'Eppstein, qu'il continuerait l'ambition et qu'il succéderait aux titres de son père. Le comte avait résolu de faire donner à Albert l'éducation la plus complète et la plus brillante, éducation de gentilhomme, d'officier et de diplomate, de diplomate surtout. Au reste, ce fils chéri, unique, car son frère cadet ne comptait pas, n'avait pas trop perdu, non plus que son père, à l'alliance avec les Schwalbach, alliance malheureuse sans doute au point de vue du foyer, mais avantageuse par ses résultats politiques. Les Schwalbach étaient tout-puissants et fort bien apparentés. Tout ce qu'on savait à Vienne de la triste fin d'Albine, c'est qu'elle était morte en couche ; et on plai-

gnait fort ce pauvre comte, veuf une seconde fois après deux ans de mariage.

— Qu'est-ce, après tout, qu'un déshonneur qu'on ignore ? se disait Maximilien.

Et, comme avec cela sa conscience était un peu sourde, il ne tarda pas à s'étourdir dans tous les plaisirs bruyants de la cour, et dans tous les projets de grandeur qu'il formait pour lui et pour son Albert.

Quant à l'étranger, quant à Éverard (c'est le nom sous lequel le chapelain avait baptisé le fils d'Albine), le comte d'Eppstein ne s'en souciait guère, et n'y pensait pas plus qu'à son frère Conrad, à sa première femme et à Gretchen. Un bruit complaisant s'était répandu à Vienne ; la santé délicate de l'enfant exigeait, disait-on, qu'on le laissât dans l'air pur des montagnes : nouveau sujet, par conséquent, de s'apitoyer sur ce malheureux père forcé de se séparer de l'un de ses fils.

Heureusement, tandis que Maximilien recevait ces compliments de condoléance et s'appuyait de toutes ses forces sur les parents d'Albine, Éverard avait trouvé une mère. Wilhelmine relisait chaque jour la lettre de la comtesse, et exécutait pieusement le testament sacré de sa bienfaitrice. Acceptée comme nourrice par l'indifférent dédain du comte, elle avait, dans une exagération de sentiment propre aux âmes généreuses, donné plus de soins, sinon plus d'amour, au fils d'Albine qu'à sa propre fille. Au bout de sept mois, elle avait sevré sa petite Rosemonde ; mais, jusqu'à un an et plus, elle continua d'allaiter l'enfant adoptif de son cœur.

— Écoute donc, Jonathas, disait-elle à son mari, un peu jaloux de ces préférences, notre fille est notre fille, et nous n'avons à en répondre à personne ; mais ce pauvre orphelin, qui n'a que nous et Dieu, si nous le négligions quand sa mère est morte, et quand son père l'oublie, qu'est-ce que penserait Madame ?... Et puis il est si faible, le cher petit ! tandis que Rosemonde est forte et bien portante.

Wilhelmine fut donc pour Éverard la mère la plus tendre et la plus dévouée, et, hormis le soir fatal où elle fut forcée de le laisser pour soigner son mari blessé, elle ne le quittait jamais plus d'un quart d'heure. Grâce à ces soins de tous les instants, l'enfant vint si bien, que c'était merveille, et il y avait plaisir à les voir, Rosemonde et lui, blanches et charmantes créatures, s'ébattre sur le gazon.

Des années s'écoulèrent, et les goûts d'Éverard se développèrent un peu sauvages et assez peu studieux. Il apprit bien, en même temps que sa sœur de lait Rosemonde, à lire et à écrire ; mais, comme Rosemonde n'apprenait pas le latin ni l'histoire, il ne voulut pas entendre parler de l'histoire ni du latin, que dom Aloysius le chapelain tenait fort à lui enseigner. Il aimait beaucoup mieux courir dans les bois avec Rosemonde, ou suivre de ses petites jambes Jonathas à la chasse; ce qui n'empêchait pas que ce ne fût un grand bonheur pour lui d'écouter le soir, assis près de Rosemonde, aux pieds de Wilhelmine qui filait, quelque histoire de revenant ou de fée, contée par Jonathas ou par le vieux Gaspard.

Au reste, si l'éducation de l'esprit lui manquait, celle du cœur, celle que sa mère avait demandée pour lui à Wilhelmine, lui était largement donnée. D'abord, il n'y avait qu'à regarder faire la sainte femme du garde-chasse pour s'instruire en douceur et en piété; puis, soir et matin, dès qu'Éverard fut en âge de comprendre, Wilhelmine le mena faire sa prière dans les caveaux funéraires du château, sur le tombeau de sa mère, et, la prière achevée, elle lui parlait de l'ange qu'il avait perdu sur la terre, mais qui veillait encore sur lui dans le ciel.

— Songez, Éverard, lui disait-elle, que votre mère vous voit, vous suit sans cesse; qu'elle est présente à toutes vos actions; qu'elle sourit de vos bonnes pensées et pleure de vos fautes. Songez que son corps est dans le tombeau, mais que son âme est partout où vous êtes.

L'enfant s'efforçait alors d'être sage et docile afin de faire sourire sa mère. Quand il avait commis quelque délit de son âge, il rougissait et se retournait comme s'il allait rencontrer le regard triste de son invisible témoin. Cette pensée devint pour lui une seconde religion. Sa jeune imagination frappée crut même voir plus d'une fois, ou, qui sait? vit peut-être, dans le silence de la nuit, une ombre blanche, qui ne lui faisait pas peur, debout à côté de son lit, le contemplant avec amour : et il tendait ses mains vers elle; mais elle lui disait :

— Dors, mon Éverard, dors, le sommeil est bon aux petits enfants.

Et il se rendormait doucement, et, ces nuits-là, il faisait les plus charmants rêves.

Le lendemain, il ne manquait pas de tout raconter à Wilhelmine, et Wilhelmine ne le détrompait pas; elle ne voyait pas de danger à cela, la digne femme, et y en avait-il réellement? Où était le risque, pour cette jeune âme, de croire à la présence d'une céleste gardienne de son enfance? Wilhelmine, d'ailleurs, y croyait la première.

— Madame a dit, pensait-elle, qu'elle ne quitterait ni la nourrice ni le nourrisson.

Bien souvent il lui arrivait de parler tout haut à la trépassée, et de lui demander aide et conseil. Éverard s'accoutuma, à son exemple, à l'invoquer, et il disait *ma mère* comme on dit *mon Dieu*. La morte vivait toujours dans ces deux cœurs.

Nous ne parlons pas de la petite Rosemonde; elle devenait pourtant, en grandissant, jolie comme les amours et bonne comme les anges. Gracieuse et tendre créature, elle était toute gentillesse et toute douceur. Éverard l'adorait et lui cédait en toute chose. Wilhelmine pleurait de joie en voyant, le dimanche, à la chapelle, ses deux enfants agenouillés à quelques pas devant elle, et priant pour elle qui priait pour eux.

Le comte Maximilien resta sept années absent; la politique l'avait pris dans son tourbillon. Au bout de ce temps, il vint passer quinze jours à Eppstein, non pour voir son fils, mais pour toucher les fermages et renouveler les baux. C'est à peine s'il demanda à voir Éverard ; il n'avait d'yeux que pour son Albert, qui, du reste, lui ressemblait en tout, et qui joua mille méchants tours à son frère et aux gens du château.

Le chapelain crut devoir faire part au comte de la résistance d'Éverard à tout enseignement.

— Eh! mon Dieu, laissez-le, dit Maximilien au grand étonnement de dom Aloysius, laissez-le; qu'il fasse ce qu'il voudra, et qu'il devienne ce qu'il pourra, peu m'importe... Qu'a-t-il besoin de savoir quelque chose, étant destiné à n'être rien?

Au bout d'une semaine de séjour au château, le comte Maximilien repartit pour Vienne avec Albert.

Deux autres années passèrent encore calmes et heureuses sur la maison du garde-chasse, que les deux enfants égayaient de leurs francs rires, et parfumaient de leurs haleines pures. Éverard et Rosemonde avaient chacun dix ans. La douleur annonça son retour à Eppstein par la mort presque subite de dom Aloysius. Le vénérable vieillard, chargé d'ans et de vertus, s'éteignit doucement en feuilletant un in-folio sur lequel on le crut endormi, tandis qu'il était mort. Ce fut le premier chagrin d'Éverard, qui ne put s'empêcher de pleurer le cher maître qui n'avait été pour lui que trop faible et trop indulgent.

Cette douleur, hélas! n'était rien à côté de celle qui l'attendait, le pauvre enfant!... Dom Aloysius avait fourni une longue carrière, après tout; sa mort était dans le cours naturel des choses, et il restait le dernier survivant de tous les siens. C'était le contemporain du vieux comte Rodolphe et de la vieille comtesse Gertrude, qui dormaient déjà depuis dix ans dans leurs tombeaux. Il fermait l'ère des ancêtres. Mais Wilhelmine, la bonne, l'utile ménagère, sa jeune vie n'était-elle pas nécessaire encore à deux enfants? ne tenait-elle pas aux entrailles de toute sa famille?

Dieu rappela pourtant à lui la femme de vingt-neuf ans, presqu'en même temps que le vieillard de quatre-vingts. On mourait jeune dans la famille de Wilhelmine. Sa mère s'était de même prématurément éteinte, comme aussi, sans doute, sa sœur Noémi, et Wilhelmine alla les rejoindre, ainsi que sa maitresse qu'elle avait servie si fidèlement jusque dans la tombe.

Depuis longtemps, au reste, sa santé avait donné de graves inquiétudes. Toute blonde et rose qu'elle était, dom Aloysius avait reconnu chez elle les symptômes de la maladie des corps faibles et des cœurs tristes. Depuis longtemps, Wilhelmine devenait plus pâle de jour en jour, et cependant, de jour en jour, à la moindre émotion qu'elle éprouvait, de plus vives rougeurs passaient sur son visage. A chaque automne, elle s'affaiblissait sensiblement. On eût dit que vivant de la même vie que les fleurs, elle devait disparaître avec les lis, dont elle avait la blancheur et la modestie, et avec les roses, dont elle avait le pâle éclat et les parfums. A chaque printemps, comme si cette vie régénératrice qui se répand dans toute la nature s'épanchait aussi en elle, elle se reprenait à un mieux factice qui n'était qu'une fièvre plus ardente. Les deux enfants, ignorant les causes de cet éclat fébrile, la regardaient alors, et lui disaient, en lui jetant leurs bras au cou :

— Oh ! comme tu es belle, petite mère !

Alors Wilhelmine souriait tristement, car elle ne s'abusait pas sur son état; elle serrait ses chers enfants sur son cœur; et lorsqu'ils lui disaient, en la regardant avec étonnement :

— Pourquoi pleures-tu ?

Elle leur répondait :

— Parce que je suis trop heureuse.

Cependant, vers le commencement de l'année 1802, Wilhelmine sentit, à sa faiblesse croissante, que le mal allait faire de plus rapides progrès; alors, pour ne pas user le peu de forces qui lui restaient, Wilhelmine renonça aux longues courses dans la forêt, courses qui faisaient les délices des deux enfants, elle se renferma dans sa chambre sans se plaindre, car une plainte d'elle eût éveillé des soupçons, et, par suite, la tristesse dans toute la famille. Elle se renferma, disons-nous, dans sa chambre, qui bientôt, sous ses mains, et avec ses rideaux blancs, ses rameaux bénits à Pâques, prit l'apparence de ces reposoirs qu'on élève dans les villages le jour de la Fête-Dieu, et où Dieu s'arrête un instant, entre le parfum de l'encens et le parfum des fleurs.

Seul de toute la famille, le vieillard, plus près de la mort lui-même, sentait que la mort venait. Dans les belles soirées de l'été, lorsqu'on attendait le retour de Jonathas et que le vieillard était assis devant la porte aux derniers rayons du soleil couchant, regardant les deux enfants courir, cueillir les pâquerettes mêlées à l'herbe de la forêt, ou poursuivre les insectes emportés par la brise du soir, Wilhelmine apparaissait tout à coup sur le seuil de sa porte comme une pâle vision, venait sans bruit s'asseoir aux pieds de son père, et appuyer sa tête inclinée sur ses genoux tremblants. Alors, sans cesser de regarder le ciel, le vieillard laissait tomber sa main sur la tête de sa fille; Wilhelmine sentait frissonner cette main, et, sans changer de place, répondant à sa pensée muette par une parole à peine intelligible :

— Que voulez-vous, mon père ! murmurait-elle; cela doit être bon, puisque Dieu le veut ainsi.

Et le vieillard ne répondait pas, car un père ne comprend jamais que Dieu veuille que son enfant meure.

Quant aux deux enfants, ils ne s'apercevaient de rien, ils jouaient, ils chantaient, ils étaient heureux.

Enfin, Jonathas remarqua à son tour la faiblesse de sa femme, et la crainte le gagna. Il en dit deux mots à son père, qui alors lui apprit ce que depuis longtemps il avait deviné. Le lendemain Jonathas partit comme s'il allait faire sa tournée dans la forêt, et, vers le milieu du jour, il revint avec un médecin qu'il était allé chercher à Francfort. A cette vue, Wilhelmine frissonna, car elle comprit que son mari savait tout, et la pauvre femme souffrit de sa douleur.

Avec des riches, le médecin eût dissimulé, il eût donné des espérances pour se ménager une occasion de revenir; mais les pauvres sont les favoris de la vérité.

Le médecin dit tout.

D'abord, Jonathas refusa de le croire. Il avait craint une indisposition, rien de plus. L'idée que sa chère Wilhelmine pouvait lui être enlevée au tiers de sa vie ne s'était jamais présentée à son esprit. Il examina alors la pauvre malade avec plus d'attention, et il s'aperçut enfin des ravages affreux qu'avait déjà faits le mal. Alors, comme tous les hommes robustes et habitués aux fatigues physiques, mais dont l'esprit n'a jamais eu occasion de lutter contre les douleurs morales, Jonathas se laissa abattre tout à coup. Il passa le reste du jour et toute la soirée muet, à regarder Wilhelmine; toute la nuit, il veilla à côté de la chambre de sa femme. Puis, le matin venu, il décrocha son fusil comme d'habitude, fit quatre pas hors de la porte; mais il n'eut pas la force d'aller plus loin : il rentra, remit son fusil à sa place, et, quand Wilhelmine se leva (chaque jour elle se levait plus tard), elle trouva son mari assis sur un escabeau devant la cheminée et la tête dans ses mains.

La malheureuse femme s'avança droit à lui.

— Que veux-tu, Jonathas ! lui dit-elle; il faut du courage.

Jonathas voulut répondre; mais il sentit qu'il allait éclater en sanglots, et il s'élança hors de sa maison.

A partir de ce moment, la vie du pauvre gardechasse fut complètement désorganisée. Il sortait toujours le matin avec son fusil; mais il ne s'éloignait pas de la petite maison, qu'il ne pouvait se décider à perdre de vue. Malgré les précautions qu'il prenait pour se cacher, Wilhelmine le voyait souvent passer dans quelque clairière, ou bien les deux enfants revenaient tout tristes, se tenant par la main, et demandant à Wilhelmine :

— Petite mère, qu'a donc Jonathas ? Nous l'avons vu couché au pied d'un arbre : il pleurait.

Enfin, le moment vint où Wilhelmine cessa de se lever. Le soir seulement, au moment où le soleil se couchait, on ouvrait la fenêtre, et la mourante souriait mélancoliquement à son dernier rayon. Alors tout le monde se rassemblait dans sa chambre. Les enfants apportaient de gros bouquets de fleurs qu'ils mettaient sur son lit, Jonathas apportait la Bible, qu'il présentait à son père, et le vieillard lisait quelque sainte et sublime histoire, tandis que Wilhelmine priait, que Jonathas pleurait, et que les deux enfants faisaient silence, assis à côté l'un de l'autre dans un fauteuil appuyé au lit de la malade.

Un matin, Wilhelmine se sentit plus mal que d'habitude, et ce fut elle-même, ce jour-là, qui dit à Jonathas de ne pas sortir. Les deux hommes demeurèrent donc presque toute la journée auprès d'elle. Quant aux deux enfants, ils passèrent leur temps comme d'habitude, à entrer et à sortir, emportant les fleurs fanées et rapportant des fleurs nouvelles. Plus Wilhelmine se rapprochait de la mort, plus elle aimait les fleurs. Depuis quelques jours, elle ne semblait plus vivre que de leurs parfums.

Le soir, la lecture eut lieu comme d'habitude ; mais, à la fin de la lecture, Wilhelmine s'évanouit. On s'en aperçut à un léger soupir. Jonathas s'élança près d'elle. Au premier moment, il la crut morte, et jeta un cri.

Wilhelmine entendit ce cri du fond de son évanouissement et rouvrit les yeux.

— Pauvre ami ! dit-elle en tendant sa main froide et humide à Jonathas, pauvre ami ! Et moi aussi, crois-moi, cela me déchire le cœur, de te quitter si tôt et quand tu as encore besoin de moi, toi qui m'as tant aimée ; mais le Seigneur le veut. Sois ferme, sois homme. Par bonheur, le plus fort de ma tâche est accompli ; les enfants sont à moitié élevés et se portent bien. Je n'ai jamais trouvé le courage de me séparer de Rosemonde, j'ai eu tort ; et, quand je n'y serai plus, mon ami, je te prie de la conduire à Vienne, au couvent du Tilleul-Sacré, où tu remettras à la supérieure la lettre de ma bonne maîtresse ; on achèvera là d'élever notre enfant selon Dieu ; n'y manque pas, entends-tu bien ? Veille toujours sur Éverard, remplace-moi près de lui, et sa mère t'accompagnera partout comme elle m'accompagnait. — Éverard ! écoutez, vous aussi... Vous voilà grand et raisonnable, et vous irez prier sans moi matin et soir sur le tombeau. N'y manquez pas un seul jour, tant que vous resterez ici, mon enfant. Respec-

tez votre père, mais aimez votre mère. Je vous recommande votre sœur Rosemonde. Et toi, Rosemonde, ma fille, ne cesse pas d'être pieuse et charitable, montre-toi digne de la sainte maison où tu vas entrer, et aie toujours devant les yeux l'exemple de la noble protectrice dont je t'ai si souvent raconté les vertus.

Les enfants se mirent à pleurer, sans trop savoir ce que cela voulait dire, et parce que tout le monde pleurait.

Wilhelmine se tourna ensuite vers Gaspard, debout derrière son mari, qu'il dépassait de toute la tête, immobile et calme, vieux chêne qui voyait périr tous ses rejetons.

— A vous, mon père, que dirai-je ?... à vous qui, douleur vivante, ensevelissez tous vos enfants !

— Dis-moi au revoir, ma fille, répondit gravement le vieillard, car c'est moi qui te rejoindrai le premier. Si mes vieilles mains doivent encore coudre ton jeune linceul, notre séparation du moins sera le moins longue, et la sainteté de ta mort m'est encore une consolation. Nous nous retrouverons aux pieds de Dieu, Wilhelmine. Je m'en irais tout à fait tranquille, hélas ! si je savais que ta sœur Noémi a fait une fin aussi chrétienne, aussi pure que la tienne.

— N'en doutez pas, mon père, n'en doutez pas. Moi, je ne fais que mourir ; Noémi avait souffert. Mais ne parlez pas encore de nous rejoindre, mon père ; vivez pour enseigner la résignation à Jonathas, vivez pour veiller sur mes deux enfants ; ils n'ont que la vie pour vous avoir, eux ; et, Noémi et moi, nous aurons l'éternité pour vous attendre.

Puis, sentant qu'elle s'affaiblissait encore, et voulant épargner à son mari la douleur de l'adieu suprême :

— Je sens que je vais un peu mieux, dit-elle ; retirez-vous, je voudrais dormir.

Jonathas fit mine d'emmener les deux enfants.

— Non, laisse-les, dit Wilhelmine ; ils dormiront dans le fauteuil.

La pauvre femme ne voulait pas mourir seule.

Jonathas se retira, croyant véritablement au sommeil ; mais Gaspard découvrit la vérité ; il se pencha sur le lit de sa fille, la baisa au front, et, lui serrant les mains :

— A revoir au ciel ! lui dit-il.

Wilhelmine tressaillit ; puis, le plus bas qu'elle put et pour que son mari ne l'entendît pas :

— Adieu ! répondit-elle.

Les deux hommes sortirent. Jonathas, écrasé de fatigue, s'endormit ; Gaspard se mit en prières.

Au bout d'une heure, n'entendant plus rien, il descendit, entr'ouvrit doucement la porte de la chambre : Wilhelmine semblait endormie ; on eût dit une belle madone de cire couchée sur son lit couvert de roses. Elle tenait dans ses mains les deux mains réunies de Rosemonde et d'Éverard.

Les deux enfants ne dormaient pas : ils regardaient.

— O grand-père, dirent-ils en apercevant Gaspard, nous avons bien peur, va ! Petite mère ne nous répond plus, et sa main est si froide, qu'elle glace nos mains.

Gaspard s'approcha du lit de sa fille : Wilhelmine était morte.

Le lendemain, en revenant d'ensevelir sa femme, le bon Jonathas, plus faible que le vieux Gaspard, se laissa tomber à genoux à la place que sa femme occupait d'ordinaire... Tout à coup, il sentit de petits bras qui l'enlaçaient, et deux bouches roses se posèrent sur ses joues brunes inondées de larmes. Il regarda les deux enfants et se trouva un peu consolé.

Cette même année, le comte Maximilien d'Eppstein eut aussi sa consolation : il fut nommé conseiller intime.

VIII

Ce fut une nouvelle et affreuse douleur pour Éverard quand il lui fallut se séparer de Rosemonde ; il venait de connaître la mort, il allait apprendre l'absence.

Cependant, malgré les pleurs et les prières d'Éverard, Jonathas, pour remplir le dernier vœu de Wilhelmine, conduisit sa fille à Vienne. Comme l'avait prévu la pauvre Albine, sa lettre ouvrit à sa filleule les portes du couvent du Tilleul-Sacré, et Rosemonde fut reçue par l'abbesse comme si elle eût été la propre fille de la comtesse d'Eppstein.

Éverard avait quelque temps espéré être du voyage ; mais le garde-chasse lui avait fait comprendre qu'il n'avait pas le droit, sans une permission du comte, de l'emmener à Vienne.

Éverard était donc resté seul et bien triste avec le vieux Gaspard.

Le retour de Jonathas n'avait pas même ramené sa gaieté ; seulement, Éverard lui avait fait redire vingt fois où était ce couvent, et comment était la chambre de Rosemonde. La chaumière, si joyeuse autrefois, si pleine de cris et de chants, était devenue morne et muette ; ses habitants restaient, la plupart du temps, tous trois taciturnes et sombres en face les uns des autres : le vieillard, l'homme et l'enfant.

Gaspard ne quittait plus la maison et le jardin ; il restait presque toujours assis sur le banc de la porte quand il faisait beau, et sur une chaise près du foyer quand il pleuvait ; là, pensif, les yeux fermés, il regardait en lui-même vivre ses souvenirs et sourire ses deux filles, Noémi et Wilhelmine.

Jonathas, quelque temps qu'il fît, jetait dès le matin son fusil sur son épaule, sifflait ses chiens, s'enfonçait dans la forêt, et, le plus souvent, revenait le soir sans gibier ; il avait passé la journée à errer dans les endroits les plus sombres, ou bien il avait laissé passer le temps, couché au pied d'un arbre. — L'âme de ces deux hommes était comme une horloge dérangée, arrêtée pour ainsi dire sur une douleur. Depuis que cette douleur était entrée en eux, ils semblaient ne plus exister ; ils respiraient, voilà tout.

Quant à Éverard, il était trop jeune pour que son ardeur et sa séve restassent ainsi glacées par le chagrin ; mais, dans sa retraite profonde, loin de toute relation humaine, sans famille, sans confident, n'ayant vu du monde entier que le château et la forêt d'Eppstein, n'ayant connu des hommes que Gaspard et Jonathas, n'ayant d'autre amour que l'amour filial qu'il portait à Wilhelmine morte et l'amour fraternel qu'il portait à Rosemonde absente ; cloîtré pour ainsi dire dans sa propre pensée, qui n'avait pas un cœur où se répandre, il laissait son esprit obéir à la direction de son instinct, et se formait un caractère au fond généreux et droit, mais heurté, sauvage, étrange. Seul avec lui-même, ses premières impressions d'enfant devinrent ses convictions de jeune homme, et il se fit des passions et des croyances inaltérables, des sentiments naïfs, mais faux, qu'il aurait vus tomber d'eux-mêmes s'il avait trouvé, dans les livres, quelque point de comparaison ; dans la vie, quelque conseiller ou quelque guide.

Il en résulta que son imagination prit la place de son jugement. Fidèle aux terreurs et aux amours dont la bonne Wilhelmine avait fait en quelque sorte le fond de son cœur, il voyait partout et toujours sa mère ; n'avait d'autre amie, d'autre pensée, d'autre bonheur que sa mère ; il vivait sans cesse avec cette morte, si bien que toute son existence était une vision.

Le témoin, le confident, le complice de cette apparition constante et sainte était la verte forêt d'Eppstein.

Nous avons déjà essayé de peindre ce vaste bois, sombre, noir, profond, solitaire, sublime et comme sacré, cette sorte de *lucus* antique dont le vent semblait l'âme attristée. Il y avait de tout dans ce bois, pareil au génie complet d'un homme : il y avait des ravins au fond desquels le jour ne descendait jamais ; il y avait des sources murmurantes qui causaient avec les oiseaux ; il y avait de larges quartiers de granit blancs à la lune, gris au soleil, ruines de la nature ; il y avait des pans de muraille écroulés, des donjons éventrés, des caves découvertes, ruines de la société. Ces tours inquiètes, penchées sur la vallée dont elles dominaient les chemins, avaient l'air de regarder si les barbares ne revenaient pas. Les fantômes devaient aimer à reparaître au milieu de ces débris de l'histoire, fantômes eux-mêmes des temps disparus.

Éverard connut bientôt son verdoyant univers dans tous ses détours : clairières, fourrés, taillis, rien pour lui n'y était secret; il avait grimpé à tous les arbres, il était descendu dans toutes les profondeurs, il avait embrassé tous les horizons; on le voyait courir sur le bord des abîmes, descendre par le lit des cascades, sauter d'un bond du chêne au peuplier; il jouait avec cette forêt comme un enfant avec sa nourrice, et la forêt le respectait, l'aimait et lui souriait.

Il y trouvait tout familier et ami; mais lui, de son côté, était bon et inoffensif pour tout ce qui l'entourait; il n'arrachait pas les branches des arbres, il n'écrasait pas du pied les fleurs, il ne chassait pas, comme Jonathas, les cerfs et les biches; il plaignait même le hibou et avait pitié des couleuvres: volontiers il eût dit, comme ce charmant saint François d'Assise, qu'il ne connaissait pas pourtant: *Chevreaux, mes frères! hirondelles, mes sœurs!* Aussi, les daims qui venaient se désaltérer au ruisseau près duquel il était assis ne s'effarouchaient pas, et les petits oiseaux ne s'envolaient pas de l'arbre au pied duquel il se reposait: ils continuaient, au contraire, à battre des ailes et à chanter leurs chansons. Tous les hôtes de ces épais ombrages lui faisaient les honneurs de leur gîte, devinant sans doute en lui un être innocent et bon comme eux.

Le vieux bois n'était pas, d'ailleurs, pour le jeune homme seulement une retraite, une maison, un nid; c'était encore autre chose, c'était plus que tout cela; c'était, avec le caveau funèbre du château, l'endroit où il revoyait sa mère. Dans la tombe, sa mère était morte; sous ce bois, elle vivait comme lui et avec lui.

Quand une fois Éverard s'était enfoncé dans quelque sentier bien tranquille, s'il voulait voir Albine, il n'avait qu'à fermer les yeux; parfois même, de ses yeux ouverts, de ses yeux mortels, il la voyait, l'âme céleste. C'était elle qui le soutenait lorsqu'il se suspendait à quelque racine d'arbre au-dessus d'un précipice, lorsqu'il franchissait des abîmes, lorsqu'il s'aventurait sur des pierres croulantes, et elle ne se contentait pas de lui apparaître et de l'aider; elle lui parlait souvent, elle le conseillait toujours. La voix qu'elle empruntait alors, c'était celle de la forêt même, voix tantôt douce et tendre, tantôt grave et sérieuse, quelquefois grondeuse et terrible.

A l'aube, par exemple, à l'aube d'une journée de mai, quand le soleil, éclatant sur l'horizon, faisait un diamant de chaque goutte de rosée, un orchestre emplumé de chaque arbre, une cassolette de chaque fleur; quand tout chantait, embaumait, resplendissait, et que la brise, suave comme les lèvres d'une amante, caressait le front d'Éverard, notre solitaire,

étendu sur le gazon, inondé de lumière et tout enivré de la nature, se croyait dans les bras de sa mère, lui envoyait mille baisers, et, en prêtant l'oreille, l'entendait dire : « Mon Éverard, mon enfant chéri, tu es beau et bon, je t'aime! souris-moi, je t'aime! regarde-moi, je t'aime! » et toutes sortes de ces paroles flatteuses et caressantes dont les mères ont coutume de bercer leurs enfants quand elles les tiennent sur leurs genoux. Et plus le soleil montait, plus les expressions de la mère devenaient tendres et ardentes, plus aussi l'esprit du fils s'animait et se réchauffait aux flammes vivifiantes de cet amour : c'était un bonheur, un délire; qui eût dit alors à Éverard qu'il était orphelin l'eût bien étonné.

Presque autant que les beaux jours de la belle saison, il aimait certaines journées d'hiver, les jours de neige surtout. La neige, triste aux villes, est si charmante aux bois! cette robe blanche que revêt la terre est presque aussi gaie que sa robe verte du printemps. Ces jours-là aussi, Éverard croyait que sa mère était contente de lui, et il était content.

Albine ne causait pas toujours comme une mère avec son enfant; elle ne lui était pas seulement mère, elle lui était institutrice, et il y avait des moments où, dans de sérieux entretiens, elle essayait de le faire meilleur et plus fort. C'était, par exemple, aux heures solennelles du soir, quand l'ombre descend sur la terre et la réflexion dans les cœurs; tout va dormir, mais l'homme pense. Alors, avec les derniers bruissements des feuilles, avec les derniers gazouillements des oiseaux, avec les derniers rayons du soleil, la mère donnait de sages conseils à son fils; son éloquence, c'était quelque ruine rencontrée, quelque arbre droit et fort la veille et que le vent avait brisé le matin. Souvent aussi l'horizon s'élargissait devant Éverard: il était arrivé au sommet d'une montagne, et, en même temps que se développait à ses yeux la forêt tout entière, il entendait, là-bas dans le lointain, un grand murmure continu qui semblait le bruit de l'éternité. C'était le Mein qui roulait calme et puissant, argenté par les premiers rayons de la lune. Ainsi, entre la morte et le rêveur, tout servait de truchement, tout, même la pluie et son ennui grisâtre, le brouillard et sa morne mélancolie, qui le faisaient rentrer en lui-même, tout, jusqu'à l'orage où il entendait de justes reproches et qui jetait dans son cœur un effroi salutaire bientôt dissipé par un baiser du soleil perçant les nuages.

Ainsi se fit l'éducation d'Éverard, et son âme n'eut pour maîtres que les caprices du vent et l'ombre d'une trépassée.

D'ailleurs, il ne voyait, il n'entendait personne. Son père savait-il seulement qu'il avait un père. De temps en temps, on répétait autour de lui : « M. le comte ne reviendra pas à Eppstein cette année. » Que lui importait ? Ces paroles n'éveillaient dans son âme aucun écho, aucun souvenir. Il n'était ni triste ni content de l'abandon où on le laissait ; cet abandon, il y était habitué, il ne s'en étonnait ni ne s'en plaignait ; il ne disait pas : « Mon père ! » il disait comme tout le monde : « M. le comte ! »

Il y avait au château deux ou trois valets chargés de donner de l'air aux chambres ou d'entretenir le jardin ; mais Éverard ne s'occupait pas d'eux, et ils ne s'occupaient pas de lui. Il avait bien sa chambre à Eppstein, mais il l'occupait rarement ; le plus souvent il allait passer la nuit sous le toit de Jonathas. Là, il était plus près de sa chère forêt ; d'ailleurs, tout l'été, pour peu qu'il fît beau, sa chambre était la forêt même.

Au plus épais du bois, sur le bord d'un ruisseau qui, en cet endroit, plus large et plus impétueux, y déversait presque un torrent, il avait trouvé une sorte de grotte naturelle formée par l'excavation d'une roche très-haute et très-escarpée. Ces bords rudes et étranges l'avaient enchanté tout d'abord, et, quand il y découvrit une retraite charmante cachée aux regards par un buisson d'aubépines et par un figuier sauvage, il se crut dans un paradis. Sur la rive opposée s'élevait une montagne presque à pic, couverte de gigantesques sapins ; la sombre verdure de ces arbres jointe aux rugissements du torrent, ajoutait à la scène je ne sais quelle lugubre sublimité. C'était sévère et grand.

La mélancolie du lieu n'était pas, d'ailleurs, sans être parfois déridée par quelque beau reflet doré descendant le long des pierres du haut de la montagne et par quelque faible senteur exhalée de l'orage, et semblable à une bonne action cachée. Éverard ne saisissait nulle part mieux que là cette douce et mystérieuse musique qui, disait-il, accompagnait partout ses pas et donnait le ton à toutes ses actions et à toutes ses idées.

— Ne l'entendez-vous pas ? demandait-il.

— Non.

— Eh bien, je l'entends, moi ; elle m'entraîne, elle m'enveloppe ; c'est dans ce nuage mélodieux qui marche partout avec moi que j'ose me confier à ma mère, lui raconter mes désirs, mes chagrins, mes joies, et lui demander ses avis.

Dans ce coin de vallée perdu, Éverard passait donc la plupart de ses nuits et la moitié de ses jours. C'est là qu'il grandit, c'est là qu'il vécut heureux, en se souvenant de sa mère et de Wilhelmine, et, disons-le, en attendant, en espérant Rosemonde. Un regret, un rêve, n'est-ce pas là toute la vie ? Et, quand notre songeur eût cherché dans les voyages, dans le mouvement, dans le trouble, des émotions et des plaisirs, y eût-il trouvé quelque chose de plus que dans sa solitude embaumée ?

Oui, il souhaitait ardemment le retour de Rosemonde ; la petite compagne de son enfance n'était pas sortie de sa mémoire ; il l'avait sans cesse devant les yeux avec son béret noir, d'où s'échappaient les boucles de ses cheveux blonds, avec son minois rose, sa moue boudeuse, son sourire espiègle ; il se rappelait leurs jeux, leurs querelles, et la grave protection dont il l'entourait. C'était d'elle seule qu'il parlait à Jonathas et au vieux Gaspard ; quand ceux-ci lui répondaient, c'était d'elle seule qu'il était question. Rosemonde fut ainsi pour Éverard le seul lien qui le rattachât à la vie de ce monde. Pour le reste, il était en tous points semblable, malgré ses quatorze ans, à Jonathas, qui en avait quarante, à Gaspard, qui en avait quatre-vingts. Grave et taciturne comme l'homme et le vieillard, il venait s'asseoir près d'eux à leur foyer sans rien dire, et eux non plus ne l'interrogeaient pas, ne lui demandaient jamais d'où il venait, ce qu'il faisait, ce qu'il comptait faire.

Quand on recevait par hasard une lettre de la pensionnaire du Tilleul-Sacré, c'était fête dans la maison du garde-chasse. L'enfant sautait de joie, le père essuyait une larme d'attendrissement, et l'aïeul lui-même sortait de son extase contemplative. Puis Gaspard et Jonathas écoutaient avec recueillement la lecture de la bienheureuse lettre, dont se chargeait toujours leur jeune ami. Rosemonde parlait de ses compagnes, des progrès qu'elle faisait, des soins qu'on lui donnait, comme si elle eût été la fille d'un duc. Elle apprenait l'histoire, le français, le dessin, la musique, toutes sciences dont Éverard savait à peine le nom. Aussi, ce qui lui agréait le plus, c'est quand Rosemonde retournait par la pensée à Eppstein près de son vieux grand-père, de son père Jonathas et de son cher frère Éverard. La lettre lue, on la relisait, puis on la commentait, puis on la relisait encore. Ces soirs-là, la lampe et le feu brûlaient tard dans la salle boisée de Jonathas. Le lendemain, les trois solitaires pensaient certes, chacun de son côté, à l'absente, mais ils ne s'en parlaient plus.

C'est dans cette profonde retraite, dans cette liberté absolue, parmi les apparitions, au milieu des pins séculaires et sur la limite du merveilleux et du ciel, que s'écoula l'enfance songeuse d'Éverard. Il n'ouvrit, pendant des années, d'autre livre que celui que la nature lui présentait à chaque heure ; il n'adressait la parole à personne autre que ses deux amis muets et sérieux, Gaspard et Jonathas. Quand un bûcheron, un paysan des environs se trouvait sur son passage, il s'enfuyait comme un faon effarouché. Quand la Bible du vieux Gaspard lui tombait entre les mains, il ne dérangeait pas la page marquée, et se contentait de suivre machinalement, d'un œil distrait, les caractères noircis où il avait vu autrefois se poser les doigts de Wilhelmine près du petit doigt de Rosemonde, alors que la jeune femme apprenait à ses petits enfants à épeler.

Était-elle pourtant muette — nous ne le croyons pas — l'âme de cet ignorant sublime qui avait appris à épeler dans la Bible et à lire dans une fosse? Était-elle aride, cette âme faite de foi et d'amour, cette âme féconde en éblouissements, en surprises, en féeries surhumaines, comme un conte des *Mille et une Nuits;* cette âme naïve, pure, chevaleresque comme une légende des bords du Rhin; pareille enfin à ces cathédrales où la fantaisie arabe s'épanouit en fleurs si charmantes sur le fond de la gravité chrétienne.

Cependant, les jours s'écoulaient doucement. Il se trouva, un matin, que cinq ans s'étaient passés sans apporter, comme nous le disions en commençant, un changement à Eppstein; seulement, Éverard et Rosemonde avaient quatorze ans, et Jonathas, à la grande joie d'Éverard, parlait d'aller chercher Rosemonde à son couvent.

Pendant ces cinq ans, c'est-à-dire de 1803 à 1808, Napoléon avait accompli la plus belle moitié de son iliade. Mais le grand et terrible drame joué par la France et l'Europe ne nous regarde pas ici : nous ne sommes que l'historien d'un château et d'une chaumière entre Francfort et Mayence, et ces cinq années, si fécondes pour l'univers, furent pour ce château et cette chaumière si peu remplies, que ce n'est pas la peine d'en parler.

Vers ce temps-là, le vieux Gaspard, qui de jour en jour s'affaiblissait, ne trouva plus, un matin, la force de quitter son lit pour aller s'asseoir à son banc sur le seuil de la porte, ou même à son fauteuil, près de la cheminée. Il appela Jonathas.

— Mon ami, lui dit-il, je sens que je m'éteins et que le froid de la mort me gagne.

— Faiblesse momentanée, mon père, répondit le garde-chasse ému plus qu'il n'eût voulu le paraître; nous vous garderons longtemps encore.

— Non, Jonathas, reprit le vieillard avec une fermeté calme, je n'ai plus, crois-le, que quelques jours à vivre; je ne m'en plains pas, je m'en réjouirais plutôt; néanmoins, avant de quitter ce monde, je souhaiterais encore deux choses. Que veux-tu! l'homme est un demandeur éternel, l'agonie même a ses désirs; je voudrais donc savoir d'abord ce qu'est devenue ma fille Noémi, disparue dans cette tourmente de la France; si je dois la retrouver là-haut, et si elle est morte saintement comme sa sœur. Ce souhait ne se réalisera pas, hélas! et pourtant Dieu sait que l'accomplissement de ce vœu rendrait ma mort deux fois plus paisible. Mais le second souhait, tu peux le satisfaire, Jonathas.

— Parlez, mon père.

— Jonathas, ne verrai-je pas une dernière fois la fille de ma Wilhelmine?

— Mon père, je partirai demain pour Vienne.

— Merci, Jonathas; Dieu te bénira pour comprendre sur un mot les mourants, et m'accordera à moi, je l'espère, la grâce d'attendre ton retour.

Le lendemain matin, en effet, le garde-chasse se mit en route. Éverard le suivit jusqu'à la moitié du jour; il aurait bien voulu l'accompagner jusqu'au terme de son voyage, et sans doute il l'eût pu; qui se serait aperçu au château de son absence? Jonathas s'y refusa pourtant: quelqu'un devait rester pour veiller le grand-père. A trois heures donc, après avoir partagé avec lui son modeste repas, Éverard embrassa le voyageur, le chargea de mille vœux et de mille tendres paroles pour la petite Rosemonde, et reprit à pas lents le chemin d'Eppstein.

Quand il arriva à la forêt, il était neuf heures du soir; la nuit était tout à fait tombée, mais une nuit de juin, limpide, calme et bleue. D'une hauteur où Éverard s'arrêta, il put embrasser du regard toutes les harmonieuses ondulations du bois blanchissant à la lueur de la lune. Ce groupe de vallées et de coteaux avait réellement l'air d'une mer; on n'entendait que le cri du grillon, et un frisson du vent courait à peine à la cime des arbres; au ciel, les étoiles scintillaient; en bas, au fond, un étang immobile luisait comme un miroir d'argent. Dans cette ombre diaphane, les maisons, pâles, semblaient dormir, et les champs, tranquilles, rêver; on s'endormait soi-même dans la rêverie devant ce paysage fantastique, et une paix religieuse pénétrait le cœur.

Éverard s'assit sur l'herbe et songea. Une voisine avait promis de rester cette nuit-là près du malade, et l'air était si doux, si tiède, que le jeune homme résolut de ne rentrer qu'au matin.

Il avait besoin de rester seul, de penser, de causer avec sa mère, qui lui envoyait les caresses de cette brise; il avait besoin de récapituler sa vie, de revoir son passé, d'imaginer son avenir; il lui semblait qu'une ère nouvelle allait s'ouvrir pour lui, et, comme le voyageur, parvenu au sommet d'une montagne, jette un dernier coup d'œil sur la vallée qu'il a parcourue, il donnait un regard d'adieu aux jours écoulés. Bien peu d'événements, mais beaucoup de pensées et de sensations avaient rempli son existence; aussi était-il à la fois naïf et profond; il avait l'esprit simple d'un enfant avec le cœur ardent d'un homme. Cette nuit-là, cœur et esprit, il sentait tout troublé en lui, comme devant une crise de sa destinée; les ombres chères ou indifférentes qui avaient traversé ses jours repassèrent à ses yeux, et le saluèrent. Tandis qu'Albine, fidèle témoin, se tenait debout à ses côtés, il vit dans une sorte de songe lumineux, d'abord Wilhelmine, sa seconde mère, puis son bon vieux maître Aloysius; puis, dans le lointain, son père, le sourcil froncé, et son frère, méchant et moqueur; mais il détourna d'eux ses regards avec effroi, pour les reporter avec amour sur la noble et belle figure du vieux Gaspard, sur le visage doux et triste de Jonathas.

Alors, descendant de plus en plus en lui-même, cet enfant, aimé seulement de deux mortes glacées et de deux hommes silencieux, se trouva bien seul au monde, et sentit qu'il lui manquait quelque chose, qu'il y avait dans son sein un vide qui n'était pas rempli, et que son âme appelait une autre vie; il se reprocha amèrement cette pensée, il la combattit, elle revint malgré lui. Il se figurait que sa mère devait être irritée de son ingratitude, et il n'osait fermer les yeux ni détourner la tête, de peur de la voir sévère et fâchée; il se trompait, il la trouva souriante et calme. Tous les morts n'ont pas la jalousie mesquine des vivants.

Heureux de n'être pas coupable en désirant autre chose que ce qu'il avait, Éverard songea alors à sa petite amie d'autrefois qu'il allait revoir, et je ne sais quelle joie inconnue lui remplit le cœur. Il ne se la figurait pas grandie et changée: non, il l'imaginait enfant et espiègle comme lorsque, cinq ans auparavant, il la portait dans ses bras, la peureuse, pour passer les ruisseaux. Il allait donc enfin oser être jeune et jouer et rire aux éclats; ils étaient du même âge, du même jour, ils se comprendraient, ils se parleraient, Dieu sait! Ce n'est pas avec Rosemonde qu'Éverard s'aviserait de se taire et de réfléchir, comme avec les hommes attristés ou avec la nature muette; près de sa vive et joyeuse compagne d'enfance, comme il courrait, comme il vivrait, comme il aimerait, comme il lui ferait gaiement les honneurs de la forêt familière !

Il ne vit rien de plus, rien au delà. Pour le moment, cette idée lui suffit, et, à cette idée, mille espérances et mille joies chantèrent en lui comme les oiseaux aux premiers rayons de soleil. Pour ne s'étendre qu'à quelques journées, son avenir n'en était pas moins immense; il s'enivra d'une divine attente, et, dans son fécond délire, il lui sembla qu'il aurait désormais deux cœurs.

Cependant les heures de cette poétique veillée passèrent vite, et l'aube couronna d'une vive lueur le sommet de la montagne où Éverard s'était assis. L'enfant passa la main devant ses yeux, offrit, selon sa coutume de chaque matin, son âme à Dieu et à sa mère, et se mit à descendre dans la vallée vers le village d'Eppstein.

La grotte chérie se trouvait sur son chemin ; Éverard ne voulut pas passer sans dire un bonjour à sa retraite préférée, qu'il n'allait plus revoir de quelques jours peut-être, s'il était retenu près de Gaspard.

Il ne tarda pas à entendre le murmure de la source qui arrosait son royaume de deux cents pas. Bientôt il l'embrassa tout entier. Mais il recula tout à coup en jetant un cri de surprise et d'indignation; son asile de fleurs, que nul ne connaissait, était violé ! Un homme, un étranger, était assis, le front dans ses mains, au bord du ruisseau.

Le premier mouvement d'Éverard fut un mouvement de colère jalouse. Il s'avança rapidement vers l'inconnu; ses pas étaient amortis par l'épais velours du gazon, et il arriva ainsi près du profane sans que celui-ci s'en aperçût; mais alors toute l'indignation du tendre enfant tomba. L'homme pleurait.

Il pouvait avoir de trente-cinq à quarante ans; il était petit et délicat, mais semblait nerveux et avait une physionomie belle et puissante. Son costume était grave comme son visage; sa redingote verte, boutonnée jusqu'en haut, laissait voir un bout de ruban rouge. Il y avait quelque chose de militaire dans son attitude et sa tournure.

IX

Un instant suffit à Éverard pour faire ces remarques, et tout de suite il se sentit pris d'une inexplicable sympathie pour cet étranger; c'était peut-être à cause des larmes qu'il voyait couler sur ses joues.

Après l'avoir contemplé quelques minutes en silence avec un attendrissement mêlé de respect, il lui dit de sa voix la plus douce :

— Bienheureux ceux qui pleurent !

— Qui me parle ainsi? dit le voyageur en se retournant. Un enfant!... Êtes-vous de ce pays, mon ami?

— Oui, Monsieur.

— Alors vous pourrez me donner les renseignements que je viens chercher. Dites-moi... mais tout à l'heure... la voix me manque; laissez-moi me remettre un peu.

— Oui, remettez-vous, Monsieur, dit Éverard touché de cette douleur vraie; remettez-vous et pleurez toutes vos larmes : les larmes sont bonnes presque toujours. Vous savez la légende des eaux de cette montagne? ajouta-t-il comme se parlant à lui-même. Un chevalier méchant et impie racontait à un saint ermite sa vie souillée, non par repentir, mais par dérision:

« — Que pourrais-je jamais faire, mon père, disait-il en riant, pour effacer tant et de tels crimes !

» — Rien que remplir d'eau cette gourde, répondit le saint homme.

» — Quoi! si peu ! et pour cette pénitence vous m'absoudrez?

» — Quand la gourde sera pleine, vous serez absous ; mais donnez-moi votre foi de noble homme que vous la remplirez, dit l'ermite.

» — Je vous la donne ; cette source, dont j'entends le bruit, n'est pas si loin.

» Mais la source se dessécha à l'approche du chevalier.

» Il alla au ruisseau ; le ruisseau se tarit.

» Il alla au torrent ; le torrent cessa de couler.

» Il alla à la rivière ; l'eau n'entra pas dans la gourde.

» Il alla au fleuve ; la gourde resta vide.

» Il alla à la mer ; la gourde ne s'y mouilla seulement pas.

» Alors, au bout d'un an de courses infructueuses, le méchant chevalier revint près du solitaire.

» — Vieillard, lui dit-il, tu t'es moqué de moi ; mais ce ne sera pas impunément.

» Et il frappa le saint homme au visage.

» — Ayez pitié de lui, mon Dieu ! dit l'ermite.

» — Demande grâce pour toi plutôt, reprit le chevalier.

» Et il poussa rudement l'ermite, qui tomba sur le sable.

» — Mon Dieu ! dit le solitaire, prenez toute ma vie de prières pour expier sa vie de péchés !

» — Tu te tairas, à la fin ! s'écria le chevalier hors de lui.

» Et il lui porta un coup de son épée.

» — Mon Dieu ! dit l'ermite en tombant, pardonnez-lui comme je lui pardonne !

» Alors enfin, en entendant ce cri évangélique, en voyant ce vieillard qui priait pour celui qui l'avait blessé, un grand déchirement se fit dans l'âme du chevalier : il se mit à trembler comme un enfant et tomba à genoux près du saint homme, et voici qu'une à une ses larmes tombèrent silencieusement dans la gourde aride : elle fut vite remplie. Cependant le chevalier pleurait toujours, et non-seulement il fut sauvé et absous par les larmes, mais ses pleurs de remords, allant se mêler à la source autrefois desséchée, donnèrent à toutes les eaux de ces montagnes la propriété de guérir les plaies du corps comme elles avaient fermé les plaies de l'âme.

» Pleurez donc toutes vos larmes, ajouta Éverard ; les larmes apaisent, les larmes consolent. »

L'étranger, d'abord distrait, avait ensuite relevé la tête avec surprise, et regardait en souriant le petit pâtre qui lui parlait ce langage mystique. Éverard, en effet, portait le costume d'un paysan de ces montagnes : guêtres et ceinture de cuir, large pantalon venant à mi-jambes, veste de velours brun, la chemise rabattue sur les épaules et rattachée au col par un anneau d'or, un chapeau de feutre gris avec une grande plume noire ; mais sous ces habits grossiers se révélait une distinction innée. Le regard ferme et profond n'était certes pas celui d'un rustre ; la pâleur de ce front avait une étrange poésie ; sous l'enveloppe frêle de ce corps délicat, on sentait une âme puissante ; enfin, dans la gaucherie timide et naïve de l'attitude se laissaient voir une grande honnêteté et une sincérité parfaite.

Ce fut donc avec une certaine déférence que le voyageur dit à l'enfant :

— Et qui êtes-vous, mon ami ?

— Le fils de la comtesse Albine d'Eppstein, répondit Éverard.

— Le fils d'Albine... Et où est-elle, votre mère ?

— Morte pour tous, excepté, bien entendu, pour son fils, reprit sérieusement l'enfant.

— Que voulez-vous dire ?

— Les morts ne vivent-ils pas toujours pour ceux qui les aiment ?

— Albine vit donc pour moi ! s'écria l'étranger avec un accent profond ; car Dieu sait si je l'ai aimée, la noble et sainte créature !... Et quand l'avez-vous perdue, hélas ?

— Le jour où je suis né.

— Au moins quelque chose reste d'elle sur la terre, et permettez-moi, mon enfant, de reporter sur vous l'affection que je lui avais vouée.

— Vous qui avez connu, et qui avez aimé ma mère, je vous aime et je vous reconnais, dit Éverard.

Et l'enfant ingénu, l'homme grave se donnèrent la main comme deux vieux amis.

— Vous ressemblez à Albine en effet, reprit l'étranger.

— Vraiment ? Oh ! que vous me faites plaisir en m'apprenant cela !

— Oui, voilà bien ses beaux yeux limpides, miroir de son âme céleste ; c'est sa voix que j'entends quand vous parlez, et qui va, comme autrefois, jusqu'à mon cœur. Mon enfant, comment vous appelle-t-on ?

— Éverard.

— Éverard, je vous le dis, votre mère revit en vous.

— Et elle revit pour moi, Monsieur, car, je vous le répète, elle n'est morte que pour les autres ; mais, moi, je l'entends, je la vois ; elle est ma confidente et mon appui. C'est elle qui met à cette heure dans mon âme la confiance et la sympathie que j'ai ressenties pour vous, moi si sauvage. Vous n'auriez pu me tromper, allez ; j'y vois clair à travers ma mère.

Alors Éverard raconta à son nouvel ami sa vie tout entière, si l'on peut appeler vie cette existence entre la tombe et la terre, cette vision perpétuelle de la mort, où la trépassée partageait l'existence du vivant, où le vivant était de moitié dans la mort de la trépassée, où l'enfant semblait presque un fantôme, où la mère était presque une réalité.

Ombres charmantes de l'Allemagne, anges et nymphes de la nature et de la vie, sylphes, ondines, sylvains, salamandres, je conçois que vous ayez aimé et gâté cet enfant, qui n'était pas moins gracieux que vous ! Et toi-même, Germanie, vieille panthéiste qui as l'univers pour religion et pour idéal, comme tu devrais, sœur européenne de l'Inde, te reconnaître dans ce fils amoureux des flots et des nuées, épris de l'infini palpable, et si tendrement respectueux pour une mère invisible et partout présente !

L'étranger écouta le bizarre récit d'Éverard gravement et sans sourire, comme un homme qui a sondé l'incertitude et la faiblesse de l'esprit humain sans avoir pu mesurer la toute-puissance de Dieu. Éverard, selon son habitude, parla peu du comte d'Eppstein. Le secret de la jalousie de Maximilien et de la dernière heure d'Albine était resté entre elle et Dieu, et le voyageur pleura sa mort étrange et subite sans y soupçonner un crime.

Il ne parut pas s'intéresser moins vivement à tout ce qui regardait la famille du garde-chasse.

— Vous avez donc aussi connu mon autre mère, Wilhelmine, puisque sa fin prématurée vous touche tant? lui dit Éverard. Elle et ma mère, vous les pleurez vraiment comme deux sœurs.

— Comme deux sœurs, en effet... Mais vous dites donc que le vieux Gaspard Muden vit encore, et que Wilhelmine a laissé à Jonathas une fille?

— Oui, ma sœur Rosemonde. Jonathas est parti hier pour l'aller chercher à Vienne, et, je le disais à ma mère cette nuit, il me semble que son retour va commencer pour moi une ère nouvelle.

— Et Jonathas reviendra-t-il bientôt?

— Ah ! je l'espère. Il faut qu'il se hâte, s'il veut accomplir un des derniers vœux de Gaspard, qui est couché à présent sur son lit d'agonie, et qui voudrait bien revoir sa petite-fille avant de mourir. Ce que les hommes peuvent faire pour contenter les mourants, il faut qu'ils le fassent. L'autre désir de l'aïeul dépend de Dieu seulement : ce serait de savoir si sa seconde fille Noémi est morte d'une mort pieuse ou vit d'une vie prospère; mais Noémi est en France, et ce souhait du pauvre vieillard ne peut être exaucé.

— Si fait, dit l'étranger.

— Et qui donc l'accomplirait?

— Moi.

X

Éverard offrit à l'étranger l'hospitalité dans la maison du garde-chasse, et son nouvel ami accepta l'offre avec empressement.

— Seulement, dit-il, je voudrais ne reparaître devant le vieux Gaspard que lorsque Jonathas sera de retour. Alors, et en même temps que la présence de sa petite-fille réalisera un des vœux du vieillard, je m'engage, moi, à réaliser l'autre.

Le voyageur inconnu parlait avec tant de confiance et d'autorité, qu'Éverard n'opposa à son désir aucune objection, et s'achemina pensif avec lui du côté de la cabane. Au fur et à mesure qu'ils approchaient, l'homme ralentissait le pas et semblait respirer avec plus de difficulté; une singulière émotion oppressait sa poitrine; quand il arriva devant la maison verdoyante de vignes, il s'arrêta tout à coup sans pouvoir avancer davantage. Éverard le regardait avec étonnement, mais n'osait l'interroger. L'étranger se remit enfin, entra dans la chaumière, et se laissa conduire par son jeune guide dans une chambre éloignée de celle du malade : là, il passa tout le reste de sa journée, soit à se reposer, soit à écrire des lettres. Puis, quand vint la nuit, une nuit transparente et claire comme celle de la veille, il pria Éverard, qui était venu lui faire une visite, de l'introduire au château. L'enfant avait la clef d'une petite porte du parc, et, on le sait déjà, les deux ou trois domestiques laissés à Eppstein par le comte Maximilien ne s'étonnaient ni ne s'inquiétaient de la présence ou de l'absence du fils de leur maître; Éverard put donc remplir le désir de l'étranger et le faire entrer dans la vieille demeure de sa famille.

L'homme et l'enfant entrèrent d'abord dans le jardin.

Là commencèrent les étonnements d'Éverard : ce jardin parut rappeler à son compagnon mille souvenirs. Il s'arrêta à chaque buisson, à chaque massif d'arbres; en passant devant un berceau, il alla s'asseoir sur un banc et brisa une branche de chèvrefeuille qu'il porta à ses lèvres. Du jardin, on passa au château. Rien n'y était changé depuis la mort d'Albine. L'étranger alla droit à l'oratoire : la petite chapelle n'était éclairée que par un rayon de la lune qui passait à travers les vitraux peints, et venait tomber juste sur le prie-Dieu de velours où la Bible était encore ouverte au dernier endroit où l'avait lue la trépassée. L'étranger s'agenouilla sur ce prie-Dieu, laissa tomber son front sur le livre saint et pria profondément.

Éverard se tint debout à la porte, regardant cet homme qu'il n'avait jamais vu et pour lequel cependant chaque objet semblait être un souvenir. Après un quart d'heure de prière, l'étranger se leva. Ce n'était plus Éverard qui le conduisait, c'était lui qui conduisait Éverard; il s'achemina vers la grande chambre, vers la chambre de famille, vers la chambre rouge.

A la porte, et comme il mettait la main sur la clef, Éverard mit la main sur sa main.

— Cette chambre était celle de ma mère.

— Je le sais, dit l'étranger.

Et il entra. L'enfant le suivit.

Cette chambre aussi n'était éclairée que par les rayons de la lune; mais ils jetaient une lueur assez vive pour que l'on pût distinguer chaque objet.

L'étranger alla s'appuyer contre un grand fauteuil de chêne.

— Ce fauteuil est celui de mon grand-père, le comte Rodolphe, dit l'enfant.

— Je le sais, répondit l'inconnu.

Alors il rapprocha ce fauteuil d'un autre fauteuil pareil.

— Ce second fauteuil est celui de ma grand'mère Gertrude, dit Éverard.

— Je le sais encore, répondit l'étranger.

Puis l'étranger se tourna vers la porte, et de là, regardant les deux fauteuils placés comme ils l'étaient, et qui sans doute, par cette position même, lui rappelaient quelque profond souvenir, il porta la main à ses yeux et se prit à pleurer.

Puis, après un instant de silence :

— Et maintenant, dit l'étranger, allons aux tombeaux.

Éverard voulut sortir, car il ne connaissait aux caveaux mortuaires de sa famille d'autre entrée que celle qui donnait dans la chapelle; mais l'étranger l'arrêta, et, le prenant par la main :

— Viens par ici, dit-il.

L'enfant, étonné, se laissa conduire par cet homme, qui semblait connaître mieux que lui le château de ses pères. L'étranger s'avança vers une partie de la tapisserie qui était située entre la fenêtre et la tête du lit, et appuya la main contre la muraille. Au grand étonnement d'Éverard, la muraille céda : un air humide vint frapper son visage, et ses yeux, habitués à l'obscurité comme ceux des animaux avec lesquels il passait ses nuits dans la forêt, découvrirent les premières marches d'un escalier.

— Suis-moi, dit l'étranger.

Et l'enfant, de plus en plus étonné, marcha derrière l'inconnu.

A mesure que les deux visiteurs nocturnes descendaient les marches de cette espèce de couloir pratiqué dans l'intérieur de la muraille, une pâle lueur semblait venir au-devant d'eux. C'était celle de la lampe qui éclairait les caveaux, et qui, par un ordre spécial d'un des ancêtres, devait brûler éternellement.

Éverard et l'inconnu arrivèrent à une petite grille. Cette grille était fermée : l'inconnu étendit la main, et, derrière l'angle d'un pilier, prit une clef suspendue à un clou et ouvrit la porte. Éverard se rappela avoir souvent, de l'intérieur des caveaux, remarqué cette grille, mais sans s'être jamais inquiété où elle donnait.

L'enfant alla s'agenouiller au tombeau de sa mère, et l'étranger à celui du comte Rodolphe. De ce tombeau, l'étranger passa à celui de la comtesse Gertrude, puis il vint à celui d'Albine. L'enfant était tellement absorbé dans sa prière, qu'il n'entendit point les pas de l'inconnu, qui s'approchait de lui.

Arrivé près d'Éverard, l'inconnu écouta la prière de l'enfant; mais, à son grand étonnement, ce n'était pas une prière, c'était une causerie; l'enfant ne priait pas comme on prie auprès du tombeau d'une mère morte : l'enfant parlait comme on parle à sa mère vivante. Puis il faisait des pauses, pendant lesquelles il écoutait et souriait. L'étranger s'agenouilla de l'autre côté du tombeau.

Ils restèrent ainsi longtemps, chacun d'eux semblant avoir entièrement oublié l'autre.

Enfin l'inconnu se leva, et, frappant sur l'épaule d'Éverard :

— Viens, lui dit-il, il est tard, et tu dois avoir besoin de repos.

L'enfant s'était endormi, la tête appuyée au tombeau de sa mère.

Le lendemain et les jours suivants, l'inconnu devint de plus en plus familier et paternel avec Éverard, qui, de son côté, depuis la scène du tombeau, lui avait montré beaucoup de tendresse. L'étranger profita du sentiment que l'enfant lui manifestait pour l'interroger sur son père, le comte Maximilien. Mais, sous ce rapport, hélas ! Éverard était bien ignorant.

— En vérité, dit l'enfant, je ne sais si je le reconnaîtrais moi-même ; tant d'années ont passé depuis que je ne l'ai vu, et il est parti si vite. Toute son affection, comme c'est juste, s'était portée sur mon frère aîné, sur Albert. Je ne m'en plains pas : de cette façon, il m'a laissé tout entier à ma mère, et ma mère m'aime pour deux.

L'étranger avait déjà remarqué que l'enfant parlait de sa mère, non pas comme d'une trépassée, mais comme si elle était toujours vivante. Cette espèce de lutte, dans laquelle un enfant semblait vouloir disputer l'amour d'une mère à la mort, rendit plus intéressant encore à ses yeux ce jeune homme, qu'il paraissait, du reste, aimer profondément.

Mais, en pénétrant plus avant dans l'amitié d'Éverard, l'étranger commença de s'apercevoir, et cela avec un grand étonnement, de l'ignorance de cet esprit si profond, si réfléchi, parfois même si subtil. Un jour, l'inconnu prononça devant l'enfant le nom de Napoléon, et l'enfant lui demanda quel était cet homme. Éverard était peut-être le seul en Europe qui ignorât ce nom, que répétaient à cette époque tous les échos du monde. L'inconnu lui fit connaître alors cette magnifique épopée, dont l'Égypte n'était qu'un chant et Austerlitz qu'un épisode : il lui dit enfin que Napoléon était un de ces rares génies qui apparaissent à des temps voulus, météores providentiels qui éclairent les peuples, et qui s'appellent César ou Charlemagne. Mais l'enfant ne connaissait pas plus les noms de Charlemagne et de César qu'il ne connaissait le nom de Napoléon.

Ainsi, quand l'inconnu raconta à l'enfant les Alpes, l'Italie et l'Égypte, celui-ci écouta avec un étonnement naïf ce premier retentissement de l'histoire dans sa solitude, comme il eût écouté un conte des *Mille et une Nuits* ; mais sa pensée était vaste et profonde, sa vie l'avait préparé au merveilleux et à l'infini : il cessa bientôt de s'étonner et admira seulement.

XI

Ce fut une belle mort, celle de Gaspard Muden, une mort comme n'en ont pas souvent les rois, entourés de princes et de serviteurs. De chaque côté de son chevet, Conrad d'Eppstein et Rosemonde lui tenaient la main, représentant sur la terre les anges invisibles du mourant, Wilhelmine et Noémi ; au pied du lit pleuraient Éverard et Jonathas.

Les deux souhaits des derniers jours de Gaspard étaient ainsi réalisés. La mort la plus heureuse couronnait sa vie éprouvée, et son dernier soupir fut éclairé d'un sourire divin, aube du ciel qui colorait dès ici-bas son visage.

Aussi, la douleur des enfants qui perdaient leur père fut tempérée par je ne sais quelle confiance sereine. Cette fin, calme et belle comme un coucher de soleil d'automne, leur paraissait une récompense ; et, quand, le lendemain au point du jour, selon la coutume des laborieuses campagnes, ils accompagnèrent au tombeau le corps de l'aïeul, leurs larmes ne manquaient pas d'une certaine douceur pleine d'une espérance indéfinie.

C'est à travers ces pleurs tempérés par la foi qu'Éverard aperçut d'abord la blanche et rayonnante figure de Rosemonde. Nous l'avons dit, il attendait, dans son étourderie naïve, l'enfant joueuse et rieuse qu'il avait connue ; il s'imaginait qu'il allait la prendre par la main et la tutoyer comme autrefois, et qu'il débuterait en l'abordant par une franche accolade fraternelle. Mais l'enfant était devenue jeune fille, et, en retrouvant son souvenir beau comme un rêve, Éverard resta timide et muet sans oser faire un pas vers sa sœur ainsi transformée ; il fallut même que sa silencieuse extase fût bien profonde, car elle lui fit oublier, une seule minute il est vrai, mais

toute une minute, et le vieil ami qu'il venait de perdre, et le frère de son père, qu'il venait de retrouver.

Rosemonde était, en effet, une ravissante créature ; déjà grande et formée à quinze ans, ce qui au premier coup d'œil frappait dans son aspect, c'était un éclat mêlé de charme, un air de sagesse et de bonté, quelque chose à la fois d'imposant et d'aimable. Il y avait dans son attitude une chasteté admirable, et dans sa ligne fine et pure de ses traits un calme infini. Son front lisse et ses yeux bleus semblaient le siége de toute paix et de toute douceur : elle était belle de l'éternelle beauté des statues, vivifiée par une grâce fière et un enjouement modeste, comme en a prêté le seul Raphaël à ses divines madones.

Qu'on se figure maintenant l'éblouissement que devait causer à notre sauvage Éverard cette resplendissante apparition descendue en sa solitude ! Toute simple que pouvait être Rosemonde dans sa démarche et ses vêtements, elle devait sembler une reine, une fée, un ange au jeune habitant de la forêt d'Eppstein, et cette première révélation de la beauté idéale remplit son âme d'un trouble inconnu. Il lui parut, à lui, fils de comte, que cette fille de paysan était élevée à une hauteur qu'il n'atteindrait pas. Il mesura comme un abîme entre elle et lui l'admiration ingénue qu'elle lui inspirait, et il se dit qu'il ne pourrait jamais combler cet intervalle immense.

Aussi ce fut Rosemonde qui, voyant que son ami d'enfance semblait ne pas la reconnaître, s'avança vers lui et lui tendit sa petite main blanche en lui disant doucement :

— Bonjour, Éverard.

Le charme était rompu. Pourtant les quelques mots qu'Éverard échangea avec Rosemonde étaient toujours marqués de ce respect étrange dont il s'était senti saisi à la première vue de celle qu'il avait jusqu'alors appelée sa sœur. Ce rapide entretien, fait à voix basse et la rougeur au front, fut bientôt interrompu. D'ailleurs, le jour de la mort de Gaspard devait être rempli par les prières, les graves pensées et les larmes, et le repas du soir eut lieu en famille, mais dans le silence.

Le lendemain, au retour du cimetière, pendant que Rosemonde restait agenouillée, dans la chambre occupée autrefois par Wilhelmine, au prie-Dieu de sa mère, Conrad d'Eppstein prit à part Éverard et Jonathas pour leur faire ses confidences en même temps que ses adieux. Il fallait qu'il repartît sur-le-champ pour la France, où son devoir le rappelait ; il n'avait que trop tardé déjà pour voir ensevelir le père de sa Noémi ; mais il ne voulait pas quitter le fils d'Albine et le mari de Wilhelmine, sans leur rien dire de sa vie passée et de son avenir.

— Je suis rayé, leur dit-il, et de ma famille et de

la vie; hormis vous, nul ne s'intéresse à moi dans le monde; vous seul donc savez que j'existe. J'ai résolu de mourir tout vivant, d'éteindre mon nom et ma personne, de m'effacer de la terre. Mon histoire est triste et fatale; vous en savez une partie, je vais la compléter et l'achever. Mon père m'a exilé parce que j'aimais d'un amour pur et saint. Alors j'ai cherché un refuge en France, et je me suis renfermé dans mon amour. Gentilhomme, j'ai caché mon rang et j'ai pris un nom vague, un nom de bâtard. On m'a ainsi oublié, et, pendant quelque temps, je me suis presque oublié moi-même. Mais la Révolution grondait sur la France, et il est difficile de préserver du souffle d'une tempête la flamme pure de l'amour. A mon insu, je respirai les idées électriques dont s'était chargé cet air orageux; je lus Jean-Jacques, Mirabeau; je me familiarisai avec les hardis penseurs du xviii⁰ siècle. Les études et les rêveries de ma jeunesse m'avaient préparé, d'ailleurs, à cet apprentissage. Allemand banni par l'Allemagne, noble répudié par la noblesse, je pris la philosophie pour famille et la liberté pour patrie. Libre des instincts qu'on m'avait interdits, des préjugés qu'on m'avait défendus, je jugeai mieux du dehors ceux qui m'avaient chassé de leurs rangs, et je vis clairement, en même temps que leur gloire, les fautes de leur passé et les tendances contraires de l'avenir. Je repris alors, non l'épée de comte, mais le sabre de soldat, et je mis au service de la jeune république ce qui me restait d'existence. Noémi, que son tendre cœur avertissait mieux que ma fière raison, me laissait faire sans jalousie et se contentait de sourire tristement. La noble femme était presque heureuse de me voir revivre avec cet enthousiasme. Je n'avais fait que mon devoir envers elle, certes; mais elle avait juré de me récompenser en me sacrifiant constamment son bonheur, son âme, sa vie. Elle a bien tenu parole! Elle m'encourageait donc à ce qui me ramenait à l'espoir, et semblait partager mes illusions sans jamais se plaindre de l'abandon où je la laissais. Aveugle que j'étais! je ne compris pas son abnégation et j'allai, j'allai sans m'inquiéter de son calme : je ne devais pas tarder à me réveiller de ma double erreur. Les vins les plus généreux ont leur ivresse. Les premières fumées de la liberté troublèrent la raison de la France, et je reconnus bientôt sur la paille d'une prison le néant de mes rêves.

« Vous savez le reste de mes malheurs. Ma Noémi ne se laissa pas distraire de son dévouement par la mort; et, pour mon nom que je lui avais donné, elle me donna sa vie. Pendant trois ou quatre ans, je ne sais ce que je devins; quelles ont été mes actions, mes pensées pendant ce terrible veuvage, je ne m'en souviens plus; quels songes ont occupé mon sommeil, je l'ignore.

» Ce fut au bruit des premières victoires de Bonaparte que je secouai cette torpeur. Cadavre vivant, mon admiration me ranima. Les principes auxquels j'avais cru autrefois n'étaient donc pas des chimères, puisqu'ils se faisaient homme et se disposaient à la conquête du monde. Je sentis que ma vie, abandonnée, perdue, pouvait encore être bonne à quelque chose, et que, dans les grandes époques, on peut toujours remplir son rôle et être utile, ne fût-ce qu'en se dévouant comme Curtius.

» Je ne tenais à rien, et rien ne tenait à moi. Je me donnai comme un chiffre à ce qu'on appelait l'ambition de l'empereur; j'abdiquai mon passé, mes anciennes convictions et comme ma personne pour m'absorber dans celui qui devait être la pensée de son siècle et pour devenir un instrument de ses projets, un manœuvre de son génie. Il me semblait qu'en lui obéissant j'obéissais à un destin invincible. Il me menait, mais Dieu le menait, lui.

» Nous sommes beaucoup ainsi qui le suivons sur un mot, sur un geste. Tous ceux qui passent sous son regard sont fascinés, tous ceux qui vivent dans son ciel vont à lui comme le fer va à l'aimant. Mais j'ai la fierté de croire que je me suis donné à lui par raison comme les autres par instinct.

» Où nous conduira-t-il? Je ne sais; j'irai avec lui jusqu'au bout du monde, j'ai idée même que je ne mourrai que lorsque ma tâche sera remplie, et qu'il n'aura plus besoin de moi.

» Il n'a pas tardé à s'apercevoir de mon obéissance passive, et pourtant intelligente, car c'est un homme à qui rien n'échappe; il sait qu'il est mon but, mon maître, ma famille, ma patrie. Il me dit : « Va là! » j'y vais; « Fais cela! » je le fais. Quand il me dira : « Meurs! » je mourrai; le tout sans répliquer. Il est ma volonté.

» Cela vous étonne peut-être, qu'un descendant des comtes d'Eppstein agisse et pense de cette façon servile. Aussi ne suis-je plus Conrad d'Eppstein; Conrad est mort. De quel nom m'avez-vous appelé, Jonathas, et comment avez-vous cru me reconnaître? Conrad est mort, vous dis-je! mort deux fois et trois fois; mort le jour où son père l'a chassé, mort le jour où sa femme est morte. Celui qui est devant vous et qui vous parle est un colonel français au service de l'empereur et revenant d'une mission secrète à Vienne.

» Napoléon, qui ne m'avait demandé jusqu'ici que mon sang sur les champs de bataille, a voulu employer, cette fois, mon intelligence pour une négociation, et j'ai suivi ses commandements comme toujours. Ils m'ont mieux reçu là-bas, sous mon simple nom de baptême, que si je m'étais présenté comme un des fils de Rodolphe d'Eppstein. Il paraît que l'Autriche a résolu de faire de la Germanie une autre Espagne, et que, vieille dynastie jalouse d'un empire

d'hier, elle veut appuyer l'insurrection de la Pénin-
sule; elle a couvert l'Allemagne d'agents et de pam-
phlets, préparé une armée de quatre cent mille hommes et renouvelé son alliance avec l'Angleterre. Je
suis allé demander des explications, et l'on m'a
répondu par des protestations. C'est pourquoi, avant
un an, avant six mois peut-être, la guerre sera déclarée, la guerre contre mon ancienne patrie. Mais
j'aime mieux ma patrie de choix que ma patrie de hasard, et la vraie mère à qui je dois avant tout ma
vie, c'est la pensée.

» Jonathas, Éverard, vous savez tout maintenant.
Je me suis cru obligé de donner une consolation aux
derniers moments du père de Noémi, et je n'ai pu
m'empêcher de vous révéler ma vie à vous qui êtes si
simples et si affectueux. Mais gardez-moi le secret, je
vous en supplie. Il y a deux hommes en moi, je veux
oublier le premier. Ce mois écoulé dans cette chaumière, je veux le regarder comme un rêve. Voici le
réveil, et je ne me rappelle plus les doux fantômes
qui m'ont obsédé; je reprends mon œuvre et mon
personnage, qui est devenu ma personne. — Amis,
pas un mot de ce qui s'est passé entre nous, je vous
en conjure encore. Que je reste enseveli dans vos
cœurs; que mon frère ignore surtout mon passage.
Si je l'avais trouvé malheureux comme vous, Jonathas, je n'aurais pu résister au désir de l'embrasser
peut-être; mais il est heureux, je le sais : ne trou-
blons donc pas ce bonheur. Maintenant, adieu, mes
amis! il faut que je parte sur-le-champ. Vous
reverrai-je? C'est comme il plaira à Dieu. Pourtant
quelque chose me dit que je ne quitte pas Eppstein
pour la dernière fois. Ainsi au revoir, Jonathas. Vous
recommanderez le secret à votre chère Rosemonde,
n'est-ce pas? Toi, Éverard, à qui je dois encore une
révélation, veux-tu remonter le Rhin avec moi jusqu'à Worms et m'accompagner quelques jours? »

Conrad ajouta tout bas:

— Nous parlerons de ta mère.

— Ah! cher oncle, je le désire autant que je vous
aime.

— Eh bien, c'est dit; dans une heure, nous parti-
rons; dans huit jours, tu seras revenu.

Éverard était surtout satisfait de quitter Eppstein,
le croirait-on? pour s'éloigner de Rosemonde. Il avait
comme peur d'elle et de lui-même; il tremblait à l'i-
dée de reparaître devant la charmante fille, et accep-
tait avec joie tout ce qui pouvait retarder le moment
où il se retrouverait seul en sa présence. Ses apprêts
furent donc lestement et joyeusement faits. Ses adieux
à Rosemonde passèrent sans trop d'embarras avec
ceux de Conrad, et il ne s'aperçut pas du désappoin-
tement naïf qu'exprimèrent les traits de la jeune
fille quand elle le vit s'éloigner si vite et si allégre-
ment.

XII

Huit jours après, comme l'avait calculé Conrad,
Éverard était de retour de Mayence, ayant vu plus de
pays en une semaine qu'il n'avait fait jusque-là dans
toute sa vie.

Avant de rentrer à Eppstein, il s'arrêta, selon sa
coutume, dans sa forêt, et, arrivé à sa chère retraite,
il songea.

Que d'événements en un mois! le départ de Jonathas, l'arrivée de Conrad, les récits fabuleux du
colonel, la mort de Gaspard, le retour de Rosemonde, les révélations de son oncle sur le premier
voyage à Eppstein, voyage qui avait précédé de six
mois sa naissance; le monde réel entrevu, le passé
éclairé, l'avenir dans l'ombre : que de faits! que
d'idées!

C'était surtout ce qu'il venait d'apprendre de
Conrad sur sa mère qui le préoccupait. Le vieux
Gaspard et Jonathas lui avaient souvent parlé d'Albine, sans doute; mais c'était, l'un à travers les
glaces de son âge, l'autre à travers l'enveloppe gros-
sière de son esprit; tandis que Conrad, c'était avec
les yeux d'un frère, le cœur d'un poète et l'esprit
d'un rêveur qu'il lui avait parlé de sa mère.

Puis cette histoire étrange des amours de Conrad
et de Noémi, cette union du château et de la chaumière, ce passé d'un autre qu'on eût dit la révélation de son avenir à lui, faisait battre à coups
pressés son cœur. Chose étrange! ce souvenir qui
était là comme un phare pour marquer l'écueil, au
lieu de l'effrayer, entraînait l'âme de l'enfant comme
un attrait, comme une promesse, comme un vertige,
et ce terrible exemple, qui semblait envoyé tout
exprès par Dieu pour l'effrayer, lui apparaissait vaguement comme une justification toute prête : Conrad avait aimé Noémi. Un jeune homme, un comte
d'Eppstein, sorti un jour du château, avait rencontré une jeune fille pauvre et sans naissance qui venait
de la maison de Gaspard le garde-chasse; il l'avait
aimée, il en avait fait sa femme; sa femme, c'était
tout ce que voyait Éverard.

Tout cela agitait, tourmentait, oppressait ce jeune
esprit; l'enfant en avait comme la fièvre; il se trouvait transformé, exalté, grandi : il se croyait plus
fort et était tout fier de sa force; vagues élans, con-
fuses espérances, souffrances nouvelles, il confia
tout à sa mère, avec un certain délire inconnu et
qu'il ressentait pour la première fois. Éverard était
heureux sans savoir pourquoi il était heureux; il
avait vécu et pensé jusque-là; il éprouvait le besoin
d'agir. Il avait si bien et si vite compris les grandes
choses qu'on lui avait montrées pour la première

4

fois, que, sans être à leur hauteur par l'exécution, il lui semblait pouvoir atteindre à tout par la pensée. Que n'entreprendrait-il pas maintenant? Quel obstacle pourrait l'arrêter? Devant qui tremblerait-il?

En ce moment, il pensa qu'il n'était plus qu'à une lieue de la maison du garde-chasse, et qu'il allait revoir Rosemonde; il s'arrêta et pâlit.

Oui, sans doute, tout le reste de la terre, il l'eût bravé; mais, elle, Rosemonde, si belle, si grande, si savante maintenant, oserait-il même paraître devant elle! Et, d'instinct, sans s'en rendre compte, au lieu de retourner comme d'habitude à la maison du garde-chasse, il s'achemina vers le château.

Le soir tombait quand Éverard arriva devant la petite porte du parc, et notre songeur, tout préoccupé des grandes choses qu'il avait vues et des grandes choses qu'il avait rêvées, ne s'aperçut pas d'un certain mouvement inusité qui régnait dans les cours et dans les corridors.

Absorbé par ses pensées, qui l'isolaient sans cesse de ce qui l'entourait, quand ce qui l'entourait n'était pas sa forêt bien-aimée, il entra dans la grande salle sans voir et sans entendre; sa tête était penchée, son âme se sentait fière et hardie, et tout son être semblait renouvelé.

— Voici M. Éverard, dit un valet en ouvrant la porte du corridor qui donnait sur la chambre rouge.

L'enfant entra sans savoir pourquoi on l'annonçait. Un homme de haute taille, qu'Éverard ne connaissait pas, était assis devant la cheminée, où brûlait un grand feu; car, dans cette chambre aux murs épais, on allumait du feu en toute saison. Seulement, comme ce feu éclairait à peine, le domestique alluma les quatre bougies d'un candélabre : ces quatre bougies firent un cercle de lumière qui s'étendit au tiers de l'appartement à peu près, et qui ne jeta que de faibles lueurs dans le reste des grandes ombres de la vaste salle.

— Ah! oui-dà! voilà M. Éverard, dit avec un accent sardonique et en se levant l'étranger, qui, au grand étonnement de l'enfant, paraissait s'être établi dans cette chambre qu'habitait sa mère, et où sa mère était morte.

— Oui, dit-il, me voilà. Qu'y a-t-il, et que me veut-on?

— Ce qu'il y a? ce que l'on vous veut? On veut savoir d'où vous venez ainsi, vagabond?

— Mais d'où il me plaît, répondit Éverard; et, sur ce point, il me semble que j'ai toujours été libre et n'ai jamais rendu de compte à personne.

— Qu'est-ce que cette insolence? dit l'étranger en fronçant le sourcil et en saisissant de sa main crispée le dossier de son fauteuil : ne savez-vous point, Monsieur, à qui vous parlez?

— Non, en vérité, dit avec la meilleure foi du monde Éverard de plus en plus surpris.

— Comment! non? Ah! vous raillez quand j'interroge; vous plaisantez quand j'accuse!

— Sans doute; car j'ignore d'où vous vient ce droit de m'interroger et de m'accuser.

— D'où me vient ce droit?.... Êtes-vous fou, Monsieur? A moi, le comte Maximilien d'Eppstein... à moi... votre... père?

— Vous êtes le comte d'Eppstein? vous êtes mon père? s'écria Éverard stupéfait.

— Ah! vous ne m'avez pas reconnu, n'est-ce pas? L'excuse me paraît bonne et surtout filiale.

— Monseigneur, pardonnez, mais je vous jure que, dans cette obscurité et au premier aspect... Et, d'ailleurs, il y a si longtemps que je n'ai pas eu l'honneur de vous voir...

— Taisez-vous, s'écria le comte furieux de cette justification, où sa conscience lui montrait un blâme, taisez-vous! et tâchez de répondre en fils soumis, au lieu de parler en enfant révolté.

Il se fit une pause; Éverard, tête nue, debout, la rougeur sur le front, une larme tremblante dans les yeux, attendait. De son côté, le comte Maximilien, dont la colère montait comme une marée, se promenait de long en large, s'arrêtant parfois pour regarder celui que, par un effort, il était arrivé à appeler son fils, et cela dans la chambre de sa mère, dans la chambre d'Albine, à la même place où, quinze ans auparavant, il avait écrasé celle qu'il croyait coupable, du poids de cette même colère qui, renaissante, l'étouffait encore aujourd'hui. Maximilien se sentait plein de haine pour cet enfant comme pour un ennemi; il ne pouvait lui pardonner les remords qu'il avait ressentis parfois; il ne pouvait lui pardonner surtout cette profonde terreur qu'il avait éprouvée la nuit où il avait fait ce rêve dans lequel il avait vu Albine morte berçant son enfant endormi; aussi s'arrêta-t-il tout à coup devant Éverard les bras croisés, et, comme si l'enfant avait pu suivre les pensées tumultueuses qui bouleversaient son esprit et brûlaient son front :

— Mais répondez donc! s'écria-t-il.

— Je croyais que vous m'aviez dit de me taire, répondit l'enfant.

— L'ai-je dit? Soit. Eh bien, maintenant, je vous ordonne de parler. Voyons, d'où venez-vous? Pourquoi quittez-vous ainsi ce château des semaines entières? J'arrive, il y a cinq jours de cela; je demande après vous, je m'informe : on me dit qu'on ne sait où vous êtes; qu'après avoir assisté aux funérailles de je ne sais quel manant, vous êtes parti avec je ne sais quel vagabond.

— Monsieur, c'était Gaspard Muden qui était mort, et...

— Et vous, comte d'Eppstein, vous avez conduit les funérailles de ce paysan, c'est très-bien. Mais, après avoir fait cet acte de popularité, qu'êtes-vous devenu? où êtes-vous allé? Répondez... Mais, sang-Dieu, répondez donc!

— Pardon, Monseigneur, répondit doucement Éverard; mais, en quittant le château pour des jours et même pour des semaines, je sais bien que je n'alarme personne.

Dans ces paroles toutes simples, mais puissantes par leur simplicité même, le comte vit une allusion amère à l'abandon dans lequel il laissait son fils; et, en effet, telle était la terrible position de ce père vis-à-vis de son enfant, qu'Éverard ne pouvait dire un seul mot qui ne le blessât. Or, on sait ce que c'était que la colère de Maximilien, et l'on comprend quelle rage devait produire en lui l'involontaire ironie de celui qu'il regardait comme un intrus dans sa famille. Il marcha donc sur Éverard, et, d'une voix tonnante:

— Cesserez-vous bientôt de m'insulter? s'écriat-il. Vous n'avez à alarmer, dites-vous, personne? Eh! pardieu! méritez-vous qu'on s'alarme pour vous, enfant maudit, qui nous faites honte par votre ignorance et votre bassesse? Êtes-vous digne de votre place au foyer de la famille et dans le cœur paternel? Avez-vous gagné votre part d'héritage et d'amour? Qui êtes-vous, Monsieur? qui êtes-vous?

— On m'a dit que j'étais votre fils, comte Maximilien d'Eppstein, et je ne sais malheureusement là-dessus que ce que l'on m'a dit.

— On vous a dit! railleur impie! on vous a dit, répéta le comte, dont tous les soupçons se réveillaient à ce mot, qui réveillait aussi toutes ses colères; ah! l'on vous a dit que vous étiez mon fils. Êtes-vous sûr, continua-t-il en appuyant son poing crispé sur l'épaule de l'enfant, êtes-vous sûr que celui qui vous a dit cela ne mentait point?

— Monsieur, s'écria l'enfant indigné, Monsieur!... Ah! par la sainte mémoire de celle qui nous regarde tous deux, c'est vous qui mentez, car vous calomniez ma mère.

— Misérable bâtard! s'écria le comte.

En même temps, le comte d'Eppstein, incapable de résister à la violence de sa colère, leva sa main et la laissa retomber sur le visage d'Éverard, qui plia sous le coup.

Maximilien, effrayé de lui-même, recula aussitôt d'un pas. Mais l'enfant se releva lentement et regarda son père.

Il y eut un moment de silence affreux. Puis Éverard, pâle d'humiliation, la poitrine gonflée, des larmes dans ses yeux brillants, la main sur son cœur oppressé, Éverard, d'une voix saccadée, se contenta de dire ce mot simple et profond, naïf et terrible, parole d'enfant plus effrayante qu'une menace d'homme:

— Prenez garde, Monsieur, je le dirai à ma mère!

XIII

Éverard, tout éperdu, sortit de la salle et du château. Il marcha quelque temps ainsi devant lui, sans savoir où il allait, et ne retrouva un peu de calme et de raison qu'en se jetant tout en pleurs sur le gazon fleuri qui entourait sa grotte bien-aimée.

Deux heures auparavant, il se sentait si fier et si joyeux; ses nouvelles pensées l'avaient tant grandi; une amitié et un amour venaient d'entrer si heureusement dans sa vie isolée; et tout à coup un outrage, un seul, l'avait fait redevenir enfant: il pleurait. Entre l'amour de Rosemonde, dont il avait peur, et le mépris de son père, dont il avait honte, il se sentait seul sur la terre. Château et chaumière lui étaient fermés; il ne lui restait plus pour asile que son petit vallon solitaire, pour ami que l'ombre protectrice d'Albine: un désert et un fantôme.

— O ma mère, ma mère! s'écria-t-il en sanglotant, comme on nous a insultés tous deux! Ma mère, es-tu là? m'entends-tu encore? ou bien vas-tu me manquer et me renier, toi aussi? Tu sais cependant comme on m'a maltraité. Ce n'est pas tant l'odieuse injustice de ce soufflet; mais être humilié avec ton nom, être châtié avec ta mémoire, voir ce que j'aime flétri, ce que je respecte souillé, c'est là qu'est la douleur et l'ignominie! Ma mère, conseille-moi. Ma colère est-elle impie? ma rébellion est-elle un sacrilége! Ma mère, conseille-moi, et surtout console-moi; car il est certain que ma souffrance est bien affreuse!

Ces plaintes, ces cris, ces prières s'exhalaient tout à la fois de la poitrine d'Éverard; mais les larmes qu'il versait en même temps, les larmes qu'il versait sans cesse, diminuèrent peu à peu l'amertume de son angoisse, si bien qu'il put enfin écouter, regarder autour de lui, et s'interroger lui-même avec quelque tranquillité.

La nuit était calme et fraîche, les étoiles brillaient au ciel, les rayons blancs de la lune s'émiettaient en diamants dans le ruisseau, les aubépines sauvages jetaient à la brise leurs pénétrantes senteurs; dans le bosquet sombre, un rossignol ravi chantait cette belle et paisible nature; tout était joie, amour et extase dans la forêt, et l'âme d'Éverard, délivrée comme par une puissance supérieure des douloureuses pensées qui l'agitaient d'abord, bercée par ces secrètes mélodies, assoupie par ces discrètes lueurs, s'apaisa tout doucement. Bientôt il leva la tête, regarda ce beau ciel, et, à la douce brise du soir, les pleurs se séchèrent sur ses joues.

— Oui, ma mère, oui, ma bonne mère, murmurait-il, tu as raison; c'est moi qui ai eu tort de m'affliger, c'est moi qui ai eu tort de regarder ses insultes comme une offense. L'affront qu'il a voulu te faire, ô sainte! ne pouvait pas plus t'atteindre que la main ne peut saisir cet impalpable rayon de lune. J'étais un fou de me désoler pour un reproche ou un châtiment qui ne me vient pas de toi. Toi, tu m'aimes, ma mère. Oui, je t'entends, oui, je te sens, ma mère, dans cette nuit sereine; c'est toi qui lui imprimes cette chaste et suave harmonie, c'est toi qui en es l'âme cachée. Merci, merci, ma mère; tout s'apaise en moi, parce que je sens que tu n'es point irritée contre ton fils, et que tu le plains et le caresses au contraire. Le bruit du ruisseau, c'est ta voix; la brise, c'est ton souffle. Merci. Encore un mot, encore un baiser, ma mère, avec le vent embaumé, et je m'endors calme et heureux sous ton regard d'ange.

Et en effet, en murmurant ces paroles, l'enfant ferma les yeux, et sa respiration douce et régulière prouva bientôt qu'il s'était endormi d'un profond sommeil.

Voyons maintenant si l'on dormait aussi tranquillement au château que dans la forêt.

Le comte Maximilien était resté anéanti, foudroyé, par cette simple parole d'Éverard : « Je le dirai à ma mère. » Pour son remords toujours inquiet et éveillé, ce mot avait une signification terrible.

Qui donc avait enseigné à l'enfant ce *Mane, Thecel, Pharès* d'une conscience troublée? Il était là, se le demandant, debout, pâle d'horreur et les mains tremblantes. Il fit quelques pas en chancelant, puis sonna avec violence, et alla tomber dans un fauteuil.

Quelques laquais accoururent.

— Du feu! des lumières! s'écria le comte; tout de suite, à l'instant même!

Les laquais obéirent : le feu brilla dans l'âtre, six bougies s'allumèrent dans les candélabres de la cheminée.

— Allumez aussi le lustre! s'écria le comte. Et vous, dit-il à un autre laquais, courez chercher Éverard et amenez-le ici.

En ce moment, il sentait au fond de son âme tant de terreur, qu'il voulait qu'on lui amenât l'enfant : s'il revenait sur son injure, l'enfant, pensait-il, reviendrait, de son côté, sur sa menace. Mais, un instant après, le valet rentra, disant qu'on avait eu beau chercher le jeune comte, qu'on n'avait pu le retrouver nulle part.

— Alors, dit Maximilien, faites monter mon secrétaire; j'ai à travailler avec lui.

On appela le secrétaire. Le comte Maximilien, sous prétexte de vérifier les comptes de ses fermiers, le fit rester avec lui jusqu'à neuf heures. A neuf heures, on vint annoncer que le souper était servi. Le comte Maximilien descendit seul, en disant au secrétaire de l'attendre en travaillant. Il lui semblait que la présence d'un étranger dans cette chambre en chasserait les fantômes.

Albert attendait son père dans la salle à manger. C'était un grand jeune homme, triste, impertinent, ennuyé et ennuyeux. Le comte était si pâle et si agité, qu'Albert le regarda avec étonnement, lui demandant, avec plus d'affection que d'habitude, s'il ne lui était pas arrivé quelque accident. Maximilien lui répondit gaiement et bruyamment que non; puis il se mit à table, remuant les chaises avec fracas, parlant, riant, buvant et mangeant beaucoup. Un instant, le comte avait eu l'idée de s'enivrer pour fuir la terreur dans l'ivresse; mais il pensa tout à coup que l'ivresse même pouvait enfanter les spectres qu'il craignait. Il cessa de manger à l'instant même, et tomba dans une si profonde rêverie, qu'il n'entendit pas sortir Albert. Tiré de cette espèce de torpeur par un valet qui lui demandait s'il n'était pas indisposé, il jeta un coup d'œil hagard autour de lui, s'aperçut qu'il était seul à table, s'informa de ce qu'était devenu son fils; puis, apprenant qu'il s'était retiré dans son appartement, il se décida à rentrer lui-même dans sa chambre.

Il retrouva son secrétaire devant le bureau et travaillant.

— Vous n'avez rien vu ni rien entendu, Wilhelm? demanda le comte en rentrant.

— Non, Excellence, répondit le secrétaire. Pourquoi?

— Oh! pour rien, dit le comte; je croyais avoir entendu marcher une seconde personne.

— Monsieur le comte s'est trompé, reprit le secrétaire.

Et il se remit à la besogne.

Le comte se promena à grands pas dans la chambre, s'arrêtant de temps en temps devant la porte secrète et la regardant avec une invincible terreur.

— Wilhelm, demanda le comte en revenant derrière le fauteuil du secrétaire, pour combien de temps croyez-vous avoir encore d'ouvrage?

— Mais pour trois ou quatre heures, Excellence, dit le secrétaire.

— C'est que je voudrais fort avoir ce travail demain matin.

— Je puis l'emporter dans ma chambre et passer la nuit dessus.

— Faites mieux, dit Maximilien, achevez-le ici.

— Mais peut-être empêcherai-je Monsieur le comte de dormir?

— Non. D'ailleurs, je me sens un peu indisposé,

et ne serais point fâché d'avoir quelqu'un près de moi.

— Je ferai comme il plaira à Monsieur le comte.

— Eh bien, faites donc comme je vous le dis; c'est ce qu'il y a de mieux, je crois.

Le secrétaire s'inclina en signe d'obéissance, et croyant qu'effectivement son maître était pressé de vérifier les calculs qu'il était en train do faire, il se remit à son travail.

Quant à Maximilien, enchanté d'avoir trouvé un prétexte de faire rester quelqu'un auprès de lui, il appela son valet de chambre pour se faire déshabiller, et se mit à son lit.

Malgré toutes ces précautions, Maximilien eut d'abord grand'peine à s'endormir. La chambre était illuminée, Wilhelm était là, il entendait sa plume crier sur le papier; mais ses pensées lui tenaient lieu de fantômes. Cependant une chose le rassurait : c'était la sérénité de cette belle nuit de juin, si différente de la lugubre nuit de Noël, pleine de rafales et de tempêtes. Cette fois, au contraire, un calme profond régnait au dehors; toute la nature semblait endormie, et, à travers le contrevent entr'ouvert, le comte, de son lit, voyait scintiller les étoiles.

Riant donc de ses folles chimères et rassuré d'ailleurs par la présence de Wilhelm, le comte, pour ne pas voir la lumière, tira ses rideaux, et finit par s'endormir d'un sommeil fiévreux.

Il n'eût pu calculer depuis combien de temps il dormait, lorsqu'il se réveilla tout à coup en sursaut et sans motif apparent; il se dressa sur son séant, une sueur glacée au front; puis, chose étrange ! il vit, par l'ouverture de ses rideaux, les bougies des candélabres et du lustre s'éteindre les unes après les autres.

Quant à Wilhelm, accablé de fatigue sans doute, il s'était endormi dans son fauteuil. Le comte voulut crier pour le réveiller, mais la voix s'arrêta dans son gosier; on eût dit qu'une main invisible lui serrait la gorge. Il voulut sauter à bas du lit, mais il se sentit comme enchaîné à sa place. Pendant ce temps, les bougies continuaient de s'éteindre avec une régularité effrayante. Il ne restait plus que trois bougies allumées; elles s'éteignirent à leur tour, et rendirent la chambre à une nuit complète.

Presque aussitôt le bruit sourd d'une porte roulant sur ses gonds se fit entendre. Le comte se rejeta dans son lit, les yeux tournés du côté du mur et la tête enveloppée dans ses draps.

Quelqu'un, à coup sûr, s'approchait de son lit : il sentait cela dans l'air plutôt qu'il ne l'entendait; et, malgré lui, comme dominé par une puissance invincible, il dégagea sa tête de ses draps et fixa ses yeux hagards vers le point d'où la chose venait.

Maximilien s'agitait vainement; il ne pouvait ni parler ni se lever, il ne pouvait ni chasser ni fuir l'apparition qui le menaçait. Enfin, les rideaux de son lit s'écartèrent, il resta immobile et pétrifié en reconnaissant l'ombre pâle d'Albine, telle qu'il l'avait déjà vue.

La fatale visiteuse semblait seulement, cette fois, plus sévère et plus irritée que la première, et, lorsque son impassible regard de statue s'arrêta fixement sur Maximilien, le coupable demeura plus froid que le cadavre, son juge, et ses cheveux se dressèrent d'épouvante sur sa tête.

Alors, dans le silence de cette nuit étoilée, comme quatorze ans auparavant au milieu du mugissement de l'orage, une voix brève et courroucée retentit.

—Maximilien ! Maximilien ! dit cette voix, tu veux donc décidément oublier les protestations de la mourante et les ordres de la morte? Ah ! tu frappes mon enfant et tu injuries ma tombe ! Prends garde, Maximilien, prends garde ! l'enfant te condamnera, la tombe te punira. Pour la dernière fois, écoute-moi, et tâche de te souvenir et surtout de me croire; car, si tu ne croyais pas aux paroles de ma langue glacée, c'est ma main glacée qui se chargerait de te convaincre.

Le comte fit un mouvement comme pour parler; mais, avec un geste plein d'autorité, Albine lui imposa silence et reprit :

— Écoute, Maximilien; Éverard est ton fils comme il est le mien, ton fils aussi bien qu'Albert. Tu aimes Albert, tu négliges Éverard; soit. Je veille sur mon enfant, et n'ai pas besoin de toi pour en faire un homme. Va-t'en, si tu veux; quitte ce château; si cela te plaît, sans plus songer à Éverard; retourne à Vienne et à ton ambition, j'y consens, et je ne t'y autorise pas seulement, je t'y engage. Mais je te défends, au nom du Dieu vivant, de lever la main sur mon fils et de toucher un seul cheveu de sa tête; abandonne-le, mais ne le menace pas. Indifférent, oui; violent, non. Tu ne veux pas être son père, ne sois pas son bourreau. Le droit de le reprendre ou de le châtier, tu ne l'as point, et je veux pas, moi, que tu touches à mon Éverard. Tu m'as bien entendu? Maintenant, si tu me désobéis, Maximilien, fais-y attention : dans ce monde, tu es perdu; dans l'autre, tu es damné, oui, damné et perdu ! La première fois que tu m'as revue depuis ma mort, c'était là-haut, dans la chambre de l'enfant. Aujourd'hui, c'est ici, dans l'étage intermédiaire, dans ta chambre à toi, dans la chambre rouge. La fois prochaine, songes-y, ce serait tout en bas, dans ma chambre à moi, dans mon caveau, dans ma tombe.

— Horreur ! murmura le comte.

—- Un mot encore, Maximilien, et je retourne dans ma demeure de granit. Mon âme parle réellement à la tienne, et aucune illusion du sommeil ne t'abuse; mais tu pourrais, comme il y a quatorze ans, te dire en te réveillant le lendemain : « J'ai » rêvé. » Or, pour Éverard et pour toi-même, je ne veux pas te laisser à cette fatale erreur. Maximilien, reconnais-tu cette chaîne que tu as passée, il y a vingt ans, au cou de ta fraîche fiancée, et qu'on a ensevelie, quatre ans après, avec la dépouille glacée de ta femme? Cette chaîne, Maximilien, en la retrouvant demain matin sur tes épaules, tu n'auras plus le droit de croire que tu n'as eu cette nuit qu'un cauchemar terrible, tu ne pourras pas retomber dans ton insouciance aveugle et mortelle, car tu verras de tes yeux, tu toucheras de tes doigts la preuve et le gage de ma présence et de mes paroles : cette chaîne, reçois-la de la morte comme tu l'as donnée à la vivante.

Et, ce disant, Albine retirait la chaîne de son cou, et la passait au cou de Maximilien tout inanimé d'effroi.

Les lèvres du comte remuaient, mais sans proférer un seul mot.

— Et maintenant, reprit Albine, j'ai tout dit. Adieu ou au revoir, Maximilien : souviens-toi!

Le comte n'entendait plus que vaguement ces paroles ; il ne vit pas même le fantôme s'éloigner : ses yeux s'étaient clos, sa respiration s'était arrêtée; il retomba sans mouvement sur son oreiller.

Couché pendant ce temps sur la mousse du bois, Éverard dormait du sommeil des bienheureux.

Le lendemain, quand, aux premiers rayons du soleil, Maximilien se réveilla, ou plutôt sortit de son évanouissement, son premier mouvement fut de porter la main à son cou : il sentit la chaîne d'or froide sous ses mains froides et devint plus blanc que ses draps.

— Wilhelm, cria-t-il, Wilhelm, réveille-toi donc, malheureux!

Wilhelm se réveilla en sursaut.

— Qu'y a-t-il, Excellence? demanda le secrétaire abasourdi.

— Il y a que je veux parler à Jonathas le garde-chasse. Descendez et dites à un valet d'aller me le chercher à l'instant même. Il faut que je lui parle.

— Et cette besogne, demanda timidement Wilhelm, est-il nécessaire que je la termine ici?

— Non, emportez-la dans votre chambre, je désire être seul.

Quelque diligence que fît Wilhelm pour obéir au comte, et le valet pour obéir à Wilhelm, lorsque Jonathas, prévenu que le maître le demandait, entra dans la chambre rouge, il y trouva Maximilien debout et habillé. Son premier mouvement fut de reculer de terreur en voyant le comte si défait et si pâle. Mais Maximilien essaya de sourire.

— Jonathas, lui dit-il, approche et ne me trompe pas. Tu étais présent quand on a enseveli ma femme

Albine dans son linceul, quand on l'a couchée dans sa bière, quand on a cloué son cercueil?

— Hélas! oui, Monseigneur.

— Comment était-elle vêtue?

— De sa robe blanche de noce; et, malgré la mort, bien belle encore, je vous le jure.

— Jonathas, as-tu remarqué, as-tu vu qu'elle eût quelque chose au cou?

— Oui, Monseigneur, une chaîne d'or que lui avait donnée Votre Excellence, et qu'elle avait recommandé qu'on lui laissât.

— Cette chaîne d'or, la reconnaîtrais-tu?

— Oui, Monseigneur, oui, si elle n'était enfermée sous un triple cercueil de sapin, de chêne et de plomb, scellé par une dalle de marbre.

— Regarde bien, Jonathas ; est-ce celle-ci? lui demanda Maximilien.

— Profanation ou miracle, Monseigneur, s'écria Jonathas, c'est celle-là même !

Le comte devint plus pâle encore, remit la chaîne à son cou et fit signe à Jonathas de se retirer.

Un quart d'heure après, les équipages du comte Maximilien d'Eppstein ayant été préparés à la hâte, le comte, accompagné d'Albert, se mettait précipitamment en route pour Vienne, sans demander Éverard, sans se retourner en arrière.

XIV

Éverard, épuisé par trois jours de marche et par les cruelles émotions de la veille, ne s'éveilla que tard le lendemain. Le soleil était déjà haut sur l'horizon, les oiseaux chantaient à plein gosier; tout était lumière et joie. Pourtant, dans le bel azur du ciel, un nuage noir du côté du nord se formait lentement.

Éverard embrassait des yeux ce beau ciel; puis, de temps en temps, son regard se portait sur ce nuage.

— Voilà, disait-il, le symbole de ma destinée; heureuse et calme aujourd'hui, puisque ma mère ne m'en veut pas, mais inquiète et troublée demain. Demain, où serai-je? Je ne veux plus rester au château d'Eppstein, où mon père me recevrait plus mal qu'un mendiant; je ne puis retourner maintenant à la chaumière où Rosemonde me remplace, et où, je ne sais par quel instinct, je tremble de me rencontrer avec elle. Que ferai-je donc? Quel refuge me reste-t-il? Vous seule, vous seule, ma mère!...

L'enfant laissa tomber sa tête dans ses mains et rêva. Il ne pleurait plus, mais il était sérieux; mille projets et mille pensées se combattaient dans son esprit. Il crut enfin avoir pris une résolution ferme et se leva en disant :

— Allons, c'est cela, pas de faiblesse; le seul parti qui me reste, c'est de rejoindre mon oncle Conrad. Comment ferai-je, seul et sans ressource? Je ne sais pas, mais j'irai. Je laisserai tout à fait le pays que j'ai quitté pour la première fois il y a huit jours; la providence de tous, Dieu, et ma providence à moi, ma mère, ne me manqueront pas. Avec leur aide, je serai fort et courageux, je l'espère; et, si, après tout, quelque obstacle insurmontable m'arrête, si quelque événement imprévu me dérange, si je suis obligé de revenir sur mes pas et de renoncer à mon dessein, c'est que Dieu et ma mère le voudront ainsi, et je me soumettrai. Je fais ce qui me semble juste; qu'ils fassent de moi ce qui leur paraîtra bon. Je règle ma conduite comme je peux; qu'ils mènent ma destinée où ils veulent.

Les apprêts d'Éverard n'étaient pas longs à faire; il portait avec lui toute sa fortune, tout son avenir; il n'avait qu'à prendre un bâton et à se mettre en route. Mais, avant de partir, avant d'abandonner sa chère forêt, sa vallée, sa grotte, il se jeta à genoux et adressa à sa mère une prière fervente.

Il se releva content et ferme, et, sans vouloir trop raisonner, sans se permettre de trop réfléchir, il se mit bravement à monter la colline, pour regagner la route qui devait le conduire à Mayence. Il pouvait être midi à peu près quand il atteignit le grand chemin bordé d'ormes que côtoyaient la forêt d'un côté, et, de l'autre, la vallée du Mein et la route de France. Il allait donc quitter pour toujours le château natal et la forêt nourricière; au premier détour de la descente, il serait presque en pays étranger. Une fois encore avant d'y arriver, il se retourna pour donner un dernier regard, un dernier adieu aux maisons çà et là éparses d'Eppstein.

Oui, Éverard avait eu raison de faire, dans ses projets, la part de la Providence et de ne pas toucher à son rôle sacré; car, en jetant un dernier coup d'œil sur la montée qu'une minute après il n'allait plus apercevoir, le jeune homme vit précisément déboucher d'un sentier de la forêt le garde-chasse Jonathas, son fusil sous le bras, et tenant de l'autre main par la bride son petit cheval, sur lequel Rosemonde riante était fièrement assise. Le groupe du père et de la fille se dessinait vivement sur le fond du ciel bleu et des arbres verts.

Notre voyageur, qui n'avait plus, se disait-il, qu'un regard à jeter sur sa terre natale, resta là immobile à contempler Jonathas et Rosemonde comme s'il les voyait dans un rêve, et comme si les amis qui s'avançaient de son côté n'allaient pas finir par l'apercevoir lui-même. Il demeurait sans bouger, les regardant venir de loin; avec eux lui apparaissait une tout autre vie que celle qu'il projetait l'instant d'auparavant. Qu'Éverard eût passé sur la route cinq

minutes plus tôt ou cinq minutes plus tard, et tout son avenir était changé.

Mais, avant que le bon Jonathas aux cheveux gris et la belle Rosemonde aux touffes blondes atteignent Éverard, plongeons dans la vie de la jeune fille, interrogeons les doux secrets de son cœur et de sa pensée.

Le double caractère de toute son enfance, écoulée au couvent du Tilleul-Sacré, avait été la pénétration de l'esprit et la pureté de l'âme. Rosemonde, chose rare, revenait à Eppstein très-instruite et très-innocente. Langue, histoire, musique, elle avait étudié toutes choses avec ardeur; mais le mal, elle l'ignorait. Dans sa merveilleuse aptitude à tout apprendre, à tout concevoir, elle n'avait cependant jamais pu comprendre le vice; à quinze ans, femme par la pensée, elle était restée enfant par le cœur.

Au reste, bien peu d'événements avaient jusqu'à ce jour rempli son existence; des études ardentes et de vives amitiés, voilà tout; beaucoup de sentiments et d'idées, peu de faits. Parmi toutes ses compagnes, — et ses compagnes étaient les plus riches et les plus nobles héritières de la vieille Autriche, — elle avait toujours été la première par l'intelligence, et, chose rare, la plus aimée. Elle se faisait pardonner sa supériorité à force de douceur. Ses amies — et toutes les pensionnaires l'étaient ou cherchaient à l'être — la consultaient, la respectaient, cédaient à son ascendant, et cela sans envie. Elle était la reine, digne, bonne et gracieuse, de ce peuple frais et charmant, et avec cela chérie de ses maîtresses, qui la regardaient comme une des leurs; aussi, lorsqu'elle partit, ce fut, parmi les religieuses et parmi les élèves, un véritable désespoir.

On n'avait plus, d'ailleurs, grand'chose à lui enseigner au couvent du Tilleul-Sacré, et c'était elle qui enseignait les autres. A quinze ans, la curiosité de son esprit avait été si avant dans l'étude, que l'étude n'avait plus de mystères pour elle. Mais, qu'on ne s'y trompe pas, sa grâce et sa modestie n'en avaient pas été le moins du monde altérées. C'est sans affectation et avec la plus parfaite simplicité qu'elle eût pu dire à grands traits, ce qui fait supposer qu'elle l'eût dite en détail, l'histoire des nations et des individus. C'est avec un enthousiasme sincère, avec une vivacité sentie, qu'elle parlait de Corneille ou de Klopstock, de Gœthe ou de Shakspeare. Musicienne, elle n'entrait pas moins avant dans le génie de Gluck ou de Palestrina, de Mozart ou de Paisiello; et, croyez-le bien, cette vive perception poétique, cette précoce intelligence musicale ne l'empêchait point de sauter à la corde à merveille et de jouer au volant dans la perfection. Autant les religieuses la voyaient grave et pensive sur les bancs de la salle d'étude, autant ses amies la trouvaient folle et rieuse sous les grands marronniers du jardin; c'était ce charmant mélange de gaieté expansive et d'application réfléchie qui la faisait à la fois chérir et respecter de toutes.

Parmi toutes ses amies, et, nous l'avons dit, Rosemonde avait pour amies depuis la première jusqu'à la dernière pensionnaire du couvent; parmi toutes ses amies, celle que Rosemonde préférait, c'était la fille d'un ancien ambassadeur près de la cour d'Angleterre, retiré depuis quelques années des intrigues de la diplomatie. Lucile de Gansberg avait pour mère une Anglaise; il en résulta que Lucile, dont l'anglais était la langue maternelle, apprit comme en jouant cette langue à sa compagne inséparable, sans compter que plus d'une fois la fille du grand seigneur emmena chez elle la fille du garde-chasse. Rosemonde devina ainsi par échappées un peu de la vie du monde; mais elle rentrait toujours au couvent sans que la paix de son noble cœur fût troublée; elle ne voyait le monde et n'en était vue qu'à travers le voile de sa pureté. Tels furent les événements de cette simple et tranquille existence. Nous en omettons un cependant qui préoccupa plus peut-être les deux jeunes têtes de Rosemonde et de Lucile que tous les fades compliments des seigneurs de la cour de Vienne : ce fut une lecture de *Roméo et Juliette*, faite à la sourdine sous une tonnelle de chèvrefeuille. Cette ardente et pure poésie de l'amour emporta les deux anges terrestres dans un monde idéal plus dangereux mille fois que le monde réel. La passion que Shakspeare a su peindre si puissamment, laissa les deux sœurs toutes rêveuses et toutes troublées; mais l'innocente folie de leurs quinze ans l'eut bientôt emporté sur la rêverie de leur cœur. L'âme chaste et pure de Rosemonde s'éveilla la première de ce périlleux songe, et cette vague révélation de l'amour fut la seule ombre qui se mêla aux rayonnements de ces deux aurores.

Quand Rosemonde dut partir avec son père, quitter son couvent, ses amitiés; quand les deux inséparables furent sur le point de se séparer, on conçoit quelle fut leur douleur. Ces regrets, du reste, nous le répétons, tous ceux qui connaissaient Rosemonde les partageaient : on la fêtait, on l'embrassait, on la pleurait.

— Nous vous aimerons toujours, lui disait-on de toutes parts; nous penserons sans cesse à vous. Hélas! maintenant, qui nous réconciliera? qui nous conseillera? qui sollicitera pour nous le pardon des sœurs? Notre ange gardien nous quitte, notre guide s'en va.

Et c'étaient alors mille protestations, mille présents, mille caresses; on voulait la garder au moins encore quelques jours, on ne pouvait se résoudre à la quitter si subitement; telle fut la cause qui retint Jonathas à Vienne plus longtemps qu'il n'eût voulu.

Les supérieures et les religieuses n'étaient pas moins tristes que les élèves.

— Si, loin de nous, plus tard, vous n'étiez pas heureuse, dirent-elles à Rosemonde en la quittant, revenez au Tilleul-Sacré; vous trouverez toujours votre place au dortoir et aux classes, et notre affection maternelle dans nos cœurs.

— Merci, mes bonnes mères, merci! répondait Rosemonde en pleurant. Oh! certes, si mon père n'était pas seul, si mon grand-père mourant ne me redemandait pas, si je n'avais pas un frère qui m'attend, je ne vous quitterais jamais; il me semble que je vais laisser ici tout le calme et toute la joie de ma vie : si un jour je souffrais, ou si un jour je n'étais plus nécessaire à personne, oh! certes, je reviendrais, et quelque chose, hélas! mes bonnes mères, me dit que je reviendrai.

Cependant il fallait partir : l'aïeul qui se mourait n'avait pas le temps d'attendre; il fallait quitter le couvent, les religieuses, les compagnes; il fallait quitter Lucile. Après s'être cent fois embrassées, s'être promis de s'écrire, les deux amies se dirent un dernier adieu; mais, comme souvenir, Lucile exigea que Rosemonde emportât une petite bibliothèque de merisier, pleine de leurs auteurs chéris, et une édition anglaise de Shakspeare se cacha dans un coin.

— En lisant nos grands poëtes, lui dit Lucile, tu te rappelleras, Rosemonde, les jours où nous les lisions ensemble, et celle qui les lisait avec toi, Adieu, ma sœur chérie! adieu! au revoir peut-être.

Et la lourde porte du couvent se referma derrière Rosemonde.

— Se rouvrira-t-elle jamais pour moi? disait la jeune fille en s'éloignant pensive aux bras de son père; reverrai-je ces murs paisibles, ces bonnes religieuses, mes chères amies?... Oh! je n'ose dire : Dieu le veuille! J'étais heureuse là, parce que j'étais jeune : je n'y rentrerais que parce que j'aurais souffert; et, quand nos joies deviennent nos consolations, elles sont presque douloureuses; quand notre paradis devient notre refuge, il est presque triste; ainsi donc, doux nid de mon enfance, plaise au Seigneur que je ne te revoie jamais!

Bientôt cependant le mouvement du voyage, la nouveauté des impressions, réussirent à distraire un peu Rosemonde. Silencieuse d'abord, elle répondit bientôt à Jonathas; enfin, au bout de deux jours de route, c'est elle qui l'interrogeait sur Eppstein, sur la vie qu'on y menait et sur ceux qu'elle allait y voir.

Le bonhomme Jonathas ne demandait pas mieux que de satisfaire sur tous les points la curiosité de sa fille chérie. Il avait été un peu jaloux des regrets de Rosemonde, le pauvre père! Il lui dit, non pas combien elle allait être heureuse, mais combien elle allait être aimée: qu'elle serait d'abord tout son orgueil et tout son bonheur à lui, et puis qu'elle se retrouverait chez elle libre et maîtresse comme autrefois, quand elle était petite et que sa mère la gâtait tant. Il lui parla alors du jeune hôte qu'elle allait revoir, d'Éverard, qui l'attendait avec tant d'impatience, et qui était si simple, si triste et si bon. C'était chose inutile; quand Rosemonde aurait pu oublier le blond compagnon de son enfance, les lettres fraternelles qu'elle avait reçues de lui l'auraient rappelé à son souvenir; mais elle avait la mémoire du cœur et pensait souvent à Éverard, orphelin comme elle, né le même jour qu'elle.

Il était de son âge, il était abandonné et malheureux; une douce pitié se mêla donc dans le cœur de Rosemonde à l'affection qu'elle lui avait conservée; elle le consolerait, elle remplirait sa solitude. Elle pressa de questions Jonathas sur le compte du jeune homme, et toutes les réponses de Jonathas lui montrèrent notre rêveur poétique et charmant: elle eut hâte alors de le voir, sans s'expliquer son impatience. D'ailleurs, elle se fût interrogée, la chaste jeune fille, que cette impatience lui eût paru toute naturelle. Éverard était son frère, Éverard avait été nourri du même lait qu'elle, Éverard avait été élevé avec elle, traité comme elle par sa mère; Éverard était le fils de sa bienfaitrice, le fils d'Albine, dont le souvenir était toujours vivant au Tilleul-Sacré; Éverard enfin, par sa naissance, par son éducation sans doute, allait être la seule personne qui la comprît, avec qui elle pût parler, non-seulement de cœur à cœur, mais encore d'esprit à esprit. Son père lui disait qu'il était simple et excellent, elle ne demanda point s'il était spirituel et instruit; cela allait de soi-même dans son rêve: l'essentiel était qu'il ne fût pas fier et méprisant. Quant à la distance qui les séparait, est-ce que leur douleur commune ne l'effaçait pas? Et puis je vous demande si c'est à cela que l'on pense à quinze ans!

Rosemonde, la belle et chaste enfant, rêva donc sans scrupule et en toute innocence à celui qu'elle nommait tout bas son frère; elle appela de tous ses désirs l'instant où elle pourrait tendre la main à Éverard et lui conter les mille choses qu'elle avait à lui dire.

Devons-nous ajouter que l'espoir de retrouver son jeune ami compensait presque, dans le cœur de Rosemonde, la douleur que devait y réveiller la pensée de la mort prochaine de son grand-père? Au reste, pourquoi ne l'avouerions-nous pas? Cet égoïste oubli de la jeunesse, qui ne voit qu'elle au monde et n'aime à regarder qu'en avant, est si naturel, nous allions dire si charmant, qu'on le lui pardonne et qu'on s'en fait volontiers le complice: qu'elle néglige le passé, qu'elle ne se soucie pas d'hier, c'est tout simple: son royaume à elle, c'est demain, c'est l'avenir!

Nous savons l'arrivée de Rosemonde à Eppstein et sa première entrevue avec Éverard. Il n'était pas seulement modeste, il était timide. Non-seulement il ne se montrait pas orgueilleux, mais il avait peur. Cette douceur et cet embarras n'allaient pas mal à la tournure d'esprit ferme et sérieuse de Rosemonde; ce qu'elle méprisait le plus, c'étaient l'impertinence et les grands airs. Mais son bonheur se changea en tristesse lorsqu'elle vit qu'Éverard allait jusqu'à l'éviter. Ne la devinait-il donc pas? Lorsqu'il partit avec son oncle Conrad, sans presque la regarder, elle eut peine à retenir ses larmes. Elle se trouvait froissée dans la sympathie qu'elle avait tout d'abord éprouvée pour cette nature tendre et mélancolique. Il semblait à Rosemonde qu'elle eût pu aider, soutenir Éverard, et elle souffrait de renoncer à ce doux rôle de sœur aimée, qu'elle eût si bien rempli. Cette froideur, qu'elle n'avait pas méritée, lui brisait l'âme; que devait-elle donc faire pour ramener Éverard, qui semblait s'éloigner d'elle?

Durant tout le temps de son absence, elle fut inquiète, préoccupée; cependant son père l'entourait de soins, de distractions, de tendresses. Tous les matins, bon gré mal gré, il fallait qu'elle montât à cheval, qu'elle visitât avec lui une partie de la forêt, son royaume; et Jonathas était heureux quand il pouvait la faire sourire et lui arracher une exclamation de surprise, d'admiration ou de joie. Il lui parlait aussi tant qu'il pouvait d'Éverard, car il s'était bien aperçu que ce sujet de conversation plaisait à sa fille, et que, quand ils causaient ensemble de l'absent, les couleurs montaient aux joues de la jeune fille, et la flamme à ses yeux.

Mais nous en savons assez sur Rosemonde; d'ailleurs, elle a eu le temps de rejoindre Éverard, que nous avons laissé immobile et muet au pied d'un arbre, regardant venir la jeune fille comme une apparition. Retournons donc à eux; nous les retrouverons ensemble.

XV

Ce fut Rosemonde qui, la première, aperçut Éverard, et elle jeta un cri de surprise en le voyant:

— Ah! mon frère Éverard!

Aussitôt elle sauta à bas de son cheval et courut au-devant du jeune homme en lui tendant la main. Justement, elle était d'une humeur charmante; son père venait de lui raconter comment, un jour, Éverard s'était jeté tout habillé dans le Mein pour sauver l'enfant d'une pauvre femme qui y était tombé en jouant.

— Ah! vous voilà donc, Éverard? Que vous avez

été longtemps! Nous commencions à être inquiets, vraiment. C'est mal de ne pas nous avoir donné de vos nouvelles; mais vous voilà, tout est oublié.

Pendant ce temps, Jonathas s'était rapproché des enfants.

— Enfin, voilà notre cher absent de retour, dit le brave garde-chasse. Vous ne savez pas, Éverard, que votre père est venu à Eppstein en votre absence, et vous a, ma foi, demandé avec beaucoup d'instances pendant plusieurs jours, ce qui ne l'a pas empêché de partir sans vous avoir vu.

— Il est parti! s'écria Éverard.

— Eh! mon Dieu, oui; et, ce matin, en partant, il n'a pas beaucoup parlé de vous, il faut en convenir. Après cela, il paraissait fort agité et très-pressé de s'en aller. C'est égal, il est bien singulier qu'il n'ait pas seulement prononcé votre nom. J'étais là, car il m'avait envoyé chercher pour me demander un renseignement bien étrange, et je lui ai dit, en voyant qu'il se disposait à partir : « Monseigneur n'attend donc pas le retour de M. Éverard? » Il m'a imposé silence avec un accent terrible.

— Parti! répétait Éverard, parti!

— Oui; mais, en revanche, vous voilà revenu, dit de sa douce voix Rosemonde.

Éverard la regardait avec un singulier mélange de tendresse et d'embarras; elle baissait les yeux et souriait.

— Et puisque le voilà revenu, reprit le père, ma foi, je vais vous laisser, s'il vous plaît, continuer la promenade ensemble. Depuis huit jours, Rosemonde, pendant que je tiens mon cheval par la bride et que je conte des histoires, mon fusil reste oisif, bien entendu, et les loups et les braconniers ont beau jeu. Çà, Éverard, prenez ma place, mon beau chevalier, et menez cette enfant par les sentiers les plus fleuris; vous les connaissez mieux que moi encore. Vous n'avez pas déjeuné peut-être? Vous déjeunerez ensemble. Elle a emporté dans le bissac tout ce qu'il fallait; pour dessert, vous cueillerez des mûres et des fraises sauvages, et, pour boisson, vous puiserez à quelque source. Sur ce, je vous laisse, enfants; à ce soir, au dîner. Je n'ai pas besoin de vous recommander votre sœur. Bonne promenade, mes amis !

Le garde-chasse jeta son fusil sur son épaule, dit de la main adieu aux enfants, et s'enfonça dans le taillis en sifflant.

Rosemonde et Éverard restèrent seuls, aussi embarrassés l'un que l'autre; ce fut Rosemonde qui rompit la première ce silence gênant :

— Puisqu'il faut déjeuner, Éverard, nous allons, si vous le voulez bien, prendre pour table ce gazon, pour toit l'ombre de ce grand chêne, et faire là, sur l'herbe, un repas royal pendant que les oiseaux nous donneront le concert.

Aussitôt dit, aussitôt fait. Éverard attacha le cheval à un arbre, tandis que Rosemonde étalait ses provisions sur l'herbe, et voilà nos deux amis mangeant du meilleur appétit du monde. Toutefois, Éverard ne disait mot encore; à peine échangèrent-ils, pendant un quart d'heure que dura leur déjeuner, quelques paroles insignifiantes; mais Rosemonde, qui le regardait, trouvait ses yeux plus éloquents que lui; elle voyait sa pensée dans son regard, et l'entendait aussi bien que s'il eût parlé. Sous son simple et grossier costume de montagnard et de paysan, nous l'avons dit, Éverard était beau, beau surtout de cette beauté du dedans qui se traduit par le mot physionomie. A travers ses manières empruntées perçaient la fierté et la dignité de l'âme; son regard ferme et doux charmait et persuadait tout de suite. Malgré sa gaucherie et son silence, il fallait être un niais pour le croire un sot. Or, Rosemonde était aussi fine, aussi pénétrante qu'une jeune fille bonne et sincère peut l'être; puis il y a entre les cœurs honnêtes et purs une secrète sympathie qui ne les trompe jamais.

— Quand nous aurons achevé de déjeuner, dit Rosemonde, vous me montrerez les parties du bois que vous aimez; dites, Éverard, y consentez-vous? Est-ce que cela vous fâcherait de me servir de guide et de compagnon?

— Me fâcher ! s'écria Éverard.

— Ou peut-être, reprit Rosemonde, ai-je dérangé votre promenade et votre solitude? car je vois maintenant que vous aimez à être seul; moi qui vous plaignais !

— Vous m'avez plaint, vous, Rosemonde?

— Oui, et je me disais : Dorénavant, au moins, il aura une sœur, une amie ! Je croyais que nous allions bien nous entendre. Je me rappelais les jours d'autrefois, et il me semblait que nous pourrions reprendre et continuer, dans ces solitudes qui paraissent calmes et belles comme le paradis, la douce fraternité de notre enfance. La vie doit y être aisément heureuse et pure. Enfin, je rêvais un roman comme celui de *Paul et Virginie*, ajouta-t-elle en riant d'abord de son idée, puis en rougissant ensuite.

— Qu'est-ce que *Paul et Virginie?* demanda Éverard.

— Un beau livre français de Bernardin de Saint-Pierre; ne le connaissez-vous pas? Je vous le prêterai. J'avais fait un songe de bonheur; nous aurions vécu ignorés, mais si contents, dans les montagnes, dans les forêts, mon bon père Jonathas entre nous deux. J'y ai pensé tout le long de la route. Demandez à mon père, que j'accablais de questions sur votre compte, et qui me répondait de manière à encourager mes chimères et mes espérances. Cependant je suis arrivée, et, dès le premier coup d'œil, j'ai vu que tous mes projets n'étaient que des illusions. Je vous ai tendu la main comme à un frère, et vous m'avez accueillie comme une étrangère; ce n'est pas fierté, je le sais : mon père m'a assuré que vous étiez aussi noble de cœur que de naissance; d'où viennent donc votre froideur et votre indifférence?

— Oh! ce n'est pas de la froideur, dit vivement Éverard, ce n'est pas de l'indifférence; mais, que voulez-vous! je suis un enfant farouche, un fils sauvage de ces forêts, et votre présence m'a intimidé comme l'apparition d'un ange ou d'une fée.

— Quoi! vraiment, suis-je majestueuse et terrible à ce point? dit en riant la jeune fille. Éverard, reprit-elle sérieusement, faisons en sorte qu'il n'y ait pas entre nous de méprise; je vous dis franchement, et dans la simplicité de mon cœur, que je me sens attirée vers vous; et c'est parce que je vous crois loyal et bon, que je vous offre d'être mon ami et mon compagnon. Puisque nous pouvons être deux, à quoi bon rester seuls l'un et l'autre? La nature de Dieu, au milieu de laquelle nous vivons, et le souvenir sacré des morts sanctifient en quelque sorte notre affection. Pas de fausse honte et de malentendu; en présence de nos deux mères et de ces vieux chênes, je vous demande d'être mon frère. Le voulez-vous?

— Si je le veux! Ah! vous êtes une âme grande et généreuse, Rosemonde, et je tâcherai de n'être pas indigne de votre amitié. Je rougis maintenant de m'être montré si craintif et si timide; mais le faon effarouché est apprivoisé maintenant, ma belle sainte, et le daim, au lieu de s'enfuir, viendra vous lécher les pieds.

— Tout comme si j'étais Geneviève de Brabant, dit en riant Rosemonde.

— Qu'est-ce que Geneviève de Brabant? demanda Éverard.

— Ah! vous m'ôtez du cœur un grand poids, continua la jeune fille sans avoir entendu la malencontreuse question. Donc, c'est par timidité que vous ne m'avez pas adressé la parole le premier jour; c'est par timidité que vous avez évité ma rencontre, que vous êtes parti avec votre oncle Conrad, sans presque me dire adieu...

— Et que j'allais quitter Eppstein et l'Allemagne pour toujours et sans vous revoir, reprit Éverard, quand la Providence et ma mère vous ont envoyée sur ma route.

— Mais, à présent, vous restez! dit vivement Rosemonde; à présent, nous allons nous comprendre et nous aimer... Eh bien, qu'avez-vous? à quoi pensez-vous?

— Je pense, continua Éverard songeur, que ce n'est peut-être pas par sauvagerie uniquement que je voulais m'éloigner, rejoindre l'armée de l'empereur. Il y avait mon père qui... mais il est reparti pour Vienne. Il y avait quelque chose encore...

— Quoi donc? demanda Rosemonde avec inquiétude.

Il y eut un silence. Éverard, les yeux fixes, semblait regarder dans la nuit de sa pensée, et secouait la tête d'un air méditatif.

— Rosemonde! Rosemonde! reprit-il d'une voix lente, un charme m'attire vers vous; cependant une voix me crie : « Fuis! fuis! » Vous ne me comprenez pas? C'est qu'il ne faut pas me juger comme les autres; je suis un être à part, une nature étrange, je ne vis pas de la vie de tous. Vous voyez que je commence à vous parler avec confiance. Oui, j'ai confiance, et... j'ai peur; un pressentiment me dit que notre amitié sera funeste, et qu'il y a entre nous un malheur! Un instinct m'avertit que je ferais mieux de partir, et pourtant je ne partirai pas. Il y a des prédestinations, Rosemonde.

— Il y a Dieu, dit la pieuse jeune fille.

— Oui, Dieu! continua Éverard en s'enfonçant dans sa rêverie. Eh bien, mon Dieu, reprit-il en joignant les mains comme s'il était seul, mon Dieu, vous qui m'éclairez de ces lueurs imparfaites, vous qui me donnez ce vague désir de m'éloigner sans m'en laisser le courage et la force, je vous obéis, Seigneur; faites de moi ce que vous voudrez. Que sert à mon esprit de s'agiter, puisque votre main me mène? C'est ma mère peut-être qui me conseille de partir; mais, si votre destin m'ordonne de rester, qu'y puis-je?

— Oh! oui, restez donc, restez donc, dit Rosemonde avec une gracieuse insistance; nous pouvons être si heureux ensemble! Vous avez dans le bois, m'a dit mon père, vos retraites inconnues. Vous m'y mènerez et vous verrez, mon ami, qu'il vaut mieux, mais beaucoup mieux, être deux que rester seul. Oh! moi d'abord, sans vous, loin de mon père, qui passe la journée dans la forêt, je vous avoue que je périrais d'ennui, tandis que tous deux nous pourrions causer, nous communiquer nos idées, nos sensations, lire ensemble, étudier ensemble. Vous paraissez surpris; vous me croyez une petite fille ignorante, sans doute? Eh bien, vous vous trompez; j'ai appris beaucoup, et je pourrais vous comprendre, vous répondre, à peu de chose près, sur tout. J'avoue que je n'ai pas dû approfondir, comme vous qui êtes homme, le français, le grec, le latin, l'histoire, les mathématiques surtout, que je n'aime guère.

— Rosemonde! Rosemonde! mais j'ignore jusqu'au nom de tout cela.

— Comment! que me dites-vous?

— La vérité. Votre mère m'a appris à lire et le chapelain à écrire; mais ils sont morts, et je suis resté seul ici, abandonné, vous le savez bien, n'ayant d'autre maitre que la forêt, d'autre éducation que celle de la nature! Qui m'aurait instruit? Personne. Je n'ai encore ouvert que la Bible, et cela ne m'est pas même arrivé souvent. Les arbres et les oiseaux ne me reprochaient pas mon ignorance : je la connus pour la première fois il y a un mois, à l'arrivée de mon oncle; j'en rougis pour la première fois aujourd'hui.

— Est-il possible! s'écria Rosemonde. Oui sans doute, j'aurais dû réfléchir, j'aurais dû penser... Pauvre ami, je vous demande pardon de vous avoir involontairement blessé, peut-être.

— Vous ne m'avez pas blessé, Rosemonde; mais vous voyez bien que ma compagnie ne peut ni vous plaire ni vous servir, que je ne suis pas à la hauteur de votre esprit, et que mon entretien vous fatiguerait, loin de vous distraire: vous voyez bien qu'il faut me laisser seul dans mon ignorance et dans mon ennui; vous voyez bien que j'avais raison, et que le mieux que j'aie à faire est de partir d'aller me battre.

— Ami, dit gravement Rosemonde, vous avez l'âme trop élevée pour écouter un faux orgueil et obéir à une susceptibilité mesquine. Demeurez, et nous pourrons nous être utiles l'un à l'autre. Vous avez le cœur savant, Éverard, et les champs, les bois, le ciel, ont dû vous donner des enseignements bons et salutaires. Vous m'en ferez part, et cela me profitera; moi, de mon côté, puisque je dois quelque éducation au hasard, ou plutôt à la protection de la comtesse Albine, ne me refusez pas la joie de rendre un peu au fils ce que je tiens de la mère. Acceptez-moi pour maître; voulez-vous? Ce serait charmant, en vérité.

— Non, il est trop tard, Rosemonde, trop tard!

— Mon Dieu! vous croyez donc la science chose bien rude et bien difficile? C'est très-simple, très-intéressant, Éverard, vous n'y trouverez rien de nouveau; vous verrez naître les nations comme des sources, croître les génies comme les chênes, éclater les révolutions comme les tempêtes. Il y a des livres qui vous réjouiront comme une belle soirée de mai; il y a des époques qui vous désoleront comme une pluvieuse journée de décembre. Les langues ne sont pas plus difficiles à déchiffrer que les signes du ciel et du vent, et vous reconnaîtrez Dieu dans l'histoire comme dans la nature. Et puis ne serez-vous pas fier et heureux de rencontrer dans les annales de l'Allemagne les annales de votre glorieuse famille, de retrouver à chaque pas dans nos chroniques le nom de vos ancêtres, le vôtre, le nom d'Eppstein?

— Est-ce que je suis un d'Eppstein, moi? interrompit Éverard avec une mélancolie amère. Vous vous trompez, Rosemonde. Je suis un enfant abandonné, renié par son père; voilà tout. A quoi bon apprendre, à quoi bon m'élever pour mieux comprendre mon abaissement? Rosemonde, pour ce que j'ai à faire ici-bas, ce que je sais suffit. Ma mère me guide, c'est assez. Vous ne me comprenez pas: si vous entriez plus avant dans ma confidence et dans ma vie, je vous révélerais des choses qui vous frapperaient d'étonnement et même d'effroi. Je vous le répète, mon âme et ma destinée sont étranges; Dieu m'a marqué d'avance pour un avenir qu'il connaît seul, et que je ne puis éviter. Je sens que son souffle me pousse, et, puisqu'il voit pour moi, à quoi me servirait la science humaine? Mon instinct me suffit pour obéir à sa volonté, mais j'aurais peur de ma raison; le mieux pour moi serait de partir, ou d'ignorer, puisque je ne pars pas.

Nous ne répéterons pas toutes les supplications de Rosemonde, toutes les réponses d'Éverard, toute cette lutte de l'instinct éclairé et de la prudence aveugle. Le rôle de petite mère allait à merveille avec la figure sereine et le caractère sérieux de la pensionnaire du Tilleul-Sacré; elle disait à Éverard combien leurs études seraient aimables et ravissantes à l'ombre des arbres séculaires et dans la solitude des clairières parfumées. Éverard hésitait, cédait presque, puis reculait.

La journée entière se passa à discuter tout en se promenant, tout en admirant les grands aspects et les beaux points de vue du paysage. Les conseils furent aussi, il faut le dire, entremêlés de jeux et de défis, et il arriva souvent qu'on interrompit une dissertation sur les avantages de la science pour courir après quelque papillon diapré. Qu'on veuille bien ne pas oublier que le plus âgé de nos héros n'a pas encore quinze ans. Bref, au milieu des enfantillages et des sermons, le soir vint, et il fallut bien qu'Éverard reconduisît sa sœur à la maison du garde-chasse. Pourtant ses indécisions n'étaient pas encore fixées, et il jurait bien qu'il partirait le lendemain.

Il ne disait pas tout à Rosemonde, il ne lui disait pas que ce qui le chassait ainsi, c'était un affront sanglant reçu de son père, et qu'il ne pouvait plus rentrer au château, d'où cet affront le bannissait. Mais, bien qu'il se tût sur ce sujet, il y pensait certainement, et, chaque fois qu'il y pensait, il sentait de subites rougeurs lui monter au visage.

Ce fut au milieu de ces irrésolutions qu'il rentra dans la maison de Jonathas, qu'il s'était promis, le matin même, de ne plus revoir. Le garde-chasse les attendait.

— Que vous avez été longtemps dehors! dit-il; j'étais inquiet. Éverard, voici une lettre que M. le comte m'adresse de Francfort, et qu'un piqueur vient d'apporter à toute bride. Lisez-la; elle vous concerne.

Éverard prit le papier d'une main tremblante et lut. Maximilien avertissait Jonathas qu'il allait définitivement se fixer à Vienne et que dorénavant on ne le verrait plus à Eppstein.

« Dites-le à mon fils Éverard, ajoutait-il, et prévenez-le qu'il peut disposer du château et du quart des revenus. Mon intendant ira chaque année toucher le surplus; mais qu'Éverard sache qu'il ne doit pas quitter Eppstein, ni tenter de me rejoindre. Nos deux destinées doivent être séparées, et je lui défends de chercher à les réunir. C'est à cette condition que je le laisse libre et maître dans sa vie et dans ma maison. Il fera tout ce qu'il voudra, tout, pourvu qu'il ne vienne pas où je serai. Je ne l'inquiéterai plus, mais qu'il ne m'inquiète pas davantage. Je ne lui demanderai aucun compte de ses actions, mais qu'il ne me demande jamais raison des miennes. Restons étrangers l'un à l'autre pour rester heureux. Telle est ma résolution expresse et formelle, et malheur à lui s'il y résiste! »

Éverard, cette lettre achevée, laissa tomber sa tête sur sa poitrine : triste et joyeux à la fois, il parut se recueillir un moment.

— Eh bien? lui demanda Rosemonde avec anxiété.

— Eh bien, Rosemonde, dit-il l'œil brillant, mais le sein gonflé d'un soupir, eh bien, Dieu le veut, je restorai.

XVI

A un quart de lieue du hameau d'Eppstein, à deux cents pas de la maison du garde-chasse Jonathas, il y avait, sur la lisière de la forêt, une large et fraîche pelouse où les paysans des environs se réunissaient le dimanche. Ce beau rond de gazon était la salle verdoyante et le tapis épais des bals du pays, et, près de là, un grand massif de tilleuls centenaires servait de point de réunion aux vieux et aux savants du village. On trouvait, entre les arbres, une fontaine creusée dans un pli du terrain, et à laquelle on descendait par un escalier de pierres toutes moussues.

Autour de la source, étaient établis des bancs avec un mur d'appui très-commode pour puiser de l'eau.

Trois ans après la mort de Gaspard, un jeune homme, par une mélancolique et douce matinée de septembre, était assis sur l'herbe, au plus épais du rond de tilleuls, et, un carton sur les genoux, dessinait un vieux tronc d'arbre tordu et noueux qu'un essaim d'abeilles avait choisi pour royaume. Le jeune homme interrompait fréquemment son travail pour regarder du côté de la pelouse. C'était pourtant un jour de la semaine, et pas une âme n'y paraissait; on

n'entendait absolument que le clapotement continu de la fontaine et la chanson d'une fauvette perdue dans le feuillage.

Cependant, au bout d'une heure d'attente, une jeune fille parut au bout de la pelouse, et le dessinateur se leva comme pour aller à sa rencontre; mais il s'arrêta au bout de quelques pas, et se mit à la regarder sans être vu d'elle.

Ce jeune homme était Éverard, cette jeune fille était Rosemonde.

Éverard, toujours noble et beau, portait, avec plus d'élégance et de distinction qu'autrefois, son costume simple et pittoresque; c'était le même regard grave et doux, mais plus profond et plus triste; c'était le même front haut et sérieux, mais marqué plus visiblement encore du sceau d'un destin sombre et de je ne sais quelle fatalité cachée.

Rosemonde, toujours ravissante et modestement fière, était vêtue d'un corsage rouge et d'un jupon noir; le bord plissé de sa chemise entourait son gracieux visage. Elle portait une cruche de grès sur son épaule et une plus petite à la main, et se dirigeait vers la fontaine.

Quand elle descendit les degrés usés, Éverard quitta le massif de tilleuls, et courut la rejoindre.

— Bonjour, Éverard, dit-elle en l'apercevant, d'un ton qui indiquait qu'elle s'attendait à le trouver là.

Ils s'assirent tous les deux sur le banc.

— Tenez, Rosemonde, dit Éverard en ouvrant son carton, j'ai presque terminé mon dessin, et, ma foi! grâce à vos bons avis d'hier, il n'est pas trop mal venu, ce me semble; j'ai tâché d'y imprimer cette horreur que prêtait, dites-vous, aux forêts notre grand Albert Durer, dont vous me racontiez l'autre jour la simple et sublime histoire.

— Mais c'est fort bien, en vérité, dit Rosemonde; seulement, l'ombre portée de cette branche pourrait produire un effet meilleur.

Et, lui prenant le crayon de la main, elle corrigea la faute en quelques traits.

— Maintenant, c'est magnifique, dit Éverard en battant des mains, et je suis deux fois plus fier de mon chef-d'œuvre depuis que vous y avez touché. Il faut que vous soyez aussi bonne que vous êtes belle, Rosemonde, pour avoir tant d'indulgence et de patience avec votre maladroit écolier.

— Enfant que vous êtes, dit la jeune fille tandis qu'il lui baisait doucement les mains et la contemplait avec une admiration naïve, est-ce qu'il n'y a pas un attrait charmant dans nos études? Est-ce que nos leçons sont autre chose que des plaisirs? Est-ce que mon écolier n'est pas mon compagnon? Et puis je serais si glorieuse, Éverard, d'avoir rendu, d'avoir presque donné à la noblesse allemande un de ses plus historiques représentants, un gentilhomme appelé par son rang à de si hauts destins, et qui languissait dans l'ignorance et dans l'ennui! J'ai fait pour vous, ah! je m'en sens fière quand j'y pense, ce qu'eût fait votre mère, ce qu'au rait dû faire le comte Maximilien. Et que de progrès en trois ans! Comme vous avez saisi avec promptitude! comme vous avez deviné tout à fait ce que je ne savais qu'à demi! Maintenant, que seraient près de vous tous les papillons dorés de la cour de Vienne?

— Hélas! reprit tristement Éverard, ce n'est point par la science que vous m'avez rendu heureux, ma sœur Rosemonde. A quoi bon agrandir la pensée, quand la vie est si étroite? Que servent les ailes à l'aigle en cage? Que fait un nom éclatant à une destinée obscure? Je n'ai jamais mieux compris mon isolement que depuis que je comprends le monde; et, si je ne vous bénissais de votre présence, je vous en voudrais, je crois, de vos leçons. Depuis que je vous vois, j'existe; mais, depuis que je pense, je souffre. Nous déplorerons peut-être un jour, Rosemonde, le don fatal que vous m'avez fait.

— Non, répondit Rosemonde, je ne me repentirai jamais d'avoir rendu un d'Eppstein à lui-même et à son pays.

— Ah! je suis un d'Eppstein renié, oublié, dit Éverard en secouant la tête avec mélancolie; je ne serai jamais un général illustre comme mon grand-père Rodolphe, que redoutait Frédéric, ni un profond diplomate comme mon aïeul maternel, qui en remontrait à Kaunitz; je serai tout au plus le héros de quelque sombre et terrible légende, et, si je suis fameux un jour, ce ne sera ni dans les camps, ni dans les lycées, mais peut-être aux veillées des paysans.

— Éverard, mon frère, encore vos folles idées! interrompit Rosemonde.

— Oh! vous avez beau dire, je sens un crime dans mon sort. Précisément depuis que vous m'avez fait entrer dans la réalité, j'ai conscience de la vie étrange que Dieu m'a imposée côte à côte avec une morte. Aux lueurs de vérité que vous m'avez fait entrevoir, je m'aperçois bien que je suis comme en dehors de l'humanité: une ombre, un fantôme, une menace peut-être et une vengeance; tout enfin, excepté un homme.

— Mon ami!

— Ah! vous ne pouvez rien contre cela. Vous êtes devant moi, Rosemonde; mais ma mère Albine est derrière moi; vous seriez un avenir bien rayonnant, mais elle est un passé si formidable! Tenez, parlons d'autre chose.

Il y eut une pause pleine de pensées.

— Avez-vous achevé l'Histoire de la guerre de trente ans? dit Rosemonde.

— Oui, et Wallenstein est un grand général, comme Schiller est un grand poëte. Merci à vous, Rosemonde, qui m'avez introduit dans les chroniques des jours écoulés, qui avez, pour ainsi dire, ajouté à ma vie toutes ces vies fécondes et éclatantes: merci à vous qui m'avez appris l'enthousiasme. Ah! quand je vous adresse des paroles amères, pardonnez-moi, ne m'écoutez pas, je suis injuste, je suis méchant. Mais, au fond, je vous aime comme ma sœur, et je vous vénère comme ma mère.

— Éverard, dit Rosemonde, — et vraiment sa voix grave et sa sérieuse attitude la faisaient ressembler à une jeune mère exhortant son fils; — Éverard, je sais que vous êtes bon et doux! mais je vous blâme, en effet, d'être triste et découragé. Pourquoi croyez-vous à la fatalité et ne croyez-vous pas à la Providence? C'est mal. Dieu et votre mère ne veillent-ils pas pour vous? Une seule chose vous manquait, l'éducation de l'esprit; j'ai été choisie pour vous l'apporter, et l'hiver au coin de l'âtre, l'été dans votre grotte ou sur l'appui de cette petite fontaine, nous avons causé, lu, médité. Vous avez vite appris ce que je savais, et puis, dépassant mon enseignement imparfait, vous m'avez montré à votre tour ce que j'ignorais encore. Maintenant, soit que vous restiez ici dans votre retraite, soit que vous alliez dans le monde à Vienne, à la cour, vous serez partout une intelligence éclairée et distinguée. Maintenant, vous pourrez vous-même diriger et conseiller les autres. Ne troublez donc pas, je vous prie, par vos doutes et par vos tristesses, la joie que j'éprouve à songer que j'ai contribué dans mes faibles moyens à vous rendre digne du nom que vous portez et de l'avenir qui vous attend.

— Eh bien, je serai joyeux, si vous le voulez, Rosemonde, joyeux tant que vous serez là, comme les fleurs sont joyeuses, tant que le soleil brille.

— A la bonne heure, frère! dit Rosemonde. Laissez-moi donc puiser l'eau qu'il faut que je rapporte tout de suite à la maison, et puis, si cela vous plaît, nous achèverons de repasser ensemble l'histoire des Hohenstaufen.

— Je crois bien que cela me plaît! s'écria gaiement le jeune homme. Rosemonde, je vous promets de ne pas penser à demain, si je reste près de vous aujourd'hui.

Et les deux amis se pressèrent la main avec un sourire plein d'une affection vraie. Puis la jeune fille prit la plus petite cruche et se pencha pour puiser de l'eau. Éverard saisit l'autre cruche et s'inclina aussi vers la fraîche fontaine. Le ciel était tout bleu au-dessus de leurs têtes, et leurs charmants visages se réfléchissaient dans le miroir de la source.

Ainsi entourés d'azur, ils se rapprochaient dans l'eau, et riaient et se saluaient doucement.

Quand ils se relevèrent :

— Laissez-moi boire, dit joyeusement Éverard.

Rosemonde lui présenta la cruche, et il but. Le sculpteur qui eût saisi leur gracieuse attitude eût trouvé le plus heureux groupe qu'on puisse imaginer.

— Nous devons avoir l'air d'un tableau de la Bible, d'Éliézer et de Rébecca, reprit en souriant la jeune fille.

Elle franchit lestement les degrés de pierre pour s'éloigner de la fontaine, emportant sa petite cruche sur l'épaule. Éverard, l'autre cruche à la main, son carton sous le bras, ne tarda pas à la rejoindre, et tous deux se dirigèrent ainsi vers la maison du garde-chasse.

Ils se regardaient souvent en marchant ; les yeux d'Éverard étaient pleins d'admiration et de tendresse ; mais, dans le regard de Rosemonde, il y avait moins une expression d'amour qu'une expression de sagesse et de bonté.

XVII

Le récit de cette seule matinée peut faire comprendre quelle avait été, pendant trois années, la douce vie à deux d'Éverard et de Rosemonde. Le tendre rêveur des bois du Taunus et la grave pensionnaire du Tilleul-Sacré s'étaient développés l'un et l'autre dans le sens de leur caractère et de leur destin. Rosemonde avait enseigné Éverard, Éverard avait aimé Rosemonde. Le promeneur solitaire désormais n'était plus seul. Il avait à qui offrir son âme, à qui envoyer sa pensée, à qui consacrer les parts de son cœur et de sa vie que sa mère laissait vides. Il mit son bonheur à obéir à Rosemonde ; ce qu'elle lui donnait à faire, il en venait à bout sans effort ; elle eut sur ce sauvage esprit une juridiction souveraine ; tout fut à elle dans cette nature rude et dévouée.

La seule chose qu'Éverard garda pour lui, ce fut sa religion pour l'ombre d'Albine. Rosemonde était sa confidente pour tout le reste ; mais il ne s'ouvrit qu'avec réserve, même à elle, sur ces visions de la nuit et du jour. Le secret des apparitions et des conseils du cher fantôme ne fut révélé qu'à demi. Comme l'amour véritable, le respect filial d'Éverard avait sa pudeur qui lui défendait de trahir cette tombe fermée pour tous, hormis pour lui.

Éverard eut dès lors une double existence et un double amour, et sa mère ne lui sembla pas irritée du partage. Quand Rosemonde était là, il travaillait avec elle, heureux de l'écouter et de la comprendre.

Elle partie, il s'enfonçait dans la forêt et dans sa rêverie, et c'était sa mère qu'il appelait, sa mère qui venait, qui reprenait sur lui son ancienne autorité, et qui lui parlait dans le vent ou dans la brise, toujours pour l'instruire et l'améliorer.

Or, ces entretiens, il en taisait les détails et l'objet, comme l'amant respectueux qui ne dit pas les baisers de sa maitresse. Les froids rayons de la lune ou les pâles clartés des étoiles en étaient les seuls témoins et les seuls confidents ; seulement, il faut croire que sa mère le plaignait, si elle ne le blâmait pas, et que, s'il n'encourait pas de reproches, il était troublé de ses appréhensions et de sa pitié ; car il revenait de sa grotte le plus souvent mélancolique et même sombre, et, quand Rosemonde l'interrogeait, il refusait doucement de lui répondre ; puis il pleurait avec amertume et parlait vaguement d'un avenir redoutable. Elle ne réussissait pas, ces jours-là, à le consoler.

Hormis sur ce point, il était tout à Rosemonde, et subissait de jour en jour avec un charme plus vif l'ascendant de la jeune fille.

Il faut dire aussi qu'elle en usait avec une sagesse et une douceur infinies, comme si les instincts maternels qui étaient en elle ne devaient pas, hélas ! trouver d'autre occasion de s'exercer. Elle avait entrepris avec joie et mené à fin avec amour l'éducation du jeune et inculte esprit d'Éverard. Elle était revenue avec lui sur les rudes et ingrats sentiers de la science ; elle avait montré à son élève avec patience et bonne grâce tout ce qu'elle savait : l'histoire, la géographie, le dessin, la musique ; elle lui avait rendu familières les langues française et anglaise, sans parler de la littérature nationale. Sur plusieurs points, il l'avait dépassée ; sur d'autres, elle lui était restée supérieure ; mais, en vérité, ç'avait été un spectacle charmant et touchant que celui de cette enfant en enseignant un autre, et c'était un mystère étrange que cette transformation, faite par une jeune fille, d'un rude et ignorant paysan en un homme élégant et lettré.

Raconter, d'ailleurs, les événements de ces trois années à Eppstein serait impossible. Rien n'était plus simple que l'existence que menaient Rosemonde et Éverard, existence stérile en faits, féconde en idées. En deux mots, on pourrait la dire. Les suivre un jour, c'était les connaître depuis trois ans.

Dès le matin, Éverard quittait le château, où il avait définitivement repris sa chambre, et, après avoir fait une longue prière sur la tombe de sa mère, il venait frapper à la porte du bon Jonathas. Tandis que Rosemonde, qui était la meilleure et la plus exacte ménagère, rangeait et disposait tout dans la maison ; il étudiait seul, il repassait les leçons de la veille et préparait celles du jour. Puis on déjeunait en famille, simplement et gaiement. Les heures du travail venaient ensuite, animées et sérieuses, à la maison quand le temps menaçait, dans le bois, dans la plaine, à la source, quand il faisait beau ; et les études n'en étaient pas plus mauvaises pour être faites le long d'un champ de blé, les lectures n'en étaient pas moins bien comprises pour être accompagnées de quelque chanson d'oiseau. Parce que des fleurs cueillies sur la route marquaient les pages des livres, les livres parfumés n'en profitaient pas moins aux lecteurs.

La soirée était donnée au repos et à la causerie. L'hiver, on s'asseyait au coin du foyer flamboyant, l'été sur le banc du seuil, sous le chèvrefeuille et le jasmin. L'hiver, on écoutait tomber la pluie ou la neige ; l'été, on regardait le soleil se coucher et se lever les étoiles.

Puis le bonhomme Jonathas ou Rosemonde avaient toujours à raconter quelque conte merveilleux ou quelque légende charmante. Le garde-chasse surtout, qui était le plus grand conteur du pays, n'en avait jamais fini avec ses souvenirs, parmi lesquels il n'omettait pas même, dans la pureté et la sincérité de son cœur, toutes sortes d'histoires d'amour, dangereuses peut-être pour des auditeurs aussi jeunes que les siens, s'il n'en eût atténué l'effet par sa candeur chaste et sa naïveté sainte.

Quand on ne racontait pas, Rosemonde s'asseyait à son clavecin et jouait les plus beaux morceaux de Gluck, de Haydn, de Mozart, de Beethoven même, qui commençait alors à jeter son éclat. On ne saurait décrire l'effet que produisirent ces immortelles mélodies sur l'esprit d'Éverard, à la fois vague et profond comme la mer, et comme la musique même. Tandis que les petits doigts de Rosemonde couraient agiles sur son clavier, les rêveries du jeune homme erraient rapides et folles dans les champs sans limites de l'imagination.

Nous avons raconté déjà comment il se croyait entouré d'une éternelle harmonie, et quelles voix célestes il entendait à toute heure dans le silence. Or, il reconnaissait parfois, dans les sublimes inspirations des maîtres, les notes éparses des concerts de son extase. Rosemonde aussi, dans ces moments-là, lui apparaissait, comme autrefois Albine, précédée par les sons des harpes séraphiques et tout enveloppée comme elle d'un voile de mélodie. Il l'eût volontiers adorée alors ainsi qu'une sainte, et il fallait que la voix de Jonathas le réveillât pour qu'il ne se crût pas transporté en paradis.

Puis, quoique les événements fussent bien rares dans sa vie solitaire, le beau est vraiment si simple, que, dans telle sonate ou telle symphonie, notre rêveur attentif croyait souvent retrouver son humble histoire. Oui, cette basse continue si majestueuse et si grave, c'était bien le fond triste et sombre de son existence, la pensée éternellement présente de sa mère morte, la menace sourde et grondante d'un avenir inconnu, tandis que les étincelantes et vives fantaisies, arabesques légères de sons brodées sur les accords uniformes, lui rappelaient sa vie au soleil, et Rosemonde souriante, et les prés, et les bois vermeils, et ses études mêlées de jeux. Éverard souriait et se reposait, bercé dans les caprices de l'harmonie ; mais, tout à coup, une note foudroyante ramenait, coup de tonnerre dans le ciel bleu, le formidable présage de quelque sinistre événement.

Quand on ne racontait pas, quand on ne faisait pas de musique, Rosemonde ou Éverard lisait à voix haute. Ces lectures pouvaient passer pour les vrais, les seuls événements de leur retraite. C'est ainsi qu'un soir Rosemonde lut *Hamlet*. Éverard écouta en silence le sombre drame, se leva sans mot dire quand il fut achevé, et sortit incliné sous le poids de ses pensées.

Le lendemain, il confia à Rosemonde les impressions que la terrible épopée du doute avait laissées dans son âme. N'existait-il pas une étrange conformité, une sorte de parenté morale entre lui et le héros du scepticisme? Tous deux voyaient sans cesse une ombre à leurs côtés. Ils étaient jeunes, tristes, faibles tous deux. Ils sentaient l'un et l'autre qu'ils avaient quelque chose d'horrible à faire, et que la fatalité les avait pris pour ses instruments. Ce qu'Éverard n'osait ajouter, c'est que, comme Hamlet, il hésitait devant la vie, c'est qu'il avait peur d'espérer, peur de croire, peur d'aimer surtout ; c'est qu'en son amer découragement, il eût volontiers dit à son Ophélie : « Au couvent ! retourne au couvent ! »

— Il est pourtant un point, disait Éverard pensif, sur lequel nous sommes différents, le prince de Danemark et moi, pauvre exilé : la mission affreuse dont le destin le charge, il la connaît, et, moi, je l'ignore. Il voit le but auquel il marche, le poignard dont il doit frapper, et il s'épouvante. Que serait-ce, s'il allait comme moi au crime dans les ténèbres, s'il se savait un bourreau, mais un bourreau aveugle?

— Éverard, que dites-vous? s'écria Rosemonde effrayée.

— Oui, Rosemonde, je vous fais horreur et pitié, n'est-il pas vrai? Mais je ne suis pas fou, mes révélations ne me trompent pas. Hamlet est l'instrument d'une vengeance ; je dois être l'occasion d'un châtiment. Ma mère en est triste et pleure beaucoup de ses yeux desséchés. Je ne frapperai pas peut-être, mais je serai cause que Dieu frappera. Je ne viens pas faire autre chose sur la terre, Rosemonde. Il y a des hommes qui sont grands, qui accomplissent de belles œuvres, et qui renouvellent la face du monde.

Moi, je ne suis destiné à aucune de ces actions mémorables. Hélas! moi, je ne suis pas libre comme mes semblables; je ne servirai dans la main du Seigneur ou dans celle du démon qu'à faire punir quelqu'un. Caillou jeté sur le bord du chemin, je ne suis bon qu'à faire tomber une âme dans l'enfer. C'est là que tend ma vie, cette vie que vous essayez de faire intelligente et utile, Rosemonde. Ah! vous avez tort! A quoi bon, mon Dieu? Qu'on illumine les palais, soit; mais la lampe du cachot ne sert à éclairer que la misère.

Telles étaient parfois les amères plaintes de cette âme désolée, et le sourire de Rosemonde avait bien de la peine à la ramener à l'espoir et à la résignation. La généreuse fille y parvenait cependant à force de soins, de courage et de bonté. Elle corrigeait *Hamlet* avec l'*Imitation de Jésus-Christ*, et *Werther* avec la *Vie de sainte Thérèse*.

Qui l'emporterait dans cette lutte entre l'amour et le sort? qui aurait raison, des espérances de Rosemonde ou des terreurs d'Albine, de la vivante ou de la morte? Dieu seul le savait.

On connaît maintenant les détails touchants ou effrayants, enfantins ou lugubres, de ces trois années de la vie d'Éverard et de Rosemonde. Ajoutons que, si nous avons plusieurs fois prononcé le mot d'amour, les deux enfants, eux, ne l'avaient jamais laissé échapper. Éverard était trop triste, Rosemonde était trop pure pour cela. Daphnis et Chloé chrétiens, ils s'aimaient sans le savoir, sans se l'être avoué à eux-mêmes. Une révélation du dehors pouvait les éclairer par hasard; en eux-mêmes rien ne devait certainement les avertir.

Ils allaient cependant, ils vivaient innocents et seuls sous le ciel bleu, dans la maison rustique, à l'ombre des grands arbres, toujours et partout ensemble, la main dans la main, leurs fronts se touchant quand ils lisaient dans le même livre; et, à les voir ainsi dans quelque attitude gracieuse ou abandonnée, on les eût souvent pris pour quelque groupe antique de marbre blanc.

XVIII

Le bonhomme Jonathas avait un cœur honnête et candide; mais son esprit, dénué de clairvoyance, n'était guère capable de deviner une passion cachée ou d'en prévoir et d'en arrêter les progrès. Éverard devenu jeune homme, et Rosemonde devenue jeune fille, ne lui semblaient toujours que des enfants. Il n'avait pas, d'ailleurs, complètement tort, et leur innocence, nous l'avons dit, justifiait son aveuglement. Ils eussent été réellement frère et sœur, selon les doux noms qu'ils se donnaient, qu'une pureté plus sincère n'eût pas été plus présente à leurs entretiens

comme à leurs jeux. On leur eût demandé s'ils s'aimaient, qu'ils eussent répondu oui en toute candeur; mais, comme à Paolo et à Francesca, il devait suffire d'un hasard, d'un mot, pour leur révéler ce qui se passait à leur insu dans leur cœur.

Ce hasard, Dieu l'envoya à l'heure marquée pour précipiter le dénoûment de cette simple histoire. Un jour, le garde-chasse, en revenant de sa tournée dans la forêt, trouva à la maison une lettre. Cette lettre était de Conrad. Le compagnon de l'empereur, qui depuis trois ans n'avait pas donné de ses nouvelles à Eppstein, parlait peu de lui aux habitants de la chaumière, et ne leur envoyait qu'un souvenir. D'ailleurs, il espérait sous peu aller les surprendre quelque matin; il songeait toujours, dans ses courses glorieuses à travers l'Europe, à la pauvre petite famille abritée dans un pli du Taunus; il leur disait à tous de bonnes paroles. Les seuls parents qu'il eût au monde maintenant, c'étaient, eux. Au bivac, et quand les trompettes sonnaient la bataille, leurs souvenirs passaient devant son âme. Eux pensaient-ils, de leur côté, à l'absent? Jonathas le nommait-il parfois à la veillée? Les enfants priaient-ils Dieu pour lui? Son jeune Éverard, son hôte et son compagnon, qui, après lui avoir fait les honneurs du château d'Eppstein, l'avait accompagné à Mayence, était-il toujours sauvage, solitaire et rêveur? ou bien, comme l'Hippolyte de Racine, s'était-il enfin apprivoisé?

Voilà ce que demandait Conrad.

— Oh! oui, certes, il est resté dans nos mémoires et dans nos cœurs! s'écria Jonathas tout attendri. Digne Conrad! comme c'est beau et bien à lui de ne pas nous avoir oubliés! A table! et nous boirons à sa santé, mes enfants.

Le brave Jonathas but, en effet, à dîner quelques rasades de plus qu'à l'ordinaire pour faire fête au souvenir de Conrad; et, après avoir vidé deux ou trois fois son gobelet des dimanches, il se sentit le cœur tout épanoui et la langue toute déliée.

On était à la fin de décembre. Le soir était venu pendant le repas. Au dehors, la neige tombait à gros flocons; mais un bon feu flambait dans la chaumière, et, comme on le sait, le coin du feu en hiver, quand le vent souffle au dehors, pousse au bavardage presque autant que le vin.

Le repas fini et la table repoussée, Jonathas, les mains jointes, s'étendit sur un grand fauteuil de cuir verni; les deux enfants s'assirent côte à côte, vis-à-vis de lui, sur un banc adossé au pied du lit, et l'on causa.

Bien entendu que Conrad fut le sujet de la conversation. Jonathas était du même âge à peu près que son beau-frère, et l'avait connu tout enfant; il parla de ses courses solitaires, de ses goûts sérieux, et peu à peu en vint à raconter comment il était devenu, lui, comte d'Eppstein, c'est-à-dire un des plus grands seigneurs de l'Allemagne, l'hôte de la maison du vieux Gaspard le garde-chasse, et l'amant de Noémi la paysanne.

C'était une histoire qui avait trop d'analogie avec la leur pour qu'Éverard et Rosemonde n'écoutassent point Jonathas avec la plus grande attention. La chambre n'était éclairée que par la flamme du foyer, si bien que le garde-chasse, voluptueusement assis sous le haut manteau de la cheminée, se trouvait seul éclairé par le cercle lumineux; les deux jeunes gens, tapis dans un coin, restaient cachés et perdus dans l'ombre. Sans savoir pourquoi, ils retenaient leur souffle et se sentaient émus comme à l'approche de quelque grave événement.

— Savez-vous, dit Jonathas d'un air fin, quand et comment j'ai commencé à m'apercevoir que monseigneur Conrad aimait Noémi? C'est en remarquant par quel obstiné hasard ils se rencontraient toujours l'un l'autre. Noémi avait une petite chèvre blanche qu'elle menait brouter elle-même sur la lisière du bois. Eh bien, chose incroyable, quelle que fût l'heure qu'elle choisît et quelque chemin qu'elle prît, on était toujours assuré de trouver sur sa route monseigneur Conrad, qui, sans faire semblant de rien, se promenait un fusil ou un livre à la main. Il accostait alors négligemment Noémi, et voilà la conversation engagée. Quand ce n'était pas la chèvre, c'était une visite; quand ce n'était pas une visite, c'était l'office du dimanche qui attirait Noémi dehors, et c'était toujours l'amour qui entraînait Conrad sur les pas de Noémi; et, dans ce temps-là où j'étais jeune comme eux, ma foi, il n'y avait pas grand mérite à découvrir qu'au fond toutes ces promenades n'étaient que des rendez-vous.

Éverard et Rosemonde se regardèrent d'un mouvement subit, bien que l'obscurité les empêchât de se voir avec les yeux du corps. C'est qu'eux aussi, attirés par un invincible aimant, s'étaient bien des fois trouvés dans le même chemin sans s'expliquer comment cela se faisait; ils ne s'étaient pas prévenus, ils se croyaient seuls, ils pensaient l'un à l'autre, et, tout à coup, au détour d'un sentier, au saut d'une haie, ils se retrouvaient tout joyeux, mais tout surpris en même temps de ce lien invisible, de cette sympathie secrète, qui les rapprochaient sans que leur volonté y eût part.

— Je me rappelle encore, continua Jonathas, je me rappelle certain jour où le chien du père Gaspard tua d'un coup de dent la fauvette apprivoisée de Noémi. L'enfant se mit à pleurer à chaudes larmes; elle aimait beaucoup cette petite fauvette, qui s'en allait dans la forêt comme un oiseau sauvage, et qui, au premier appel de sa jeune maîtresse, revenait chanter sur son doigt sa mélodieuse chanson.

Conrad ne dit rien et s'en alla dans le taillis; il revint le soir, ses habits en lambeaux et ses mains ensanglantées; il était allé découvrir, tout au fond d'un fourré où mon chien Castor n'avait pas pénétré, un nid chantant de fauvettes qu'il rapportait à la désolée Noémi. C'étaient cinq oiseaux pour un, c'était l'avenir pour le présent. Les regrets de la petite se changèrent donc bien vite en joie; mais cet exploit de Conrad était si peu dans son caractère, qu'en vérité, si Gaspard eût été moins aveugle...

Rosemonde et Éverard n'entendirent pas la fin de la phrase. Leurs mains s'étaient rencontrées et enlacées, car Rosemonde s'était, à ce moment-là même, souvenue d'une surprise que, de son côté, lui avait faite son frère Éverard.

Un jour, elle lui avait, sur un bout de papier, tracé le plan exact d'un petit jardin qu'elle cultivait elle-même autrefois au couvent et qu'elle regrettait beaucoup : un jardin de dix pieds carrés au moins, et qui contenait un rosier de roses blanches, un groseillier, des fraises en abondance, et une quantité innombrable de fleurs de la saison. Le lendemain, en se promenant dans le jardin de Jonathas, Rosemonde poussa tout à coup un cri de joie et de surprise. Un petit domaine tout pareil à celui qu'elle avait laissé au Tilleul-Sacré fleurissait dans un coin charmant. En relevant la tête, elle aperçut près d'elle Éverard qui épiait son étonnement. Elle lui avait su d'autant plus gré de cette prévenance, que c'était à peu près la première fois qu'Éverard touchait à une bêche et à un rateau.

Or, l'histoire de la fauvette avait, il faut l'avouer, bien de l'analogie avec l'histoire du jardinet, et les deux enfants en étaient tout ravis et tout troublés. Rosemonde avait serré la main d'Éverard comme pour le remercier encore du plaisir qu'il lui avait causé ce jour-là. Leurs mains brûlantes étaient restées jointes; emportés dans une autre vie, ils croyaient assister à un rêve en écoutant ce que leur racontait Jonathas, repris, comme malgré lui, aux puissants souvenirs de la jeunesse.

— C'étaient de nobles cœurs vraiment, poursuivit-il. Ils étaient purs comme des enfants du bon Dieu, et ce n'était pas leur faute, après tout, s'ils étaient jeunes et beaux et s'ils s'aimaient. Moi, j'étais de leur âge à peu près; je recherchais en mariage ma bonne Wilhelmine, et je les comprenais mieux qu'ils ne se comprenaient eux-mêmes. Il arriva que Noémi tomba malade, non pas dangereusement, Dieu merci; mais le médecin déclara qu'elle ne pourrait de quelques jours sortir ni même quitter la chambre. Conrad n'avait aucune inquiétude à avoir; seulement, il restait seul. Alors il tomba dans une tristesse sombre dont rien ne pouvait le tirer : je remplaçais déjà quelquefois Gaspard dans son emploi de garde-chasse ; eh bien, à chacune de mes courses, je rencontrais ce pauvre Conrad si navré, si désolé, que cela me faisait peine. Il cachait ses larmes quand il m'apercevait, et ne voulait convenir de son chagrin avec personne ni avec lui-même. Aussi, quand je l'interrogeais avec toute la retenue que m'inspirait son rang et en même temps toute la paternelle tendresse que je lui portais : « Que veux-tu, mon bon Jonathas ! me disait-il ; je ne sais ce que j'ai, je ne puis me rendre compte à moi-même du singulier malaise que j'éprouve. Tout me blesse, tout m'irrite sans motifs ; et, si je pleure, Jonathas, je te jure que c'est sans cause. » Voilà ce qu'il me disait, et je faisais semblant de le croire ; mais la vérité, c'est que je connaissais bien la cause de cette tristesse, et que j'aurais pu, s'il l'ignorait, la lui dire ; car, moi aussi, j'aimais Wilhelmine comme il aimait Noémi, et j'avais été séparé de Wilhelmine.

Si l'ombre où ils se tenaient abrités n'eût pas été si profonde, Éverard et Rosemonde, qui souffraient déjà beaucoup, auraient souffert encore bien davantage, car aux paroles du père ils se sentaient vingt fois par minute rougir et pâlir tour à tour. En effet, un mois auparavant, Rosemonde avait été passer quelques jours à Spire, chez une cousine de son père, et, à son retour, Éverard lui avait raconté de quel ennui, de quel accablement avaient été remplies les longues journées passées loin d'elle, assurant que la jeune fille avait véritablement emporté son âme avec elle, et qu'il avait pleuré des heures entières, sans savoir pourquoi.

— Mon Dieu ! mon Dieu ! se disaient-ils chacun de son côté, quand on est sans cesse attirés, sans cesse ramenés l'un vers l'autre, quand on donnerait son bonheur et sa vie pour satisfaire à un désir exprimé, quand on ne se sent vivre et respirer que sous un regard, c'est donc qu'on s'aime ? Mon Dieu ! mon Dieu ! ce mot de l'énigme que nous cherchions, c'est donc l'amour ?

Et tout un monde inconnu se révélait aux deux enfants émerveillés et éperdus. Ils brûlaient et frissonnaient en même temps. Leurs corps se touchaient, leurs mains ne s'étaient pas quittées ; ils auraient pu entendre les battements de leurs cœurs s'ils avaient pu écouter autre chose que leurs tumultueuses pensées.

La nuit, cependant, était au dehors paisible et sereine. La brise qui fouettait la cabane avait cessé de souffler. La lune brillait au ciel balayé de nuages, et plongeait quelques-uns de ses rayons à travers les gerçures des contrevents. La forêt semblait endormie. Le silence qui entourait Rosemonde et Éverard finit presque par les épouvanter.

— Et comment Conrad et Noémi se sont-ils enfin entendus ? demanda Éverard d'une voix dont le tremblement apprit à Rosemonde que le jeune homme n'était pas moins ému qu'elle.

— Ils se sont entendus sans rien se dire, allez, dit le bonhomme Jonathas. Les amoureux n'ont pas besoin de mots pour parler. Quand je dis les amoureux, cependant, j'ai tort. Il ne faudrait pas, pour certaines personnes, se servir des mêmes termes que pour tout le monde. C'est vrai ce que je dis : ils étaient si purs et si saints, qu'ils me semblaient mariés quand ils ne l'étaient pas encore, et que j'ai toujours cru que le bon Dieu les avait unis avant le prêtre. Et puis, ils ont tant souffert depuis, que la douleur et la mort ont épuré encore tous ces souvenirs sacrés ; l'histoire de leur innocente et belle affection me paraît respectable comme la vie des martyrs et des saints, et, quand j'y pense, c'est pour moi comme une seconde religion. Je les vénérais plus peut-être que je ne les aimais, et ce n'est pas peu dire. Ils savaient bien que je leur étais dévoué, et, me regardant déjà comme de la famille, ils m'avaient pris pour confident. Oh ! comme ils me parlaient avec attendrissement et douceur l'un de l'autre ! Or, Noémi a raconté à sa sœur Wilhelmine, qui me l'a raconté elle-même quand elle a été ma femme, qu'un jour ils étaient seuls assis sur le même banc et la main dans la main. Ils lisaient, je crois, un livre ; mais le seul livre qu'ils lussent en réalité, c'était celui de leurs cœurs ; si bien que, sans savoir comment cela se fit, leurs haleines si pures se mêlèrent, leurs lèvres, leurs douces lèvres se rapprochèrent, et, ma foi, ils se dirent ainsi, sans une parole, ce que, du reste, ni l'un ni l'autre n'avaient plus depuis longtemps à apprendre : c'est qu'ils s'aimaient !

Et, tandis que Jonathas parlait ainsi dans la candeur de son âme et dans la pureté de sa pensée, Éverard et Rosemonde, les mains pressées, les âmes confondues, se serraient l'un contre l'autre, enivrés, haletants, cachés par la nuit. Nul ne les voyait ; ils ne se voyaient pas eux-mêmes. Le bras du jeune homme était passé derrière le corps frémissant de son amie, et Rosemonde, Rosemonde elle-même, entraînée par une fascination irrésistible, n'avait plus ni force ni pensée ; leurs cheveux en ce moment se touchèrent, leurs haleines se confondirent, leurs lèvres se rapprochèrent toutes tremblantes, leurs bouches s'unirent ; mais ce baiser, leur premier bonheur, n'eut que la durée d'un éclair. Effrayés d'eux-mêmes, ils se reculèrent précipitamment. Puis, comme s'il n'eût attendu que ce moment :

— Allons, allons, enfants, dit le garde forestier, le feu s'éteint, séparons-nous. Il est l'heure, vous, monsieur le comte, de regagner le château, et toi, Rosemonde, de rentrer dans ta chambre.

La voix du garde forestier réveilla les deux enfants de leur extase, et les précipita du paradis sur la terre.

Tous trois se levèrent alors. Éverard et Rosemonde étaient si étourdis et si tremblants, qu'ils furent obligés, pour ne pas tomber, de s'appuyer l'un sur l'autre. Après quelques mots et un serrement de mains échangé, ils se séparèrent, Jonathas bien tranquille et rêvant au passé, Rosemonde et Éverard bien émus et rêvant à l'avenir.

Comme leur cœur battait, aux deux pauvres ingénus! comme leurs haleines étaient précipitées, comme on eût dit qu'ils venaient de courir vite et longtemps! et, en effet, n'avaient-ils pas parcouru bien vite un bien long chemin sur cette pente rapide de la jeunesse qu'on appelle l'amour?

Voilà comment Éverard et Rosemonde apprirent ce qui se passait dans leurs âmes. Le destin semblait vouloir se servir de l'histoire ébauchée des amours de Conrad et de Noémi, pour continuer dans leurs neveux l'histoire de leurs amours. A quel dénoûment terrible cette histoire était-elle destinée?

Nous l'avons dit, Dieu seul le savait.

XIX

Le lendemain, les deux amants, car nous pouvons désormais leur donner ce nom, se retrouvèrent, à la leçon du matin, dans la grotte tapissée de mousse, et chaude même en hiver. Éverard avait la joie dans le cœur et dans les yeux; Rosemonde paraissait plus réfléchie et plus sérieuse que jamais.

Il est inutile de dire qu'ils n'avaient dormi ni l'un ni l'autre.

Le jeune homme, après le premier moment de surprise, avait passé la nuit dans une sorte de délire et d'ivresse. Aimé! il était aimé! et lui aussi, il aimait! Ce qui avait rempli leurs deux pensées et leurs deux existences, ce trouble, ces langueurs, ces élans involontaires, c'était donc ce qu'on appelle l'amour? Une seconde vie se révélait à Éverard; mille doux souvenirs s'éclairaient d'un jour nouveau, mille espérances rayonnantes brillaient dans son avenir. Oh! il ne serait plus triste, maintenant. Si son destin devait être sombre, qu'importe? N'en avait-il pas maintenant près de lui un autre où se réfugier?

Pour Rosemonde, sa veillée avait été pleine d'angoisses et d'effroi; non que son âme courageuse se repentît d'avoir cédé à un entraînement irrésistible; mais elle ne se pardonnait pas d'avoir apporté à Éverard un nouveau sujet de malheur, d'avoir donné à l'injustice de Maximilien un nouveau prétexte de courroux. Est-ce ainsi qu'elle devait payer sa bienfaitrice Albine de tant de bontés? Car enfin son amour, pur aux yeux de Dieu, était répréhensible

selon le monde, et l'exemple de Conrad et de Noémi, qui avait fasciné Rosemonde la veille, l'épouvantait le lendemain. Où les avait menés leur passion sainte? A l'exil, au désespoir, à la mort. Et pourtant le comte Rodolphe ne haïssait pas son fils comme le comte Maximilien haïssait Éverard, et Noémi ne devait pas à Conrad l'éducation, cette vie de l'âme!

Voilà pourquoi, en arrivant à la grotte, Rosemonde était grave, et pourquoi Éverard était joyeux.

Dès que le jeune homme aperçut Rosemonde, que, tout frémissant d'impatience, il attendait depuis bien longtemps, il courut au-devant d'elle.

— Oh! s'écria-t-il, Rosemonde, c'est vous! Oh! les paroles manquent à mes lèvres; mais écoute, mais laisse-moi te dire un seul mot, un mot qui contient le monde : Je t'aime! et un autre mot qui contient le ciel : Rosemonde, vous m'aimez!

Et le jeune homme tomba à genoux devant elle, les mains jointes et la regardant avec ravissement.

— Éverard, mon ami, mon frère, dit Rosemonde avec un accent et un geste empreints de cette dignité qui ne l'abandonnait jamais, Éverard, levez-vous, et causons fraternellement, selon notre coutume. Je ne reviendrai jamais sur l'aveu tacite échappé à notre enivrement; oui, je vous aime comme vous m'aimez, Éverard.

— Anges du ciel, vous l'entendez! s'écria l'impétueux enfant.

— Oui, continua la pensive Rosemonde, oui, je le répète, car ces paroles ont je ne sais quel charme où l'âme se complaît, je vous aime comme Noémi aimait Conrad; mais pensez à Conrad et pensez à Noémi. Je vous donne ma vie, je ne puis, hélas! accepter la vôtre. Vous dites quelquefois que vous apercevez un grand malheur à votre horizon : ce malheur, si c'était par moi qu'il dût vous venir, Éverard, ah! j'en mourrais d'abord. Je veux bien être malheureuse, moi; mais souffrir en vous, ce serait au-dessus de mes forces, je vous préviens. Le mieux serait donc d'oublier le rêve dangereux que nous avons fait hier au soir.

— J'oublierais donc ma vie, reprit Éverard, car ce rêve, c'est mon souffle, c'est mon être, c'est mon existence : ce rêve, c'est moi : dorénavant rien ne peut plus nous séparer, Rosemonde, et vous êtes à moi comme je suis à vous.

— Qui parle de nous séparer? dit Rosemonde, âme ferme, mais cœur ignorant, qui obéissait sans s'en douter aux subtils conseils d'une passion impérieuse. Nous pouvons rester ensemble, Éverard, mais à condition que nous vivrons comme par le passé, que nous effacerons l'un et l'autre cette fiévreuse soirée de nos mémoires, que nous reviendrons au calme et à la sainteté de nos entretiens d'autrefois; à la condition, Éverard, que mon frère me servira de sauvegarde et d'appui, et que nos mères, ces deux saintes, resteront présentes entre nous. Si vous le voulez ainsi, nous aurons encore bien des jours heureux, car j'avoue qu'il m'en coûterait trop vraiment de renoncer tout de suite à notre douce intimité. Mais, si nous faisons avec courage et résignation notre devoir, Dieu nous soutiendra et nous aimera, et il faut penser que l'avenir est dans sa main.

— L'avenir!... C'est cela, dit Éverard avec amertume, ajournons notre bonheur comme on ajourne un créancier qu'on n'est pas en état de payer.

— Éverard, mon ami, mon frère! dit Rosemonde en regardant tristement Éverard, pourquoi cette ironie et cette injustice? Les joies paisibles et pures qui vous suffisaient hier vous semblent-elles méprisables aujourd'hui? Ne voulez-vous plus que votre amie, votre sœur, soit sacrée pour vous, honorée pour tous?

— Oui, Rosemonde, oui, il faut que tout le monde vous honore et vous vénère, et c'est bien pour cela qu'il ne faut point nous borner, pour l'avenir, à des paroles incertaines. Ecoutez; mon abandon qui, Dieu et ma mère le savent, m'a fait verser tant de larmes amères, me plaît et me sert aujourd'hui. Mon père a décidé qu'à la condition qu'il ne serait plus rien pour moi, je ne serais plus rien pour lui : je suis donc libre et maître de ma vie. Eh bien, ma vie est à vous; je ne vous la donne pas, c'est Dieu qui vous la donne, puisque, en me faisant orphelin, il m'a remis le droit d'en disposer. Acceptez-la seulement; je vous en conjure, Rosemonde, acceptez-la; soyez ma femme.

— Hélas! hélas! Éverard, c'est ce qu'a dû dire Conrad à Noémi... Et Noémi... Rappelle-toi, Éverard.

— Noémi est morte sur l'échafaud, n'est-ce pas?... Mais moi, ce n'est pas un mariage secret que je vous propose, Rosemonde; non, c'est un mariage au grand jour, dans la chapelle d'Eppstein, un mariage reconnu par les hommes et par Dieu, un mariage que je ne cacherai pas même à mon père. Les livres que vous m'avez fait connaître m'ont un peu appris le monde, et j'ai deviné à peu près, je le crois, les desseins et les sentiments du comte Maximilien. Si je cherchais à m'élever, à paraître, si je cherchais ma part dans sa gloire et dans l'éclat de son nom, si je réclamais ma place au soleil de la faveur impériale, il me maudirait et m'accablerait; mais que je me cloître dans l'obscurité, que je ferme les portes de la cour et de la renommée; que dans ses idées étroites, je descende et je me mésallie, cela ne l'offensera point, je vous le promets, et, loin de me détourner de cette voie, il m'y pousserait s'il le pouvait. Je le gêne là-bas dans son ambition et dans sa vanité, et il sera heureux, croyez-le bien, Rosemonde, d'être débarrassé de moi par moi-même. Du moment que j'aurai élevé entre nous cette barrière et où il n'aura plus à rendre de moi à personne un compte qui le ferait rougir; du moment qu'il pourra m'accuser seul et se plaindre, le beau rôle lui appartient, et il me saura gré secrètement de le lui avoir donné. Il pourra alors penser tranquillement à sa propre fortune dans le présent et à celle de mon frère aîné dans l'avenir. Albert sera vraiment son seul fils désormais. Je ne pourrai plus venir, tiers importun, me jeter à la traverse de leurs sublimes projets! Je serai un enfant rebelle qui, comme Conrad d'Eppstein, aura épousé une simple paysanne, et que son père aura légitimement renié! Comme Conrad le monde m'oubliera aujourd'hui et m'oubliera demain; mais, comme Conrad, nous n'aurons pas besoin de fuir, rien ne nous force à changer de vie et à déplacer notre félicité. Le comte d'Eppstein vit et demeure à Vienne, et, d'après la lettre même qu'il m'a écrite, il ne s'en éloignera jamais; et nous, Rosemonde, nous pourrons rester ici, dans la maison de votre père, seuls et ignorés, c'est-à-dire calmes et heureux. Allez, Rosemonde, allez, vous pouvez bien accepter; ce n'est pas le riche héritier de la maison d'Eppstein qui vous offre sa main, c'est un proscrit bien pauvre, bien misérable et bien obscur, à qui vous, généreuse fille, vous apportez la sérénité de votre front, la joie de votre regard, le trésor de votre amour. Voyons, est-ce que ce dévouement que je réclame de vous ne vous sourit pas? Est-ce que notre union ne serait pas le paradis, et ce paradis, Rosemonde, lorsque je vous l'offre, moi Éverard, votre frère, votre ami, est-ce que vous aurez le courage de le refuser?

— Éverard! Éverard! ne me tentez pas, dit Rosemonde d'une voix troublée, mais en repoussant le jeune homme avec fermeté; oui, c'est le ciel que vous m'offrez, mais nous sommes sur la terre, et vous êtes un enfant et un insensé d'espérer le bonheur absolu, comme vous étiez un blasphémateur et un impie quand vous pressentiez sans hésitation un avenir tout misérable. Hélas! pauvre faiseur de songes que vous êtes, ne savez-vous point que le mieux ici-bas est de ne pas rêver, mais d'attendre?

— Rosemonde! Rosemonde! s'écria Éverard, ne me rejetez pas dans les angoisses de ma destinée. Ce malheur que mon instinct prévoit, il me semble que vous auriez le pouvoir de le détourner et de changer d'un seul signe, comme une fée bienfaisante, tous mes doutes en illusions. Si vous me repoussez, au contraire, je penserai que vous avez peur de partager la dot de souffrances que me garde la destinée.

— Oh! ne dites pas cela, ne croyez pas cela, reprit vivement Rosemonde; je n'ai peur que de provoquer vos peines; mais m'y associer, je vous le jure, serait une véritable joie.

— Eh bien, c'est convenu alors, vous êtes à moi, Rosemonde, vous êtes ma femme; vienne après cela la douleur, vienne la mort! Un jour de paradis avec vous sur la terre, et qu'il se continue ici-bas ou là-haut, qu'importe?

Et le jeune homme parlait avec tant de force et tant d'éloquence, il avait en lui tant de flamme, que Rosemonde se sentait, comme la veille, fascinée, entraînée. Elle était tombée assise sur un quartier de roc, lui s'était retrouvé comme par enchantement à ses genoux. Elle regardait vaguement autour d'elle la grotte, ces bancs de mousse, ces lieux témoins de tant d'heures délicieuses et calmes passées ensemble. Dans son cœur, elle éprouvait le bonheur des anges, et se laissait aller, elle, l'immaculée, la noble enfant, aux périlleuses émotions, au prestige étrange de ce bonheur; puis le silence même qui l'entourait était plein de trouble et de séduction.

Ce furent précisément la vivacité et la nouveauté de ces sensations qui réveillèrent la fière et chaste vierge. Passant la main sur son beau front pour en effacer jusqu'au reflet des pensées qu'y faisait monter son cœur, elle se leva tout à coup, et ordonna d'un geste ferme à Éverard de se lever aussi.

Puis, se tenant debout devant son amant subjugué, elle lui dit avec un calme plein de force et de décision ;

— Frère, pas de faiblesse ni de dangereux songes; devons-nous en une minute, sans réflexion, et comme des enfants étourdis, engager, je ne dirai pas nos âmes, hélas! nos âmes sont engagées dès longtemps, mais nos existences? Frère, du courage, du sang-froid, et envisageons avec tranquillité l'avenir que Dieu nous a fait, la route que nous devons suivre.

— Ah! vous réfléchissez! s'écria Éverard; donc, vous ne m'aimez pas.

— Je vous aime saintement, Éverard, Dieu le sait, et il y a dans mon cœur, quand je pense à vous, quelque chose de doux et d'enivrant, mais aussi quelque chose d'auguste et, pour ainsi dire, de maternel.

— Vous ne m'aimez pas, vous ne m'aimez pas! répétait Éverard.

— Écoutez, Éverard, répondit la sincère et forte Rosemonde, il me semble qu'en effet, si je vous aime, ce n'est pas d'un amour pareil au vôtre. Je vous aime selon ma nature, probablement; néanmoins, je puis vous attester une chose, car, remise de mon trouble, j'ai beaucoup pensé cette nuit, beaucoup sondé mon âme. Or, écoutez; je vous promets et je vous jure, Éverard, que, si je n'appartiens pas à vous, je ne serai à personne en ce monde qu'à Dieu,

et que l'idée d'unir mon destin à un autre que vous, Éverard, m'est insupportable! Si cela pouvait vous consoler et vous apaiser un peu, j'en serais bien heureuse.

— Cela me ravit aujourd'hui, Rosemonde; mais est-ce assez pour demain?

— Demain comme aujourd'hui, mon existence est à vous, Éverard; mais croyez-moi, n'enlevons pas à notre amour la sanction de la souffrance et du temps : réservons les droits du malheur. J'imagine que, si nous acceptions notre joie sans nous soumettre à aucune épreuve, le sort s'en vengerait, et l'on m'a appris à faire en toutes choses la part de Dieu. Qu'est-ce que je vous demande? de la patience. J'ai peut-être tort déjà de vous laisser un espoir chimérique sans doute, de n'être raisonnable qu'à demi et pour le présent seulement; mais, quoique vous disiez que je ne vous aime pas, l'effort est au-dessus de mon courage, et je ne puis, comme cela, renoncer à tout le bonheur entrevu... Pardonnez-le-moi, mon Dieu! O ma mère, ô Albine, pardonnez-le-moi!

— Oh! ma mère, Rosemonde, ma mère non-seulement vous pardonne, mais vous remercie pour son fils, car vous allez lui rendre ma vie, de sombre et triste qu'elle était, belle et rayonnante. Et tenez, Rosemonde, en son nom, et que ce nom révéré sanctifie ma pensée et mon action, en son nom, acceptez cet anneau qu'elle portait étant jeune fille; prenez-le pour l'amour d'elle et de moi, et, puisque vous daignez ne pas me fermer l'avenir, que ce gage vous fiance à moi, ma sainte adorée!

— Éverard, Éverard, vous le voulez?

— Je prie et j'implore, dit Éverard.

— Écoutez donc mes conditions, reprit Rosemonde.

— Oh! j'écoute, j'écoute.

— D'abord, si je m'engage à vous, et je le fais de grand cœur, j'entends que vous restiez libre, entièrement libre.

— Ah! Rosemonde!

— Je le veux, Éverard; en outre, tout en gardant dans notre âme le souvenir de cette matinée solennelle, nous ne nous en reparlerons jamais; nous redeviendrons ce que nous étions hier, frère et sœur; nous reprendrons nos leçons et nos entretiens paisibles. Jamais le mot amour ne sera prononcé entre nous, et nous attendrons ainsi, calmes et confiants, les changements du temps et de la Providence.

— Mais, mon Dieu, cette douloureuse épreuve n'aura-t-elle point un terme?

— Dans deux ans, le jour où nous aurons vingt ans tous deux, Éverard, vous déclarerez votre intention à votre père, et nous verrons.

— Deux ans ! dans deux ans !

— Oui, frère. Acceptez-vous ma volonté expresse, irrévocable ?

— Je m'y résigne, Rosemonde.

— Mettez donc votre anneau à mon doigt, Éverard. Merci, ami ; de ce jour, je suis votre fiancée dans mon cœur ; mais, de ce moment, je redeviens votre sœur dans mes paroles.

— Chère Rosemonde !

— Montre-moi la fin de ta traduction d'*Hamlet*, Éverard.

On comprend bien que, malgré l'héroïque résolution des enfants, la leçon de ce jour-là fut courte et troublée par quelques distractions ; ils ne faiblirent pas néanmoins, et, quand ils se quittèrent, ils étaient restés fidèles à leur promesse et à eux-mêmes.

XX

Rosemonde était heureuse d'une joie calme ; elle croyait, la pauvre enfant, avoir tout gagné en gagnant du temps, et, parce qu'elle s'était tenue entre son amour et son devoir, parce qu'elle avait transigé avec la passion tout en satisfaisant sa conscience, elle était contente d'elle, et se répétait que Dieu et Albine devaient être contents aussi.

— Deux ans, c'est si long ! se répétait-elle ; d'ici là, Éverard, hélas ! il ne m'aimera sans doute plus. Je lui aurai pourtant sauvé tout remords ; en attendant, je pourrai le garder près de moi, et, si dans deux ans il m'aime encore... Mais vous êtes témoin, ô mon Dieu, que je suis bien certaine qu'il ne m'aimera plus.

Pour Éverard, il quitta Rosemonde ivre d'amour et fou de joie.

— Deux ans, c'est bien court, disait-il, puisque je la verrai toujours ; j'emploierai ces deux années de noviciat à la persuader de mon amour et de ma tendresse. Je ne crois pas m'être trompé sur les dispositions de mon père. Je l'éprouverai, d'ailleurs ; j'essayerai, c'est une ruse que Dieu me pardonnera, j'essayerai de l'alarmer sur mes projets futurs et de lui faire croire à mon ambition. Il sera heureux alors de trouver, à la place d'une exigence légitime qui l'effrayerait, un amour qui le rassurera ; il me laissera faire tout ce que je voudrai en m'accablant de reproches, et Rosemonde, trop fière pour m'accepter noble et puissant, est trop dévouée pour me repousser seul et abandonné. Oui, c'est cela, dès aujourd'hui je vais écrire à mon père, et l'inquiéter par quelques phrases détournées. Relisons d'abord, pour me guider, le billet qu'il a écrit autrefois à Jonathas, et où il renonce à son autorité si je veux renoncer à mes droits.

Ce billet, Éverard l'avait serré précieusement dans sa chambre, au château d'Eppstein ; il s'achemina donc à pas lents et la tête baissée vers les hautes tours du manoir de famille, tout en combinant les termes de la lettre qu'il voulait écrire au comte, il l'avait à peu près composée dans son esprit quand il arriva aux portes du château.

— Oui, c'est ainsi qu'il faut le prendre, disait-il, c'est bien cette corde qu'il faut toucher ; mon succès est presque certain, et il faut bien que je recoure à une lettre, d'ailleurs, puisque mon père a juré de ne plus revenir à Eppstein.

En se parlant ainsi, Éverard, le cœur tout joyeux, franchissait lentement le seuil de la grande porte, lorsque, en relevant la tête, il aperçut debout devant lui, sombre et hautain, le comte Maximilien en habits de deuil. Le même frisson courut dans les veines du père et du fils.

Le comte Maximilien d'Eppstein appartenait à cette race tortueuse et cauteleuse de politiques qui regardent la ligne droite comme le plus long chemin d'un point à un autre. Un étranger qui eût observé l'attitude et l'accent qu'il prit en recevant Éverard eût pressenti que le diplomate, à travers les mille détours et les mille périphrases de sa parole, avait un but caché qu'il ne perdait pas de vue ; on voyait qu'il voulait, le profond et l'habile, sonder et étudier son fils avant de prononcer un mot mystérieux qu'il retenait sur ses lèvres et ménageait comme un auteur dramatique ménage sa péripétie.

— Monseigneur d'Eppstein ! murmura enfin Éverard stupéfait.

— Dites votre père, Éverard, et venez m'embrasser, mon fils, répondit le comte.

Éverard hésita.

— J'avais hâte de vous revoir, continua Maximilien, et c'est pour vous revoir que j'arrive de Vienne en quatre jours.

— Pour me revoir, Monsieur ? balbutia Éverard ; vous revenez pour me revoir ?

— Songez donc, mon fils, que voilà trois ans que je ne vous ai vu, trois ans que ces odieux soucis de la politique me retiennent loin de vous à Vienne. Mais que je vous fasse compliment, Éverard : j'avais laissé un enfant, et je retrouve un homme. Vous avez un air mâle et charmant qui me ravit, et, en vous revoyant si différent de ce que vous étiez, mon cœur de père se sent plein de bonheur, d'orgueil et de joie.

— Monseigneur, dit Éverard, si je pouvais vous croire, vous me rendriez moi-même bien fier et bien heureux.

Éverard ne pouvait revenir de sa surprise : était-ce bien le comte Maximilien, autrefois si dur et si cruel, qui lui parlait maintenant avec cette douceur et cette bonté? Aussi, malgré la candeur de son âme, Éverard, éclairé par l'instinct de l'amour, devinait un piége et se tenait sur ses gardes. Le comte, de son côté, épiait sur le visage d'Éverard ses impressions et ses pensées.

C'était un singulier spectacle que l'entrevue, après trois ans d'absence, de ce père et de ce fils, se soupçonnant l'un l'autre en s'embrassant, jouant l'un l'un vis-à-vis de l'autre au plus fin avec mille protestations, et comme si, joueurs ou duellistes, ils avaient à la main des cartes ou des épées, scrutant leurs regards et leurs mouvements au milieu de leurs paroles paternelles et filiales.

— Oui, Éverard, continua le comte du même ton posé et avec le même regard interrogateur, vous ne sauriez imaginer avec quelle satisfaction je me rapprochais d'Eppstein, et quelle fête je me faisais de revoir un fils que j'avais un peu méconnu et trop négligé peut-être, mais qui me pardonnera, je l'espère, cet oubli apparent en faisant la part des ennuis qui m'obsèdent. Dans votre isolement, Éverard, et je le déplore amèrement aujourd'hui, la science des livres et la connaissance du monde n'ont pu vous arriver; mais, avec une nature généreuse comme l'est certes la vôtre, l'éducation ne vient jamais trop tard. Voici, continua le comte, le savant docteur Blazius que je vous présente et que j'ai amené de Vienne pour voir où vous en êtes et pour vous élever au degré d'instruction qui vous est nécessaire.

En ce moment, Éverard vit s'avancer par une porte du vestibule un homme grand, sec et noir. Cet homme, quand on prononça son nom, salua profondément Éverard en balbutiant quelques paroles dans lesquelles son futur élève ne distingua que les mots *monseigneur* et *dévouement*.

— C'est cela, pensa Éverard, et les respects de mon professeur comme les caresses de mon père m'éclairent : on veut savoir si je ne serais point par hasard devenu dangereux, et si je suis bien resté l'enfant ignorant et inoffensif d'autrefois. Le moment est venu de jeter dans leurs cœurs soupçonneux quelques alarmes, et de leur montrer que je puis, au besoin, reconnaître et traverser leurs projets.

— Mon père, répondit le jeune homme en s'inclinant, je vous sais gré, ainsi qu'à monsieur, de vouloir bien apporter à un pauvre reclus la science dont, en effet, je suis d'autant plus avide que je n'ai pu jusqu'ici en recueillir qu'une bien faible portion.

— Hélas! reprit Maximilien, oui, c'est un reproche à me faire à moi bien plus qu'à vous; mais tout peut encore se réparer, n'est-ce pas, docteur Blazius?

— Sans nul doute, Monseigneur, sans nul doute, répondit le professeur patenté, et j'aime mille fois mieux m'adresser à un esprit neuf, pareil à une table

rase, à une feuille blanche où aucun signe n'a encore été tracé, qu'à une intelligence faussée par des doctrines et des principes erronés; nous aurons tout à faire, mais rien à défaire, et c'est beaucoup.

— Je vous remercie d'espérer, dit le comte.

— Et moi de ne pas désespérer, dit Éverard, dont l'esprit ferme et loyal s'indignait de la comédie à laquelle il croyait assister, et qui prenait un singulier et amer plaisir à mêler son ironie à leur fausseté.

— Nous allons donc, reprit le docteur, et je m'en applaudis, nous allons donc, je le répète, prendre toutes choses à leurs éléments : histoire, langues, sciences, philosophie.

— Pour ne pas perdre de temps, dit Éverard en observant sur le visage de son père l'effet de ses paroles, nous ferons bien, mon cher professeur, de laisser là les résultats, que je crois posséder assez bien, et de remonter tout de suite ensemble aux principes. Ainsi, pour nous en tenir à l'histoire, je crois que vous n'aurez pas grand'chose à m'apprendre sur les faits; mais je serai heureux de causer avec un homme aussi éclairé que vous sur la philosophie que contiennent les événements. Êtes-vous comme moi pour Herder contre Bossuet, monsieur le docteur?

Le comte et le docteur se regardèrent étonnés.

— Quant aux langues, reprit Éverard, je sais assez bien le français et l'anglais pour expliquer Molière et Shakspeare à livre ouvert; mais, si vous voulez bien me faire descendre plus avant dans la pensée de ces grands génies, étudier avec moi l'esprit après la lettre, je vous promets que vous trouverez en moi, docteur, un écolier, sinon bien intelligent, du moins fort attentif et fort zélé.

Maximilien et Blazius ne pouvaient revenir de leur surprise.

— Éverard, s'écria le comte, qui donc a pu vous rendre si savant dans votre solitude?

— Ma solitude même, dit Éverard, qui sentit que c'était là surtout qu'il devait redoubler de prudence. Oui, j'emportais dans les bois les livres de la bibliothèque, grammaires, chroniques, traités de mathématiques; je ne les quittais qu'après les avoir compris : je fécondais mes lectures par la réflexion. J'ai eu de la peine sans doute; les sciences exactes surtout m'ont donné beaucoup de mal; mais, à force de patience et de courage, j'ai triomphé des difficultés, et j'ai eu la joie de voir un jour, en trouvant sous ma main le programme des connaissances exigées par les écoles du gouvernement, que je pourrais me présenter avec confiance aux examens des écoles militaires comme à ceux des universités, et que, si je vous suivais même à la cour, mon père, loin de vous donner à rougir de moi, je vous ferais peut-être quelque honneur.

— Est-il possible! s'écria le comte; mais c'est un

miracle, docteur, un véritable miracle! Voyez donc à l'interroger, car je n'y puis croire. Rentrons, rentrons vite, docteur, j'ai hâte d'être rassuré. Et toi, Éverard, mon cher fils, viens, viens!

Et le comte entraîna Éverard dans la salle à manger, qui se trouvait sur leur chemin.

Là, le docteur Blazius fit subir un examen au prétendu écolier; mais il vit bientôt qu'il serait prudent à lui de ne pas trop s'aventurer avec le jeune érudit, car, sur beaucoup de sujets, l'apprenti était, sinon plus instruit, du moins mieux instruit que le maître. L'aptitude vraiment remarquable d'Éverard avait, en effet, sur bien des points, dépassé la science un peu superficielle de Rosemonde, et il s'amusait, en dépit de sa modestie accoutumée, à étonner par son assurance le pédantisme classique du docteur officiel Blazius.

— C'est un miracle! dit finalement le professeur abasourdi, un miracle vous devait le ciel, monsieur le comte; non certes comme un dédommagement, mais au moins comme une consolation.

— Aussi, reprit Maximilien, en ai-je senti une joie telle, que j'en ai un instant presque oublié le deuil de mon âme et de mes habits. Hélas! oui, cher Éverard, apprends la funeste nouvelle que je ne voulais t'annoncer qu'après avoir éprouvé si tu étais digne de tes aïeux et de toi-même. Ton frère aîné, mon pauvre Albert...

— Eh bien? demanda Éverard avec anxiété.

— Il est mort, Éverard... Tué, tué comme d'un coup de foudre, en trois jours, par une fièvre cérébrale, à vingt et un ans! quand un si bel avenir s'ouvrait devant lui, préparé par mes soins et par ses talents; car, pauvre jeune homme, il avait déjà tant d'habileté, tant de ressources dans l'esprit, il savait déjà si bien se tenir sur ce terrain glissant de la cour, il se tirait si finement des intrigues les plus embrouillées; il déjouait d'un coup d'œil si prompt les ruses de nos ennemis, et leur rendait si adroitement coup pour coup! Et Dieu me l'a repris, Éverard! comprends-tu? Mais il ne m'a frappé que d'une main, puisqu'il me rend un autre fils aussi digne qu'Albert de mon affection et des faveurs de Sa Majesté Impériale. Tu continueras ton frère, mon enfant; te voilà l'aîné et le seul héritier des Eppstein, et tu sais à quoi cet honneur t'engage. Une vie nouvelle va commencer pour toi; oublions le passé pour ne voir que l'avenir, n'est-ce pas? Compte désormais sur toute la tendresse et toute la protection de ton père. J'ai formé des projets qui vont te faire regagner tout de suite le temps et le terrain perdus; sois tranquille, mon fils, sois tranquille!

Éverard pâlissait et sentait ses genoux chanceler sous lui; d'un coup d'œil, il venait d'envisager tout ce que l'événement que lui annonçait son père allait apporter de changement dans son existence; cependant, comme, malgré ce combat intérieur, sa figure restait impassible, le comte reprit :

— Éverard, tu es dès aujourd'hui officier au service de l'Autriche, entends-tu? Voici ton brevet, et ce n'est pas tout.

Le comte alla à une chaise sur laquelle était posée une épée, et présenta l'arme à son fils.

— Et voici ton épée, continua-t-il. Je ne devais te donner l'un et l'autre que dans six mois; mais, puisque tu les mérites dès à présent, reçois l'un et l'autre de ma main. Et, maintenant, Éverard, crois-le bien, les faveurs de l'empereur ne s'arrêteront point là. Mais nous reparlerons de tout cela une autre fois; pour le moment, les souvenirs que ta vue a éveillés en moi, la mémoire de mon cher Albert évoquée par mes regrets, le bonheur ressenti en te voyant tel que je pouvais te souhaiter : toutes ces émotions bonnes ou douloureuses m'ont épuisé. Je te laisse causer avec le docteur Blazius; avant la fin du jour, je te reverrai, mon Éverard; je te dirai les grands desseins auxquels je veux t'associer et que tu comprendras, j'en suis sûr. Sois joyeux en attendant, et fais de beaux rêves, mon enfant; tes rêves ne seront jamais à la hauteur de la destinée qui t'attend à la cour de Vienne, où tu me suivras dans quelques jours.

Puis le comte sortit après avoir embrassé Éverard anéanti sous le coup, et en faisant un signe protecteur au docteur Blazius, qui se courbait jusqu'à terre.

— Dans quelques jours à la cour de Vienne! répétait Éverard atterré en regardant tristement son brevet et son épée; dans quelques jours... O mon Dieu! mon Dieu! Que va-t-elle dire lorsqu'elle saura cela?

Et il s'élança hors du château, malgré les cris du docteur Blazius, qui, n'ayant pas la prétention de le suivre, lui cria :

— Monseigneur d'Eppstein, n'oubliez pas que l'on dîne dans une heure et que le comte votre père vous attend à souper.

Éverard ne fit qu'un bond du château à la chaumière. Il trouva Rosemonde se promenant dans le jardin qu'il avait disposé pour elle. Pâle et essoufflé, il apparut tout à coup devant elle, tenant encore à la main son brevet et son épée.

— Qu'avez-vous donc, Éverard? demanda Rosemonde.

— Ce que j'ai, dit Éverard, ce que j'ai, Rosemonde? Le comte est arrivé, et, comme toujours, il ramène le malheur avec lui.

— Que voulez-vous dire, Éverard?

— Voyez, voyez! s'écria le jeune homme.

Et il présenta à Rosemonde le brevet et l'épée.

— Qu'est-ce que cela? demanda-t-elle.

— Vous ne devinez pas, Rosemonde?

— Non.

— Mon frère Albert est mort, me voilà l'aîné de la famille, et mon père, qui m'apporte ce brevet et cette épée, vient me chercher pour me conduire à Vienne.

La jeune fille devint pâle comme la mort, et cependant un mélancolique sourire passa sur ses lèvres.

— Donnez-moi le bras, Éverard, dit-elle, et rentrons.

Les deux jeunes gens rentrèrent dans la chaumière; et, tandis que Rosemonde se laissait tomber dans le fauteuil de Jonathas, Éverard posait l'épée dans un coin et jetait le brevet sur une table.

— Eh bien, Éverard, dit Rosemonde, ne vous l'avais-je pas bien dit ce matin, qu'il fallait faire la part du malheur? Seulement, il est venu la réclamer plus tôt que je ne pensais.

— Que m'importe, Rosemonde! répondit Éverard; croyez-vous donc que je partirai?

— Sans doute, je le crois.

— Rosemonde, je ne vous quitterai jamais; je l'ai juré.

— Vous n'avez point juré cela, Éverard, car vous auriez juré de désobéir à votre père, et vous n'en avez pas le droit.

— Le comte m'a abandonné, il me l'a écrit lui-même; je ne suis pas son fils, il n'est pas mon père.

— Une mauvaise pensée l'avait écarté de vous, Éverard, une bonne pensée le ramène à vous; c'est Dieu lui-même qui n'a pas voulu cette division entre le fils et le père. Vous obéirez, Éverard, vous irez à Vienne.

— Je vous l'ai dit, Rosemonde, jamais.

— Alors, c'est moi qui retournerai au couvent du Tilleul-Sacré; car, certes, Éverard, je ne serai pas la complice de votre désobéissance.

— Rosemonde, vous ne m'aimez pas.

— Au contraire, Éverard, c'est parce que je vous aime que je désire vous voir accepter ce que votre père vous propose. Il y a des devoirs imposés aux hommes le jour même de leur naissance, et auxquels ils ne peuvent se soustraire. Tant que vous aviez un frère aîné, tant que la gloire et le nom des Eppstein reposaient sur une autre tête que la vôtre, vous pouviez être heureux et ignoré. Maintenant, vous refuser à accepter l'héritage d'illustration et de douleur que le ciel vous envoie, serait un crime à la fois envers vos ancêtres et vos descendants. La carrière des armes, que vous propose votre père, est belle et honorable; vous partirez donc, Éverard.

— Rosemonde! Rosemonde! vous êtes bien cruelle!

— Non, Éverard; seulement, je vous parle comme

si je n'existais pas, parce que, devant de pareils intérêts, l'existence d'une pauvre fille comme moi doit...

— Eh bien, Rosemonde, jurez-moi une chose, dit Éverard.

— Laquelle?

— C'est que, si je ne puis détourner mon père de la résolution de m'emmener à Vienne; si je suis forcé d'embrasser cette carrière des armes où je n'apporterai que le dégoût de la vie et le mépris de la mort; enfin, si par cette carrière j'arrive à être libre, maître de moi, seul et unique arbitre de ma volonté, Rosemonde, vous accomplirez la promesse jurée ce matin, vous serez à moi.

— J'ai juré, Éverard, de n'être qu'à vous ou à Dieu; je vous le jure une seconde fois, et rapportez-vous-en à moi pour tenir cette promesse.

— Et moi, dit Éverard, écoute bien, Rosemonde : je jure par la tombe de ma mère de n'avoir jamais d'autre femme que toi.

— Éverard! Éverard!... s'écria Rosemonde épouvantée.

— Le serment est fait, Rosemonde, je ne le rétracterai pas; à moi ou à Dieu, à toi ou à personne.

— Les serments sont une chose terrible, Éverard.

— Pour les parjures, oui, mais pas pour ceux qui veulent les tenir.

— Rappelle-toi une chose, Éverard, c'est que tu n'auras pas besoin de venir me trouver pour te relever de ton serment; car, de ce moment, je t'en relève.

— C'est bien, Rosemonde. Voici la cloche du souper qui m'appelle; à demain.

Et Éverard sortit, laissant la jeune fille effrayée de la froide résolution de son amant.

XXI

Après le souper, où le comte se montra encore plus enjoué et plus affectueux pour son fils que dans la journée, Maximilien invita gravement Éverard à le suivre dans son appartement. Le jeune homme, l'esprit troublé et le cœur palpitant, obéit à l'ordre de son père.

Quand ils furent tous deux dans la chambre rouge, Maximilien désigna à son fils un fauteuil où le jeune homme s'assit en silence; pour lui, il se mit à marcher à grands pas de la fenêtre à la porte secrète, observant à la dérobée cet Éverard à qui, jusque-là, il avait montré si peu de l'affection d'un père. Presque intimidé par ce front candide et ce regard ingénu, il cherchait évidemment des mots pour entrer en matière; enfin, il crut faire merveille en prenant le ton gourmé et l'air solennel qu'il employait avec succès dans les relations diplomatiques.

— Éverard, dit-il en s'asseyant vis-à-vis de son fils, permettez, je vous prie, au père de s'effacer un instant, et de laisser la parole à l'homme d'État, à un des chargés du destin d'un grand empire. Vous êtes appelé à remplir à mes côtés, Éverard, la place que laisse vide la mort de votre frère; vous gouvernerez aussi un jour, à votre rang, les peuples et les idées, mon fils; mais vous devez sentir, en acceptant une si glorieuse et si périlleuse mission, quels rudes devoirs cette destinée vous impose. Il faut vous dépouiller de vos passions et de votre personnalité; il faut vous dire que vous ne vivrez plus pour vous, mais pour tous; il faut, dans votre abnégation sublime, renoncer à vos désirs, à vos inclinations, à votre orgueil même, et vous mettre au-dessus des conventions sociales, au-dessus du bien et du mal, des systèmes et des préjugés, au-dessus de toutes les choses humaines, en un mot, afin de mener impartialement, comme Dieu, si j'ose le dire, mène le monde et l'univers, la grande nation dont vous serez responsable pour la part de son administration qui vous aura été dévolue.

Satisfait de ce majestueux exorde, le comte fit une pause pour en saisir l'effet sur le visage de son auditeur. Éverard semblait attentif, mais non émerveillé, et son attitude pouvait révéler aussi bien l'ennui que le respect.

— Vous avez dû méditer sur ces graves sujets, et vous partagez sans doute mon opinion là-dessus, Éverard? demanda Maximilien un peu inquiet de ce silence obstiné.

— Je suis, en effet, de votre avis, mon père, répondit le jeune homme en s'inclinant, et j'admire de tout mon cœur ceux qui comprennent si bien leurs dignités; mais je pense, et vous pensez comme moi, à coup sûr, qu'en sacrifiant ses penchants, ses inclinations, son bonheur même, on doit maintenir les droits de sa conscience, et qu'en faisant abnégation de la vanité, on fait réserve de son honneur.

— Mots vides que tout cela, jeune homme, reprit le comte avec un sourire dédaigneux, distinctions subtiles dont vous ne tarderez point à reconnaître le néant. Ayez le cœur plus grand et l'âme plus forte.

— Je ne sais pas, mon père, reprit Éverard, si les mots vertu et probité sont pour quelques-uns, et à une certaine hauteur, des paroles vides; mais, pour moi, dans mon humble retraite, ce sont des sentiments et des instincts auxquels je tiens comme à ma vie, et je dirai même plus qu'à ma vie. Or, permettez-moi de vous le dire ici, Monseigneur, j'ai peur que vous n'ayez faussement conçu de moi de trop flatteuses espérances. Il faut penser qu'après

tout je ne suis qu'un paysan lettré, un enfant sauvage de ces bois et de ces montagnes, et que j'aurais bien de la peine à me faire aux théories et aux usages de la société. Je pourrais bien, sans trop de désavantage, me montrer un instant dans le monde; mais y vivre habituellement et m'y conduire sans gaucherie, ce serait, je le crois, chose impossible. Je me connais, et depuis ce matin j'ai beaucoup réfléchi. Habitué à l'air de mes forêts, j'étoufferais entre les murailles des villes. Fait à la vérité et à la liberté, je mourrais bientôt dans l'intrigue et la dépendance. J'aurais des indignations et des révoltes qui me perdraient et vous compromettraient peut-être, mon père. Je vous en prie, Monseigneur, renoncez donc pour moi à des projets si brillants, et, puisque vous n'avez que mon bonheur en vue, retournez seul à la cour et laissez-moi à mes champs.

— Je n'ai pas en vue votre bonheur seulement, Éverard, reprit le comte d'un ton où perçait déjà la sévérité, mais sans se laisser aller encore à la colère qui commençait à s'agiter sourdement au fond de son cœur; j'ai en vue aussi la gloire et la fortune de notre maison, dont vous êtes malheureusement, à cette heure, le dernier héritier. Eh! mon Dieu, moi aussi, autrefois, j'aurais mieux aimé courir et chasser sur mes domaines que de m'atteler au joug des affaires publiques; mais on ne s'appelle point Eppstein impunément. Mon père m'a contraint au sacrifice de mes goûts, et je l'en remercie à cette heure, comme vous m'en remercierez un jour. J'ai dompté et mes penchants d'oisiveté et mes habitudes violentes; car j'étais autrefois aussi emporté et aussi farouche que vous me voyez aujourd'hui modéré et patient, mon fils. Il faudrait cependant ne pas trop me résister, Éverard, et il serait dangereux de me pousser à bout, surtout dans ma famille, où je me considère comme chef et juge suprême; le vieil homme parfois se réveille; et sachez que mon courroux est terrible.

L'orage grondait, la parole du comte devenait sourde et brève. Il reprit néanmoins avec plus de douceur:

— Ce n'est pas, d'ailleurs, avec vous, Éverard, que j'ai besoin d'user de menace, je l'espère? Vous céderez à mes exhortations paternelles, et, pour vous faire entendre raison, je n'aurai qu'un mot à vous dire: Éverard, mon enfant, j'ai besoin de vous.

— Quoi! mon père, s'écria Éverard emporté par la naïveté de son cœur, et touché de la naïve bonhomie avec laquelle le courtisan avait prononcé ces paroles; quoi! vous pourriez avoir besoin de moi?

Cette expression d'un sentiment dévoué n'échappa point à Maximilien; il résolut d'en profiter.

— C'est-à-dire, reprit-il en posant sa main sur celle de son fils, c'est-à-dire, Éverard, que vous m'êtes nécessaire. Vous ne savez pas ce que c'est que ce terrain glissant des cours, et quelles intrigues éternelles nous repoussent en arrière. Eh bien, il y a deux mois, une de ces intrigues m'avait mis à deux doigts de ma perte. Le dévouement de votre frère allait me sauver, quand Dieu me l'a repris. Alors, Éverard, moi, qui vous avais oublié, mon pauvre enfant, j'ai pensé à vous et je suis revenu à vous.

— Dites, mon père, dites ! s'écria Éverard avec effusion, et je ferai ce qu'aurait fait mon frère.

— Oui, vous le ferez, Éverard, répondit Maximilien, car vous comprendrez que les hommes appelés par leur naissance aux fonctions suprêmes de l'État doivent payer cette gloire par une abnégation complète, et n'obtenir leurs douloureuses dignités que par bien des sacrifices et bien des épreuves. Le noviciat des honneurs est rude et pénible, Éverard ; il faut acheter ses titres par bien des sollicitudes, bien des dégoûts, bien des nuits sans sommeil, bien des jours sans loisirs. Les princes et leurs ministres, quelquefois par caprice, il faut l'avouer, plus souvent pour nous éprouver, nous imposent des conditions difficiles. Mais le but est si lumineux, si beau, si grand, reprit le comte avec enthousiasme, que nous oublions les difficultés semées sur la route.

Cette fois, le diplomate avait manqué son effet ; à la peinture de l'ambitieux, Éverard avait repris son sang-froid ; il songeait au moyen d'éluder les terribles offres de son père.

Celui-ci prit sa rêverie pour de l'attention et continua :

— Eh bien, mon fils, tandis que de nombreux obstacles s'offrent à qui veut arriver, toi, en te jouant, toi, pendant ton sommeil, tu te trouves porté au terme que veut atteindre après vingt ans d'efforts ! Le tout dépend, pour toi, d'une formalité, d'une misère, d'un acte insignifiant. Il s'agit tout simplement de te marier.

— Me marier, moi ? s'écria Éverard. Me marier ? Que dites-vous là, mon père ?

— Oui, je comprends que tu es un peu jeune, mais cela n'y fait rien. Voyons, écoute-moi jusqu'au bout, reprit le comte répondant à un mouvement d'effroi d'Éverard, tu t'étonneras après, si tu veux ; mais ce sera de ton bonheur, j'en réponds. Le mariage que je te propose, Éverard, ton pauvre frère était sur le point de le conclure quand je l'ai perdu ; alors j'ai pensé à toi, car, vois-tu, ce mariage, c'est un avenir magnifique, c'est un bonheur inespéré, c'est un chemin aplani qui te mène près du trône, et je dirai plus, Éverard, au trône même, si la réalité du pouvoir a autant de valeur que ses apparences. Eh bien, tu te tais. En quoi ! cet avenir ne t'éblouit pas ?

— Mon père, je vous le dis, ce n'est point là qu'était mon rêve.

— Diable ! mais où était-il donc ? Eh bien, Éverard, ce rêve que tu méprises a été le rêve de toute la cour. Les plus nobles seigneurs se sont disputé la gloire de devenir l'époux de la duchesse de B... ; mais, au nom d'Eppstein, tous ont compris qu'il fallait faire place, et tous se sont écartés.

— Et quelle est donc cette duchesse de B... dont je n'ai jamais entendu prononcer le nom, dit Éverard, et à qui il faut l'hériter d'une des plus vieilles maisons d'Allemagne ?

— La duchesse de B..., Éverard, c'est tout et ce n'est rien ; c'est une simple femme sans nom, oui, puisqu'on lui a créé un duché ; mais c'est la véritable impératrice. Comprends-tu, Éverard, ce que pourra pour lui et pour sa famille l'homme assez heureux pour devenir le mari de cette femme ?

— Non, mon père, non, répondit Éverard ; je ne comprends pas bien.

— Comment ! tu ne comprends pas que cette femme est libre, et que, pour sauver les convenances, il faut que cette femme soit mariée ! Eh bien, le mari de cette femme pourra tout vouloir et tout donner. Sa grandeur et celle de sa famille deviendra une nécessité d'État. Regarde les choses de ce faîte social, Éverard, et réponds si la tête ne te tourne pas.

— Sur quoi, Monseigneur, faut-il que je réponde ? demanda Éverard.

— Mais sur ma proposition, probablement.

— Quelle proposition ?

— Eh pardieu ! sur cette proposition de mariage. Est-ce de l'affectation ou de la niaiserie ?

— Ni l'une ni l'autre, Monseigneur ; c'est de la stupéfaction. Quoi ! vous, comte d'Eppstein, vous proposez à votre fils ?... Oh ! mais pardon, mon père ; c'est une épreuve ou une raillerie. Vous ne m'avez point parlé sérieusement, n'est-ce pas ?

— Éverard ! Éverard ! dit le comte, les dents serrées.

— Non, Monseigneur, continua Éverard sans l'entendre, non, je ne vous crois pas. Vous aimez les titres, les honneurs plus que la gloire ; cela me semble étrange, pourtant je le conçois encore. Mais spéculer sur vos aïeux, vendre le nom que porteront vos enfants, c'est plus d'ignominie que je n'en puis comprendre ; et ce n'est pas vous, Maximilien d'Eppstein, qui me demandez une pareille chose ! Que vous m'excitiez à devenir ambitieux, soit ; mais me faire infâme, vous ne le voudriez pas.

— Misérable ! s'écria le comte pâlissant de fureur.

— Non pas misérable, mais fou de m'être à ce point mépris sur vos intentions, mon noble père. Oh ! pardonnez-moi. Que voulez-vous ? il ne faut pas se trop reposer sur ma pénétration. Je prends tout sottement à la lettre, et je commets d'étranges bévues. Je vous disais bien, Monseigneur, que vous feriez mieux de me laisser ici, dans mon coin, et de poursuivre seul vos grands desseins. Vous voyez bien que je ne suis bon à rien, moi ; parce que je comprends deux ou trois langues, je ne saurais pas parler celle de la cour. Abandonnez-moi, Monseigneur ; retournez sans moi à Vienne, et ne me forcez pas, je vous prie, à quitter ce pauvre village où j'ai renfermé mon ambition et mes vœux.

Depuis quelques instants, le comte, au milieu de sa colère, observait, frappé d'une idée subite, le visage d'Éverard. Enfin, il parut prendre une résolution.

— Si pourtant vous ne vous étiez pas trompé, Éverard, lui dit-il, si ce projet de mariage n'était pas une simple supposition, mais un fait, vous résisteriez donc ?

— Oui, Monseigneur, répondit fermement le jeune homme. Seulement, je commencerais par vous conjurer et par vous dire : Mon père, au nom du ciel ! (et il avait sur les lèvres : « Au nom de ma mère ! » mais, sans savoir pourquoi, il n'avait pas osé rappeler ce souvenir), ne me contraignez pas à la honte ! Cette abjection de votre fils unique ne peut vous rendre aussi heureux qu'elle me rendrait misérable. Mon père, prenez ma vie si vous en avez besoin, mais épargnez ma conscience. Et, si vous persistiez dans votre volonté, Monseigneur, je relèverais la tête et je vous dirais : Comte d'Eppstein, de quel droit venez-vous me demander mon honneur ? Ma vie est à vous, peut-être ; mais ma vertu, non pas ; et parce que je porte un des plus fiers et des plus nobles noms de l'Allemagne, vous ne me mettrez pas, s'il vous plaît, au-dessous du dernier des artisans auquel sa femme se donne au moins tout entière. Je vous désobéirais, Monseigneur.

Éverard parlait avec la chaleur de la passion. Le comte le tenait sous son regard froid et pénétrant, et souriait.

Quand le jeune homme eut fini, il lui prit la main, et, avec un contentement qui paraissait sincère, tant il était bien joué :

— Bien, Éverard, dit-il, très-bien. Viens çà, mon cher fils, que je t'embrasse, et pardonne-moi d'avoir douté de toi, cœur loyal. Mais je ne te connais que d'aujourd'hui, après tout. Tu me rends le plus heureux des pères, mon noble enfant ; car je vois à présent que tu es digne de celle que je te destine, de la plus pure et de la plus charmante fille de Vienne. Elle sera à toi, mon Éverard. Oui, l'une des plus riches et des plus nobles héritières de l'Autriche, un trésor de chasteté et de beauté, Lucile de Gansberg sera ta femme.

Le comte Maximilien venait de nommer à Éve-

rard celle dont Rosemonde lui avait parlé cent fois.

— Quoi ! mon père, s'écria le jeune homme anéanti ; quoi ! Lucile de Gansberg, cette belle et chaste jeune fille...

— C'est chose convenue ; tu l'épouses dans un mois. Ton honneur n'a aucune objection à faire contre cette union, je suppose.

— J'ai su même dans ma solitude, dit Éverard en baissant les yeux, que Lucile de Gansberg est le parti le plus enviable et le plus envié de l'Allemagne.

— Eh bien, Éverard, dit le comte, j'attends tes remerciements. Une femme pure, une épée sans tache, ce sont deux beaux présents et qui valent bien un merci.

— Oui, mon père, je vous remercie, dit Éverard en baisant la main que lui tendait Maximilien ; oui, vous êtes le meilleur et le plus prévoyant des pères. Je ne sais en quels termes vous exprimer toute la reconnaissance dont je suis pénétré ; mais je ne puis... je n'ose... je ne saurais aimer ni épouser Lucile de Gansberg.

— Holà ! je vous tiens à présent, mon jeune maître ! s'écria d'une voix terrible et en se levant le comte Maximilien, dont les yeux flamboyèrent. Ah ! ah ! profond hypocrite, vous êtes donc tombé dans le piége ! Je vous trouve vraiment adorable. Ce n'est donc pas l'honneur qui vous empêchait d'épouser la femme que je vous destinais, hein ? Ce n'était pas la femme, mais simplement le mariage qui vous répugnait. Quel est donc le bel amour caché là-dessous, s'il vous plaît ?

La comédie tournait au drame. Éverard, pâle et tremblant, n'avait pas la force de prononcer une syllabe. Le comte lui mit la main sur l'épaule, une main qui lui sembla de plomb, et, d'une voix brève et impérieuse, lui dit entre ses dents :

— Écoute, cher fils ; maintenant je ne demande pas, j'ordonne ; je ne dis pas : « Veux-tu ? » Je dis : « Je veux. » Le prince a ma parole, le mariage est annoncé. N'étaient mes cinquante ans, je me passerais bien de toi, niais révolté ; mais il faut quelqu'un de jeune ; tu es mon fils, et je te prends. Oh ! pas un mot ; car, si j'approfondis la cause de tes refus, dont le soupçon seul me met en fureur, prends-y garde : je suis à craindre quand on me pousse à bout. Tu veux, je crois, balbutier quelque chose : tais-toi, je te le conseille, et baisse les yeux. Crois-moi, il y a des souvenirs qui m'exaspèrent plus qu'ils ne m'effrayent. Mais vraiment je finis par avoir pitié de toi et peur de moi. Sors, et je te donne jusqu'à demain pour réfléchir. Sors, te dis-je, en toute hâte. A demain, et plaise à Dieu que la nuit te soit une bonne conseillère ; car, songes-y, ton père injurié serait un juge implacable.

Et le comte, pâle et tremblant, montrait du doigt la porte à Éverard. La colère de cet homme était vraiment hideuse : il frappait du pied, il tremblait de rage, l'écume jaillissait de sa bouche. Troublé par ce courroux terrible, vaincu par l'ascendant de la paternité, et convaincu d'ailleurs qu'il n'obtiendrait rien d'un emportement sourd et aveugle, Éverard sortit en chancelant.

Tout cela se passait la veille de la nuit de Noël.

XXII

Éverard s'élança hors du château et s'enfonça dans la forêt. La nuit était froide, mais belle; le ciel tout bleu, le vent très-âpre. Il avait neigé tous les jours précédents, et la terre semblait couverte d'un grand linceul. Les pins détachaient seuls leur verdure sombre sur la sinistre blancheur des champs. Éverard, la tête nue et les cheveux en désordre, allait, haletant, sans but, sans pensée; il ne sentait ni le froid ni la bise. Son instinct, plutôt que sa raison, le conduisit droit à la chaumière; mais il était près de minuit, tout était fermé, tout était éteint. Il en fit cinq ou six fois le tour; mais, voyant que tout semblait endormi, il courut à sa grotte, et, tombant à genoux sur le seuil, il fondit en larmes en appelant sa mère.

— Mère! criait-il en se tordant les mains de désespoir, mère, où es-tu? sais-tu ce qu'on veut faire de ton enfant, dis? sais-tu dans quelle honte on veut l'entraîner? sais-tu de quelles menaces on l'entoure? Est-ce que tu laisseras s'accomplir son déshonneur ou sa perte? Tu étais ce matin là, à cet endroit même où je pleure, et tu m'as vu ivre de joie. Désapprouves-tu mon bonheur? Il me semblait que non, et cependant tu ne m'as point parlé de tout le jour. Il est vrai que, perdu dans mon ravissement ou dans ma douleur, je ne t'ai point interrogée; mais je t'interroge à cette heure, pardonne-moi et réponds-moi.

Éverard écouta. Il n'entendait que le sifflement et le craquement sec des branches de sapin; il resta quelques instants sans proférer une seule parole : on eût dit qu'il avait peur du son de sa propre voix.

— Mère! reprit-il enfin doucement, tu ne dis donc rien, ou, si tu parles dans cette plainte lugubre de la bise, je ne t'entends plus, je ne te comprends plus. Est-ce que tu es fâchée à cause de mon amour? est-ce que tu te détournes de moi? Ou bien aurais-tu des choses terribles à me révéler, et aimerais-tu mieux te taire? Mon Dieu! mon Dieu! se peut-il que l'événement de ma vie approche? Ne vas-tu pas me conseiller, alors? Je ferais peut-être bien de fuir? dis? Mais peut-être est-il déjà trop tard? Ah! rien! rien!... Ma mère, tu ne me réponds rien! Et toujours avec cela le vent qui pleure! C'est effrayant. Hélas! m'as-tu retiré ton amour pour la première fois de ma vie? Je me sens seul et je tremble; est-ce que Dieu t'éloigne de moi pour me livrer à la fatalité ou à mon mauvais ange? est-ce que tu serais morte, ombre de ma mère?

Et tout continuait de se taire, excepté le souffle glacial du nord, qui courait en mugissant des collines aux vallées. Éverard commença à frissonner de froid et d'épouvante.

— Clémence du ciel! murmura-t-il avec accablement et d'une voix étouffée par les sanglots, je suis certain que mon ange gardien n'est plus à mes côtés. Qu'arrivera-t-il donc demain? Que fera le comte? que ferai-je moi-même? Ah! j'aurais dû partir il y a trois ans! Mais n'est-il pas temps encore? Oui, c'est cela, partons; allons rejoindre mon oncle Conrad : c'est mon seul, c'est mon dernier soutien; c'était ton ami, ma mère! Partons, fuyons devant ma destinée.

Et, tout égaré, il se releva, faisant un mouvement pour fuir.

— Et Rosemonde! Rosemonde! s'écria-t-il; il faut que je revoie Rosemonde. Enfin, elle est ma fiancée, elle est ma femme. Partir, partir sans elle!... Oh! c'est bien cruel à toi, mère, de me châtier et de me délaisser ainsi..., Que je souffre! Tu me plaignais de ce que je devais être bourreau; mais, jusqu'ici, je ne suis que victime.

Une rafale plus violente que les autres, si violente, qu'elle déracina un des vieux chênes qui ombrageaient la grotte, sembla répondre aux plaintes d'Éverard, et acheva de le frapper de terreur. Le reste de la nuit, il la passa dans ces alternatives d'épouvante et d'abattement, de résignation et de révolte. Parfois, il marchait à pas précipités, puis il retombait assis en sanglotant; parfois il se jetait avec désespoir le visage contre terre, mordant la mousse de la grotte. Quand la pâle et tardive lueur de l'aurore dora les sommets du Taunus, il était plus blanc que le sol couvert de neige, plus froid que les rochers vêtus de givre; qui l'eût vu l'eût pris lui-même pour un fantôme, tant il était pâle et glacé. C'est que toute la nuit, malgré ses prières, malgré ses supplications, malgré ses sanglots, Albine était restée muette.

Le soleil, un morne soleil de décembre, un soleil mourant, lança à travers les arbres desséchés ses rayons blafards, et Éverard, épuisé, se mit à marcher du côté de la chaumière. La seule résolution qu'il eût prise, c'était de voir Rosemonde et de lui demander conseil; il se disait bien que le mieux était de s'enfuir loin de son père, loin de l'Allemagne, mais il voulait revoir Rosemonde.

Comme il marchait plongé dans ses pensées, il releva tout à coup la tête en entendant le son du cor et l'aboiement des chiens; puis, à travers le taillis, il aperçut les piqueurs, la meute, et enfin Maximilien à cheval qui chassait. Il n'eut que le temps de franchir un fossé et de se jeter dans l'épaisseur du bois. Lorsqu'il continua sa route, il crut distinguer, à plusieurs reprises, aux détours du chemin, un valet du comte qui semblait le suivre; mais peut-être n'était-ce qu'une nouvelle illusion de son délire. Il est certain qu'Éverard avait la fièvre.

Ce fut dans ces transes qu'il arriva à la maison du garde forestier. Jonathas, averti de grand matin, était sorti comme de raison pour accompagner son maître à la chasse. Éverard ne trouva donc que Rosemonde. La jeune fille jeta un cri en voyant entrer son amant si pâle et si défait. Éverard alors lui raconta tout ce qui s'était passé à sa seconde entrevue avec son père. Ce récit fut long, car vingt fois la parole lui manqua, vingt fois ses larmes l'interrompirent. Rosemonde fut, comme toujours, sublime de raison et de dévouement.

— Ami, dit-elle à Éverard, si réellement Lucile de Gansberg avait dû devenir votre femme, je vous dirais : Éverard, Lucile est une noble jeune fille; obéissez à votre père, épousez Lucile, et, si vous n'êtes pas heureux, du moins vous resterez noble et honoré. Mais cette union avec la duchesse de B... est monstrueuse, Éverard, et j'ai le droit de vous en détourner, car ce n'est pas à vous et à moi seuls que le comte d'Eppstein fait tort ici; il offense la justice et Dieu. Il est votre père, Éverard; cependant, il a, assure-t-on, l'âme pleine de violence et de tyrannie; il serait donc impie et dangereux de lutter contre lui; et le meilleur parti à prendre, c'est assurément de vous éloigner. Ne vous préoccupez point de moi, Éverard; je savais bien que nos rêves étaient des chimères, et qu'à moins que le monde ne s'écroulât, je ne pourrais être votre femme. N'importe! je suis à vous et ne serai jamais à aucun autre. Je resterai ici ou ailleurs à prier pour vous, à vous aimer sans espérance. Sans espérance! car vous voilà riche, maintenant; vous voilà comte, et votre père pourrait consentir à une union entre nous, ce qui est impossible, que ce serait moi qui refuserais. Je vous répète pourtant que toute ma vie je vous serai fidèle comme si j'étais votre épouse; mais vous, Éverard, allez, soyez libre; restez grand et bon, apaisez de loin le comte d'Eppstein; forcez-le, par vos belles actions, à vous pardonner, à vous nommer son fils, et, après cela, oubliez si vous le voulez, la pauvre fille qui ne vous oubliera jamais.

— Rosemonde, ange visible, tu ne m'abandonnes pas, toi! s'écria Éverard les larmes aux yeux, parle, oh! parle toujours; les pensées douces et clémentes descendent dans mon esprit avec tes paroles. Oui, je t'obéirai, cher guide de mon cœur, et ta dernière le-

çon ne sera pas perdue plus que les autres. Je partirai, non pour me sauver, mais pour sauver mon père; car, vois-tu, Rosemonde, tu m'as rappelé à la sagesse et à la clémence. Ma mère ne m'a pas répondu cette nuit; c'est aujourd'hui l'anniversaire de Noël, et j'ai peur, j'ai peur pour lui. Je fuis donc devant son danger, devant sa damnation, peut-être.

— Éverard, que veux-tu dire? demanda Rosemonde, inquiète de l'altération des traits du jeune visionnaire.

— Rien, rien, murmura Éverard; les morts savent, les vivants ignorent. Laisse-moi partir vite, Rosemonde; un dernier baiser seulement. Oh! ne crains rien, un baiser de sœur, un baiser au front, un baiser que je recevrai à genoux.

Éverard s'agenouilla, et Rosemonde, comme elle avait coutume de le faire après chaque leçon, lui posa sur le front un baiser doux et chaste comme son cœur, un baiser mêlé d'un soupir. En ce moment, derrière les beaux et purs enfants, un amer ricanement se fit entendre. Ils se retournèrent avec précipitation, et virent le comte Maximilien debout sur le seuil, en costume de chasse, un fouet dans une main, son fusil dans l'autre.

— Bien, fort bien, dit-il en saluant avec ironie.

Et il s'avança dans la chambre après avoir jeté son fouet et sa casquette sur une table et posé son fusil contre la muraille. Rosemonde, rougissante et immobile, restait les yeux baissés et n'osait faire un pas. Pour Éverard, il s'était jeté au-devant d'elle et bravait presque de son regard fier et décidé le regard insolent et goguenard du comte.

Maximilien ôta avec lenteur ses gants, tout en sifflant un air de chasse et en promenant de l'un à l'autre amant son regard moqueur; puis il se jeta dans un fauteuil, et, passant avec nonchalance une jambe sur l'autre :

— Voilà donc le mot de l'énigme, dit-il; un mot très-charmant, en vérité! Voilà donc la raison de cette vertu spartiate; une raison tout à fait gentille et appétissante, il faut en convenir!

— Monseigneur, dit Éverard, si votre colère...

— Ma colère? interrompit vivement le comte. Eh! bon Dieu! qui parle de ma colère? Il est bien question de cela. Je suis gentilhomme, mon Éverard, et, de plus, fils du XVIIIe siècle. Je ne me suis pas encore fait ermite, Dieu merci! et bon chien chasse de race. Non, mes enfants, non, je ne vous en veux pas. Si je vous ai fait suivre, Éverard, c'est par intérêt et non pour vous gêner, croyez-le. J'ai envoyé à la ville, sous un prétexte quelconque, votre père, ma belle enfant, votre père, qui n'est pas dans le secret, j'aime à le penser, et qui aurait pu gâter votre amicale entrevue : vous voyez que je ne suis pas un tyran.

Seulement, je ne veux pas être une dupe, et je n'entends pas que votre amourette...

— Pardon, Monseigneur, si je vous coupe la parole, reprit Éverard avec fermeté, mais il y a ici un malentendu qu'il est de mon devoir de rectifier. Daignez m'accorder une minute d'attention, je vous prie. Vous m'avez abandonné dans le vieux château d'Eppstein, seul, sans guide, sans maître, sans soutien. J'ai dû grandir au hasard, comme un arbre de la forêt. Étiez-vous mon père? étais-je votre fils? On n'eût pu le croire à votre indifférence, j'allais presque dire à votre haine. Un jour, vous m'avez écrit qu'il me fallait renoncer à toute prétention sur votre tendresse, comme vous renonciez à tous vos droits sur mon obéissance; puis, fidèle à votre résolution, vous ne vous êtes dès lors pas plus occupé de moi que si j'étais mort ou indigne de vous. Le paysan fait apprendre à lire à son fils, afin qu'il puisse au moins connaître la parole de Dieu; vous ne vous êtes pas même informé, vous, si je savais lire; vous m'avez laissé oisif, ignorant, vagabond, et vous êtes allé bien loin avec votre fils Albert, le fils unique de votre affection, pour vous conquérir des places, des titres, des honneurs. Or, il est arrivé que votre fils bien-aimé vous a été retiré par Dieu, dont la justice est parfois terrible. Vous vous êtes souvenu alors de l'abandonné, parce que vous aviez besoin pour vos projets d'un associé qui fût votre fils. Vous vous attendiez à trouver un esprit inculte, une âme sauvage, et vous ameniez je ne sais quel professeur officiel pour me mettre en état de servir vos desseins. Vous avez été surpris en voyant qu'une éducation libérale ne vous laissait presque rien à faire, et vous vous êtes réjoui, non pas pour moi, mais parce que cela avançait d'un an ou deux le succès de vos combinaisons. Eh bien, savez-vous qui m'a enseigné la science, la vie et Dieu, qui m'a formé le cœur et la tête, qui a remplacé mon père absent par ses leçons, ma mère morte par ses conseils? le savez-vous, Monseigneur?

— Ma foi non, répondit le comte. Vous m'avez bien nommé la solitude, mais c'est un maître un peu vague.

— Eh bien, Monseigneur, c'est Rosemonde que voici, Rosemonde que vous avez failli insulter tout à l'heure; c'est cette noble et pieuse enfant qui a rendu au fils le bienfait de l'éducation qu'elle tenait de la mère, et qui, jour par jour, heure par heure, reprenait patiemment avec moi les éléments de toutes choses. Elle a fait un homme de votre fils, dont à peine vous aviez fait un chien; elle m'a ramené à la dignité, à l'espoir, et je puis le dire, à l'amour; elle m'a préparé enfin aux plus rudes infortunes comme aux plus hautes destinées. Insultez-la donc, maintenant!

— Vous êtes éloquent, Éverard, dit Maximilien, et je m'en aperçois avec plaisir. Pourtant, ajouta-t-il en ricanant, ce qui résulte de plus clair du merveilleux discours que vous venez de débiter avec tant de feu, c'est tout simplement ce que j'avais conjecturé moi-même au premier abord, c'est-à-dire que cette chère enfant vous a instruit. Eh! mais c'est très-bien à elle, et je lui en suis on ne peut plus reconnaissant; j'espère cependant qu'en échange de ses leçons, vous lui en avez rendu d'autres; vous n'êtes plus ignorant, soit; mais elle est-elle toujours innocente?

Rosemonde, droite et fixe, voulut parler, mais ses lèvres remuèrent sans qu'elle pût articuler un seul mot, et elle resta immobile et pâle comme une statue.

— Terre et ciel! vous persévérez dans votre méprise! s'écria Éverard tremblant d'indignation.

— Dans ma méprise, non; dans mon mépris, oui, répondit le comte.

Rosemonde, toujours muette, éleva par un geste sublime ses bras vers le ciel.

— Monseigneur, faites attention, reprit Éverard chancelant de fureur; vous avez si longtemps oublié que vous étiez mon père, qu'à mon tour, Dieu me pardonne, je pourrais bien oublier que je suis votre fils.

— Oui-dà, Monsieur, en viendrions-nous là? dit Maximilien en quittant son rire insultant pour redevenir tout à coup sérieux et hautain. Ce serait curieux à voir, en vérité. Jeune homme, jeune homme, apaise-toi, je t'y engage; ta colère d'enfant s'émousserait vite contre la mienne; contiens donc ta furie, c'est plus prudent, et laisse-moi en finir avec ta Dulcinée, qui, pour n'être pas duchesse, n'en fait pas moins en petit, à ce qu'il me paraît, le même métier que celle que tu refusais ce matin.

— Dieu du ciel! s'écria Rosemonde en tombant évanouie sur le carreau.

— Par l'enfer! s'écria Éverard en sautant sur son épée, qu'il avait laissée la veille dans l'angle de la cheminée.

Puis, la tirant à demi, il s'avança sur le comte; mais, à deux pas de lui, il s'arrêta, et repoussant son épée dans le fourreau:

— Vous m'avez donné la vie, dit-il, nous sommes quittes.

De son côté, Maximilien s'était jeté sur son fusil, qu'il avait armé.

Le père et le fils, à cette heure, se regardant avec des yeux flamboyant de colère, semblaient non pas deux hommes, mais deux démons.

— Je t'ai donné la vie, dis-tu? tu te trompes, misérable, je ne t'ai rien donné, et tu ne me dois rien. Tire donc ton épée. Nos deux rages étouffaient, ainsi contenues. Allons donc, à l'air, épées et colères !... Ah ! tu recules, lâche ! tu recules... Eh bien, je ne reculerai pas, moi.

Il alla vers la porte, et appela quatre ou cinq valets qu'il avait amenés avec lui.

— Saisissez cette fille, dit-il, évanouie ou non, saisissez-la, et jetez-la hors de mes domaines.

Everard se plaça devant elle, et, tirant son épée :

— Si un seul de vous la touche, dit-il, il est mort.

Les domestiques, intimidés, hésitèrent.

— Lâches ! avancerez-vous ? dit Maximilien en levant sur eux son fouet.

Ils firent un pas, mais Éverard les arrêta de la pointe de son épée.

— Monseigneur, dit-il, je vous déclare que moi, Éverard d'Eppstein, je suivrai cette enfant partout où elle ira, soit de gré, soit de force ; entendez-vous ?

— A ton aise, répondit Maximilien. Faites ce que j'ai dit, drôles, reprit-il, en s'adressant aux valets.

— Monseigneur, reprit Éverard, en posant la pointe de son épée sur le cœur de sa fiancée toujours évanouie, plutôt que de laisser toucher Rosemonde par un de ces hommes, je vous proteste que je la tuerai à vos yeux.

— Fais, si la pointe est bonne, dit le comte. Ah ! ah ! tu as peur encore ? Enlevez cette femme, ou je vais moi-même me charger de ce soin.

— Monseigneur, s'écria Éverard, prenez garde, je la défendrai contre tout le monde.

— Même contre ton père ? dit le comte en s'avançant sur Éverard, son fusil à la main.

— Même contre le bourreau de ma mère, s'écria Éverard, aveuglé par je ne sais quelle frénésie.

Maximilien, emporté par le vertige de sa colère, coucha son fils en joue et fit feu.

— Ma mère, ma mère, ayez pitié de lui ! cria Éverard en tombant.

Le comte Maximilien resta debout, les yeux fixes, froid et pâle, comme foudroyé ; car il lui semblait voir, près de Rosemonde et d'Éverard inanimés, Albine et Conrad vivants.

C'était bien Conrad que voyait Maximilien dans son hallucination étrange, Conrad, qui, selon sa promesse, venait visiter la famille d'Eppstein ; il était entré assez à temps pour détourner le fusil de son frère et sauver la vie à son neveu, en faisant, d'une blessure qui eût été mortelle, une légère blessure.

Le comte, en revenant à lui, l'aperçut à ses côtés. Il se crut d'abord le jouet d'un rêve horrible et promena autour de lui des yeux égarés. Il se retrou-

vait dans la même chambre, mais seul avec Conrad ; tout le monde s'était retiré, le parquet était taché de sang.

— Où est Éverard ? dit Maximilien en frémissant.

— Là-haut, rassurez-vous ; blessé seulement à l'épaule, et peu dangereusement, reprit Conrad.

— Et Rosemonde ?

— Elle a repris ses sens, elle soigne Éverard.

— Mais vous, êtes-vous Conrad, Conrad changé et vieilli comme moi ? Comment se fait-il que vous soyez là ? qu'est-ce que cet uniforme d'officier français ?

— Oui, c'est moi qui étais Conrad ! Je suis à présent un général de Napoléon. Je vous apprendrai tout quand vous serez tout à fait remis.

— Ainsi vous êtes vivant ! je ne rêvais pas ! Mais l'autre ! l'autre !

— De qui parlez-vous, Maximilien ?

— De celle qui était debout près d'Everard, une main étendue vers lui comme pour le défendre, une main étendue vers moi comme pour me menacer.

— De qui parlez-vous ? répéta Conrad inquiet.

— Oh ! je l'ai reconnue, poursuivit Maximilien l'œil égaré, à l'expression farouche, implacable de son regard ; je l'ai bien reconnue, je suis condamné. Everard a eu beau dire : « Aie pitié de lui, ma mère ! » Il n'y a pas de grâce à attendre.

— Je ne sais ce que signifient vos discours, reprit Conrad. Seulement, Everard m'a chargé de vous dire que, pour sa part, il vous pardonnait et prierait pour vous.

— A quoi bon ? à quoi bon ? dit le comte avec anxiété. Elle était là, je vous le dis.

— Qui, elle ?

— Elle, le châtiment ; elle, l'expiation ; elle, Albine ! Mais venez, mon frère, venez, sortons d'ici. N'entendez-vous pas que ce sang parle et crie vengeance ? Ne voyez-vous pas que je suis comme ivre, ivre de meurtre et d'effroi ? Venez ! l'air, ce me semble, me fera du bien, le grand air pur des champs ! Mais peut-être mon haleine va-t-elle le corrompre ? Oh ! je suis damné !

— Ne souhaitez-vous pas voir Éverard et lui rendre pardon pour pardon ?

— Non, non, je ne veux voir personne ; je ne suis plus père, je ne suis plus homme, je n'appartiens plus à la terre, mais à l'enfer... Et puis qu'importe mon pardon ? Le pardon d'un maudit, c'est un anathème ! Venez, Conrad ; sortons d'ici, vous dis-je.

Maximilien quitta la chambre et la maison de Jonathas avec son frère, qui avait peine à le suivre.

Il allait se heurtant contre les pierres et les aspé-

6

rités du chemin, et, à le voir ainsi courir les cheveux en désordre, les yeux égarés, on eût dit qu'il
fuyait devant quelqu'un. Il fuyait, en effet, devant le remords, qui vous atteint et vous dépasse
toujours.

Les deux frères arrivèrent bientôt au château
d'Eppstein, et Maximilien, toujours comme pour-
suivi, alla se réfugier dans la chambre rouge après
avoir fait signe à Conrad de le suivre. D'un air
effaré, il ferma la porte à double tour et mit les ver-
rous.

— Maintenant, me voilà en sûreté, dit-il en tombant sur un fauteuil : voyons, je suis bien éveillé
maintenant, je puis me reconnaître et rappeler à
moi ma raison. Mais tout ce qui vient de m'arriver,
est-ce une réalité terrible, ou bien une vision fiévreuse?

— Hélas! tout n'est que trop certain, dit Conrad.

— Mais, toi-même qui me l'attestes, n'es-tu pas
toi-même un fantôme, dis?

— Ma vie est un secret, mais je vis, dit Conrad.
Je passais à Eppstein, pour tenir une promesse faite
à Everard et à Jonathas. Le hasard ou plutôt la
Providence m'a amené précisément à temps pour
détourner le canon de votre fusil et vous épargner un crime, et quel crime? Le meurtre d'un fils!

— Est-ce possible? est-ce possible? balbutia Maximilien avec un reste de délire.

— Oui, et afin de vous sauver de la folie, mon
frère, afin de vous ramener au sentiment du vrai, je
vous dirai volontiers ma sombre histoire. Nous nous
retrouvons, d'ailleurs, dans un moment si étrange et
si terrible, que toutes les règles sont confondues, et
que je ne crois pas même avoir besoin de vous faire
promettre sur l'honneur un inviolable silence. Ce
mystère, sans être une nécessité absolue, est devenu
pour moi une habitude et comme un besoin. J'ai
vécu tellement en dehors des convenances reçues, et
les motifs qui ont dirigé mes actions seraient si mal
compris et si faussement interprétés; le jugement de
la foule pourrait si aisément calomnier et condamner
avec des apparences légitimes toute ma conduite, que
je préfère n'avoir que Dieu pour juge, Dieu, qui
voit dans ma conscience la pureté de mes intentions.
Et puis j'aime cette ombre où je me cache, parce
qu'à force de dissimuler la première part de ma vie
aux autres, j'arrive parfois à ne plus me la rappeler
moi-même.

Conrad entama alors le récit de son orageuse et
sinistre existence. Il le commença sérieux et l'a-
cheva pleurant. Maximilien lui prêta une attention
soutenue. Sa figure redevenait peu à peu calme et
sereine; il prit dans un nécessaire un flacon d'eau
spiritueuse et en but deux ou trois verres à plusieurs
reprises.

— Merci, Conrad, dit-il à son frère quand celui-ci
eut cessé de parler, merci de m'avoir ramené dans le
réel. Oui, bien que votre histoire soit étrange, bien
que l'homme dont vous vous êtes fait le compagnon
soit miraculeux, au moins je me retrouvais, en vous
écoutant, avec des êtres que je connais, qui vivent et
respirent. J'étais fou tout à l'heure, Conrad; j'avais
eu je ne sais quelles folles visions et quelles terreurs
puériles. Ma colère m'avait, je crois enivré. Je vous
ai parlé d'Albine, d'apparitions, de vengeance, n'est-
ce pas?

— En effet, dit Conrad surpris de ce retour subit
de Maximilien.

— Mon Dieu, reprit celui-ci en souriant d'un rire
amer, se peut-il que les plus fortes âmes aient parfois de ces moments de faiblesse et d'erreur? Penser
que moi, Maximilien d'Eppstein, moi admis au conseil de l'héritier de César, j'aie pu un instant subir
l'influence d'un conte de bonne femme! J'ai dû bien
vous amuser, mon frère?

— Vous m'avez fait peine et pitié, dit Conrad.
votre fureur et votre épouvante m'ont effrayé et
consterné, autant que votre âcre ironie et votre
sang-froid égoïste m'affligent et m'indignent à cette
heure.

— Allons donc! continua Maximilien en secouant
son front encore tout chargé de pensées sombres et
de doutes, allons donc! il faut être homme et ne pas
se laisser prendre par des visions. J'ai eu tort de
m'abandonner à cette colère terrible, j'en conviens,
et je remercie Dieu et vous, Conrad, de m'avoir
sauvé d'un meurtre. Mais, en vérité, je n'étais plus
maître de moi, et ce jeune insolent m'avait par trop
échauffé le sang. Enfin, il en est quitte pour une blessure légère, m'avez-vous dit? Cela lui servira de leçon et le disposera à m'obéir mieux, je l'espère.
Quant aux menaces de la morte, quant aux rêves où
elle m'est apparue, je ne suis ni assez jeune ni assez
sot pour persister dans de pareilles chimères; et vous,
Conrad, un homme supérieur, un soldat de Napoléon, vous croyez, comme moi, que ces songes sont
vains et faux, n'est-il pas vrai?

— Qui sait? dit Conrad pensif.

— Comment! reprit Maximilien, vous ajouteriez
foi aux revenants et aux fantômes?

— Jésus, dit Conrad, a fait une loi aux vivants de
prier pour les morts. Pourquoi l'Évangile des trépassés ne leur ordonnerait-il pas de veiller sur les vivants?

— Taisez-vous, taisez-vous, interrompit le comte,
de nouveau pâle et tremblant; non! cela ne se peut
pas. Tous liens sont rompus entre la mort et la vie,
j'en suis sûr, je le veux. Mon frère, mon frère, ne
me rejetez pas dans mon délire et dans ma peur.

En une seconde et pour un mot, cet homme, qui

se targuait tout à l'heure d'une raison si forte, était redevenu plus timide et plus tremblant qu'un enfant ou qu'une femme. Il fit cependant un effort, et, relevant la tête :

— Et quand cela serait, dit-il, quand Dieu ferait des élus du paradis des anges gardiens sur la terre, accorderait-il ce don merveilleux aux damnés? Et je crois, je sais, Conrad, je suis certain, en dépit de tout, qu'Albine n'est pas digne du ciel et qu'une femme adultère ne saurait protéger personne, pas même l'enfant de son crime.

— Albine ! s'écria Conrad : est-ce de la pieuse, de la chaste, de la noble Albine que vous osez parler ainsi ?

— L'avez-vous connue? demanda Maximilien.

— On m'a dit…, répliqua Conrad embarrassé.

— Ah ! on vous a dit ! Oui, elle avait de beaux dehors de sainteté et savait habilement tromper les gens, l'hypocrite ! Mais à vous, mon frère, je veux, je dois, je puis dire sa honte… Oui, poursuivit Maximilien en s'échauffant et en s'égarant, oui, à la fin, c'est un besoin pour moi de me justifier en la condamnant. Et vous allez convenir avec moi que j'ai eu et que j'ai raison, qu'il faut braver ses menaces, que c'est une infâme, que le trouble de mon esprit a seul produit toutes mes terreurs, que mes remords avaient tort. Oui, je fus juste et non coupable; si mes paroles l'ont tuée comme un couteau, c'est bien fait : cet Éverard n'est pas mon fils, c'est le fils du capitaine Jacques, que Dieu maudisse !

— Du capitaine Jacques ! s'écria Conrad en reculant.

— Oui, un Français, qui était plein pour elle d'une belle affection chevaleresque; un aventurier mystérieux dont elle n'a voulu me dire ni le vrai nom, ni l'histoire ; un étranger qu'elle appelait publiquement son ami et son frère.

— Et qui était bien son frère et son ami, malheureux ! dit Conrad d'une voix tonnante; car cet aventurier, ce Français, le capitaine Jacques, c'était moi, Conrad d'Eppstein, votre frère et le sien.

Maximilien se leva comme mû par un ressort et resta debout, roide et pâlissant.

— C'était moi, poursuivit Conrad, qui lui ai follement demandé une discrétion que son âme généreuse m'avait promise jusqu'à la mort, moi qui, avec vous et comme vous, mais involontairement du moins, suis son meurtrier; moi qui vous taisais tout à l'heure mon premier et fatal retour d'il y a vingt ans, pour ne pas réveiller vos terreurs, et qui vous crie à présent que vous avez tué une innocente : Mon frère, vous en répondrez devant Dieu !

Conrad s'arrêta, car vraiment l'accablement de Maximilien, de cet homme si énergique et si fier, était terrible et faisait pitié. Le comte était pâle comme un mort ; on eût dit que la main du Seigneur irrité pesait sur ses épaules. C'est à peine s'il osait lever ses yeux pleins d'une terreur indicible. Il croyait voir distinctement à ses côtés l'ange vengeur, l'épée à la main.

Un long silence suivit ces dernières paroles. Conrad ne se sentait plus la force de maudire; Maximilien murmurait : « Je suis perdu. » Seulement il répéta ces mots à plusieurs reprises avec un accent sourd et lugubre.

Il était quatre heures, et la nuit tombait. De gros nuages noirs chassés par le vent couraient dans le ciel, les pins craquaient, les corbeaux voletaient en bandes criardes autour des donjons d'Eppstein. Tout à coup, Maximilien sortit de sa stupeur.

— Du monde ! Qu'on vienne !…Pourquoi sommes-nous seuls? s'écria-t-il. Conrad, ordonnez que tous les gens du château s'assemblent dans la grande salle d'en bas. Qu'on allume toutes les torches et toutes les bougies; qu'on fasse de la musique et du bruit; qu'on m'empêche de la voir et de l'entendre !

— Vous êtes sauvé et vous vous repentez, lui dit avec douceur Conrad, pris malgré lui de commisération à l'aspect de cette frénésie.

— Me repentir ?… J'ai peur, reprit Maximilien ; vous comprenez, n'est-ce pas, Conrad? De la lumière, du bruit !… Est-ce que je puis demeurer seul ici, dans cette chambre, dans la chambre rouge, au dessous de la chambre du berceau, à côté de l'escalier des caveaux? Ne voyez-vous rien de sinistre dans ces rideaux qui remuent, dans la flamme de cette lampe qui tremble, dans ce foyer qui pétille, dans cet air même et dans ce silence ? Ne voyez-vous pas que là, à mon cou, il y a la chaîne d'or, dernier et fatal avertissement de mon créancier glacé? Oubliez-vous que nous sommes à la veille de Noël ? Vite donc, des chants, des flambeaux, de la foule !… Ou plutôt, qu'on commande mes équipages et que mes gens montent à cheval. Je veux partir sur-le-champ pour Vienne.

— Frère, dit Conrad, à quoi bon fuir? à quoi bon vous entourer de valets? Le mieux est de vous repentir, puisque déjà vous sentez une peur salutaire.

— Qui dit que j'ai peur? s'écria Maximilien en se redressant tout à coup. Celui-là ment.

Il retomba sur son fauteuil, les poings crispés, les dents serrées.

Une lutte étrange se livrait dans son cœur entre la honte et l'effroi. L'orgueil de Satan l'emporta.

— Les d'Eppstein n'ont pas peur ! reprit-il en riant aux éclats, et son rire ressemblait à un sifflement.

Conrad hochait la tête avec pitié, et c'était cette pitié muette qui révoltait Maximilien.

— Les d'Eppstein n'ont pas peur! continua-t-il avec plus de force. Vivante, cette femme tremblait devant moi, et morte, elle me ferait trembler? Non pas, je la brave, elle, et sa vengeance, et son fils rebelle!

— Des blasphèmes?... s'écria Conrad épouvanté.

— Eh! non, du bon sens. Je crois en Dieu, c'est indispensable à la cour d'Autriche, mais je ne crois pas aux fantômes, par le diable! et la légende de ce château m'a toujours fait hausser les épaules. Laissez-moi, je veux être seul. Ce sont vos rêveries qui m'égaraient. Une nuit que j'avais les nerfs irrités, j'ai eu le cauchemar; il n'y a pas de quoi prendre de souci, mordieu!

— Ah! Maximilien, dit Conrad, j'aimerais mieux voir en vous la terreur dont vous vous défendez, que cette gaieté sacrilège.

— Mais de quelle terreur parlez-vous? êtes-vous le même songe-creux qu'autrefois? C'est vous-même, votre apparition subite, vos billevesées et la pitié pour ma victime qui m'ont troublé le cerveau; mais je ne crains rien, entendez-vous, ni les revenants, ni le diable, et je vais le prouver: vous allez me laisser seul et vous irez, s'il vous plaît, de ce pas, prévenir mon Éverard qu'il ait à laisser là son infante et qu'il se prépare à me suivre à Vienne auprès de la duchesse.

— Mon frère, y songez-vous? Je ne vous quitte pas, dit Conrad.

— Si, par l'enfer! vous me quitterez, car vous m'exaspérez, enfin. Je ne suis pas un enfant qui tremble et qui recule, et j'entends rester seul pour envoyer à Vienne mes instructions et mon acceptation au nom d'Éverard.

— Prenez garde, Maximilien! dit encore Conrad.

— Prenez garde vous-même! répondit le comte en frappant du pied; vous devez savoir que j'ai peu de patience; je veux rester seul, répéta-t-il avec l'obstination d'un fou, je veux rester seul!

— Faut-il donc laisser faire la justice de Dieu? dit Conrad en lui-même.

— Sortiras-tu! s'écria Maximilien.

— Oui! pauvre malheureux! car tu échapperais cette nuit, que celle qui peut aller vite, et qui va lentement parce qu'elle a la patience de l'éternité, te reprendrait demain.

— Enfer! reprit Maximilien en s'avançant sur son frère, les yeux flamboyants et les poings serrés.

Mais Conrad l'arrêta court par le regard calme et imposant de l'honnête homme qui dompte les impies.

— Adieu, lui dit-il en secouant la tête avec une amère pitié.

Il alla lentement vers la porte, l'ouvrit et sortit.

— Bonsoir! lui cria Maximilien en tirant bruyamment le verrou. Tu vois que je donne beau jeu au spectre, puisque je m'enferme avec lui. Ah! ah! ah! Dis donc, si demain je ne suis pas descendu à huit heures, aie l'obligeance de faire enfoncer ma porte! Bonsoir! et que le diable, qui te fait une si belle peur, t'accompagne, poltron!

Maximilien n'eut pas la force d'en dire davantage, il tomba à genoux, tremblant, épuisé, livide.

Conrad, qui écoutait dans le corridor, n'entendit plus rien. Il voulut envoyer un dernier adieu à son frère, mais la parole se glaça sur ses lèvres. Il pensait à veiller sur le seuil, mais une puissance supérieure le chassait, et il sentait la volonté de Dieu qui le poussait dehors. Il descendit l'escalier d'un pas chancelant et alla rejoindre Éverard chez Jonathas.

XXIII

Conrad, Éverard, Rosemonde et Jonathas, réunis, passèrent dans la maison du garde-chasse une triste nuit d'insomnie, de terreurs et de larmes.

Éverard, le premier appareil une fois posé sur sa blessure, avait voulu se lever: il était à demi étendu sur une chaise longue; Conrad, assis à ses côtés, lui tenait la main; Rosemonde allait et venait, préparant quelque boisson au malade. Parfois, dans un pieux élan, elle se jetait à genoux et priait avec ferveur.

Quant au bonhomme Jonathas, que ces événements, qu'il aurait dû prévoir en partie au moins, frappaient comme un coup de foudre, il ne fit que pleurer et sangloter pendant toute la lugubre veillée.

Entre ces quatre personnes unies par la même pensée d'angoisse, il y eut, pendant cette longue nuit, des silences qui durèrent des heures: on n'entendait que les sanglots de Jonathas, le tintement régulier de l'horloge de bois, et le vent qui faisait rage au dehors, menaçant d'ébranler la frêle toiture de la maison. Puis des exclamations, des prières, des invocations à Dieu, tombaient au milieu de cette morne attente et la rendaient plus affreuse.

— Prions pour lui, disait Conrad.

— Jésus! ayez pitié de lui, répondait Rosemonde.

— Ma mère, pardonnez-lui, murmurait Éverard.

Minuit sonna. Une question de Conrad les fit tressaillir tous.

— Vit-il encore? demanda-t-il.

— Hélas! il est perdu, répondit Éverard après une pause. Ma mère me l'a toujours dit, il devait périr, sinon par moi, du moins à cause de moi. Je n'ai pas été le bourreau, je suis la hache. Et cependant la pauvre mère le plaignait, mais le destin a été plus fort qu'elle. Tout a concouru à cet événement prédit, tout, non-seulement ce qui était impur et mauvais, comme l'ambition du comte et les vices de mon frère, qui l'ont tué, mais ce qui était bon et religieux, comme la confiance de Jonathas et notre amour sacré. Le sort le voulait, les terribles passions dont mon père était possédé réclamaient leur victime. Il est perdu !

Une heure après, Éverard reprit :

— Que se passe-t-il à présent là-bas? Quelle affreuse calamité nous attend? Mon Dieu ! nous étions si heureux hier matin, nous faisions de si beaux rêves ! et maintenant quel espoir nous reste-t-il, et quelle est notre vie désormais ?

— Prions, dirent à la fois Conrad et Rosemonde.

. . . .

L'aube, l'aube triste de décembre, plus sombre qu'une nuit de mai, fut bien lente à apparaître ce jour-là.

Dès qu'une pâle lueur éclaira les vitres de la chambre, Conrad se leva.

— J'y vais, dit-il.

— Nous irons tous, reprit Éverard.

Nul ne fit d'objection : Éverard s'appuya sur son oncle; Rosemonde et Jonathas marchèrent derrière eux, et tous quatre s'acheminèrent vers le château.

Huit heures sonnaient au moment où ils arrivèrent devant la grande porte : les valets commençaient à s'éveiller.

— Quelqu'un de vous a-t-il vu le comte d'Eppstein depuis hier soir? leur demanda Conrad.

— Non, répondirent-ils ; le comte s'est enfermé dans sa chambre en défendant qu'on le dérangeât.

— A-t-il sonné ce matin? continua Conrad. Je suis le comte Conrad, le frère de votre maître, et voici son fils Éverard, que vous connaissez. Suivez-nous.

Conrad et Éverard, suivis de deux ou trois domestiques, montèrent à la chambre de Maximilien; Rosemonde et Jonathas restèrent en bas. Arrivés à la porte, Conrad et Éverard se regardèrent et se firent peur l'un à l'autre, tant ils se trouvèrent pâles.

Conrad frappa : nul ne répondit. Il frappa plus fort : même silence. Il appela doucement d'abord, puis à haute voix, puis avec désespoir. Éverard et les gens du comte se joignirent à lui. Tout se tut encore.

— Qu'on apporte des pinces, dit Conrad.

La porte fut enfoncée.

La chambre était vide.

— Nous entrerons seuls, Éverard et moi, dit Conrad.

Ils entrèrent, refermèrent la porte, et regardèrent autour d'eux.

Le lit n'était pas défait, rien ne semblait dérangé; seulement, la porte secrète était ouverte.

— Voyez ! dit Éverard en la montrant de son doigt.

Conrad prit sur la cheminée une bougie qui brûlait encore. Puis l'oncle et le neveu s'engagèrent dans l'étroit passage et descendirent à pas lents l'escalier funèbre. La porte des caveaux était ouverte. Alors Éverard, prenant le flambeau des mains de son oncle, mena Conrad au tombeau de sa mère. Le couvercle de marbre était soulevé, et la main du squelette passait, tenant le comte Maximilien étranglé par deux tours de la chaîne d'or.

. . . .

Le lendemain, quand, après avoir rendu les derniers honneurs au comte d'Eppstein, Conrad, Rosemonde et Éverard se retrouvèrent en face l'un de l'autre :

— Adieu, dit Conrad; je vais me faire tuer pour l'empereur.

— Adieu, dit Rosemonde; je vous ai promis d'être au Seigneur ou à vous, Éverard ; je ne puis être à vous, je retourne au Tilleul-Sacré.

— Adieu, dit Éverard ; moi, je reste à souffrir ici.

Conrad, atteint d'une balle au cœur, tomba à Waterloo.

Rosemonde, un an après, prononça ses vœux à Vienne.

Éverard demeura solitaire à Eppstein, continuant d'habiter la chambre où s'étaient accomplis les terribles événements que nous venons de raconter.

La mort du soldat, les prières de la vierge, les larmes du solitaire ont-elles obtenu grâce pour le meurtrier?

FIN.

POISSY. — IMPRIMERIE ARDIEU.

www.ingramcontent.com/pod-product-compliance
Lightning Source LLC
LaVergne TN
LVHW050606090426
835512LV00008B/1367